教育部人文社会科学重点研究基地重大项目“人口生产偏好转变与内生农业发展”（10JJD790034）
陕西师范大学优秀学术出版基金资助出版

人口生产转型与内生农业发展

郭剑雄／著

科学出版社
北京

图书在版编目(CIP)数据

人口生产转型与内生农业发展 / 郭剑雄著 .—北京：科学出版社，2015.11

ISBN 978-7-03-046264-0

Ⅰ. ①人… Ⅱ. ①郭… Ⅲ. ①农业生产 - 生产关系 - 研究 - 中国 - 明清时代 Ⅳ. ① F329.04

中国版本图书馆 CIP 数据核字（2015）第 265589 号

责任编辑：任晓刚、陈　亮 / 责任校对：胡小洁

责任印制：张　倩 / 封面设计：黄华斌、陈　敬

编辑部电话：010-64026975

E-mail:chenliang@mail.sciencep.com

科学出版社 出版

北京东黄城根北街 16 号

邮政编码：100717

http://www.sciencep.com

三河市骏杰印刷有限公司印刷

科学出版社发行　各地新华书店经销

*

2015 年 12 月第　一　版　开本：720 × 1000 1/16

2015 年 12 月第一次印刷　印张：16 1/2

字数：285 000

定价：79.00 元

（如有印装质量问题，我社负责调换）

目录

第三篇 人口生产转型影响农业发展的国际经验

第四篇 人口生产转型与中国农业发展：现状考察

导 论

一、内生农业发展研究的缘起

在市场化改革和工业化加速的背景下，伴随国民经济持续30多年的高速增长，中国农业发生了历史性改变。这一改变大致可以概括为两个方面：第一，传统农业生产方式基本被淘汰。基于劳动力大规模非农转移，劳动过密化的传统农业资源配置格局为日渐提高的土地—劳动比和资本—劳动比所替代；相应地，农业技术体系由劳动者的经验积累和代际传承转向以物质资本为载体且不断更新的现代科技；资源结构和技术体系的更迭，使农业生产制度由依赖于消费决策的生存型农业转换为成本—收益核算的市场化农业；农民的生存状态因此完全摆脱了马尔萨斯贫困陷阱并开始走向富裕。第二，现代农业远未建成。逃离传统并不意味着浸淫现代，农业部门的要素收益率还显著低于非农部门，农业与非农产业之间的二元结构反差尚未弱化，农业的现代化仍属中国农业发展之远景规划。

当代中国农业的发展实践表明，传统向现代过渡的农业发展过程，至少包含着对传统农业的逃离和在逃离传统基础上建成现代农业两个渐进成长阶段。大致来看，前一阶段存在于市场机制驱动下的工业化初中期，而现代农业建设只有在进入工业化中后期才会被提上日程。由此产生的问题有：具有超稳态结构的贫穷困顿数千年的传统农业是怎样被超越的？更为重要的是，如何在超越传统的基础上建成现代农业？比较工业化不同阶段，超越传统农业和建成现代农业的动力、路径是否一致？若相区别，其差异化动力及路径的生成机制又是什么？厘清此类问题，是成功推进中国农业现代化建设的理论前提。

包括经典发展理论在内的既有农业发展文献，难以对中国农业发展面临的前述诸多问题提供系统性答案。（1）农业发展一般被定义为从传统向现代的过渡。如何完成这一“过渡”，自然应当构成农业发展研究的重点。而现有文献对该问题的研究失于简单。譬如，在刘易斯—费景汉—拉尼斯模型中，农业的现代化，仅取决于劳动力非农化配置引致的二元经济结构的一元化转变①；在舒尔茨看来，高人力资本水平的现代农民替代传统农民，则是传统农业改造为现代农业的关键。②尽管不同理论提供的发展方案存异，但对整个“过渡”期仅存在单一过渡路径的认识则是其共有的特征。（2）农业现代化是一个国家实现经济现代化的最后一道门槛。不难设想，农业的现代化改造，无疑是一个复杂且长期的过程。以经典发展理论为代表的既有农业发展文献，并未对农业发展的长期性及其可能包含的阶段性作出刻画。似乎依照他们给出的发展路径，农业部门便可完成由传统到现代的一步跨越。（3）没有工业化便没有农业的现代化，已是现有发展文献的一种基本共识。但是，如何全面和准确地认识工业化对农业发展的影响，仍属需要深入讨论的课题。仅就工业化的农业资源结构效应而言，农业劳动力转移及其农业物质资本深化，由于成为显见的事实因而被广泛纳入农业发展分析框架；而工业化进程中农村人口生产数量偏好向质量偏好的转变，以及这种转变的农业发展含义，现有文献则很少予以关注。（4）无论是刘易斯—费景汉—拉尼斯的二元经济转变理论，舒尔茨的改造传统农业理论，还是强调工业反哺和政府保护等发展思路③，农业始终被视为一个缺乏内生动力的被动发展部门。在这些理论框架中，离开工业化拉动和政府保护性政策的推动，就无法演绎农业的现代化成长。

给定相应的条件，不能否认既有农业发展文献的解释力和现实针对性。问题在于，当期望借助这些理论为中国农业发展特别是现代农业建设提供可操作性方案时，都会显现出捉襟见肘的疏漏。面对理论与现实之间的这种反差，本书试图推进的研究工作是：第一，细化“过渡”过程分析。传统农业与现代农业仅是农业发展研究的起点与终点，而超越传统和走向现代的“过渡”过程才

---

① ［美］阿瑟·刘易斯：《二元经济论》，施炜等译，北京：北京经济学院出版社，1989年；［美］费景汉、古斯塔夫·拉尼斯：《劳力剩余经济的发展》，王月、甘杏娣、吴立范译，北京：华夏出版社，1989年；［美］费景汉、古斯塔夫·拉尼斯：《增长和发展：演进的观点》，洪银兴等译，北京：商务印书馆，2004年。

② ［美］西奥多·W.舒尔茨：《改造传统农业》第一章，梁小民译，北京：商务印书馆，2006年，第4—19页。

③ 蔡昉：《“工业反哺农业、城市支持农村”的经济学分析》，《中国农村经济》2006年第1期，第11—17页；洪银兴：《工业和城市反哺农业、农村的路径研究——长三角地区实践的理论思考》，《经济研究》2007年第8期，第13—20页；马晓河、蓝海涛、黄汉权：《工业反哺农业的国际经验及我国的政策调整思路》，《管理世界》2005年第7期，第55—63页。

应构成研究的重点。本书的细化工作主要表现在，对“过渡”过程作出阶段划分，同时区分了不同阶段农业发展动力、路径的差异。第二，强调工业化进程蕴含的双重农业资源结构转变效应。劳动力转移基础上的农业物质资本深化，是工业化对农业发展影响的最为直接和最易被观察到的方面，这一资源结构效应被现有发展文献充分关注，它同时构成以二元经济理论为代表的经典发展文献描述农业发展的主线。本书特别强调的是，农村人口生产转型——高生育率的数量偏好逐渐转向高人力资本投资率的质量偏好——也是工业化进程中不可忽视的农业资源结构转变效应。本书研究的初衷，就是拟将人口生产转型这一未被关注的工业化农业资源结构效应引入农业发展分析框架，并强调其对现代农业成长的决定性意义。第三，若将农业发展过程划分为工业化初中期的逃离传统和工业化中后期的建设现代农业两个阶段，那么，工业化的农业物质资本深化效应和农村人口生产转型效应则先后显现于两个不同阶段。从中国农业发展现状考虑，本书把研究的重点放在工业化的第二种效应和农业发展的第二个阶段。相对于第一种效应和第一个阶段，后者的显著特征是发展的“内生性”。因此，本书以包含“内生农业发展”一词而冠名。

二、工业化的人口生产转型效应及其发展含义

最近 30 多年来中国农业部门的变化，还突出表现在农村居民家庭人口生产由数量偏好向质量偏好的逆转。1950—1980 年，中国农村妇女总和生育率维持在 6.51—4.97 的高位，即每个妇女终身平均生育 5—6 个孩子，20 世纪 80 年代，特别是 20 世纪 90 年代之后，中国农村妇女总和生育率显著下降，1980—1985 年降低至2.83[①]，2000—2010年，仅维持在 1.73—1.43 的水平[②]。与此同时，中国农村居民家庭子女的受教育程度随生育率的下降显著提升。根据《中国综合社会调查 2008》的数据，相比 1949—1970 年出生的农村居民，1971—1990 年出生的农村男性和女性的平均受教育年数，分别由 7.47 年和 5.52 年提高到 9.92 年

---

① 数据来源：D. 盖尔 · 约翰逊：《经济发展中的农业、农村、农民问题》，林毅夫、赵耀辉译，北京：商务印书馆，2004 年，第 172 页。

② 郝娟、邱长溶：《2000年以来中国城乡生育水平的比较分析》,《南方人口》2011年第5期，第27—33 页。

和 8.54 年[①]；后一代相对于前一代大致扩展了一个初中教育层次。

人口生产数量偏好向质量偏好的转变，早已为先行工业化国家的历史经验所证实。1920—1930 年和 1960—1972 年，美国妇女的生育率分别降低 24 和 38 个百分点[②]；1970 年美国家庭户均人口 3.33 人，1980 年减少为 2.76 人，2003 年进一步降至 2.57 人[③]。与生育率变化相反，以受教育程度衡量的人口质量显著改善。1920 年，美国完成高中和 4 年及其以上大学教育人数的百分比分别是 16.4% 和 3.3%；到 1960 年，这两项数据变为 41% 和 7.7%；2003 年则分别高达 84.6% 和 27.2%[④]。1980—1990 年，低工业化的巴基斯坦、津巴布韦、肯尼亚和卢旺达，平均人口增长率达 29‰—37‰；而他们的人均受教育年限在 1985 年仅为 0.8—3.1 年。相应时期，美国、英国、法国和日本这些已完成工业化的发达国家，平均人口增长率的区间是 2‰—9‰，人均受教育年限则为 6.5—11.8 年。发达国家的现状大体显示了发展中国家的未来，工业化过程中人口生产的量质转型可以视为一条普适性规律。

借助贝克尔的新家庭经济学[⑤]、贝克尔—墨菲—田村以及卢卡斯等人的人口内生新增长理论[⑥]，对工业化进程中的人口生产转型可解释如下：（1）人口生产并非经济系统的外生变量。在由父母和子女组成的家庭中，家庭效用不仅取决于父母的消费，而且包括子女的数量和子女的效用，子女的效用被认为与其成人时获得的收入进而与其人力资本（或质量）有关，因此，家庭效用又可以表示为父母的消费、子女数量和子女人力资本的函数。受家庭收入和父母时间禀赋的约束，家庭效用函数的最优解必然涉及子女数量和子女质量之间的权衡。权衡的结果是偏好于子女的数量还是其质量，决定于单位投入在二者之间收益率的对比；而两者之间的收益率差异内生于不同经济发展阶段或不同资源结构基础上的技术体系的差别。（2）工业化是人力资本回报率不断提高的过程。工

---

① CGSS2008 数据调查最年轻的被访问者是 1990 年出生。1990 年以后出生的农村子女，许多仍处于在学阶段，尚无法确定其最终受教育年数。不难预期，1990 年以后出生的农村子女的受教育程度将更高。

② ［美］加里·斯坦利·贝克尔：《家庭论》，王献生、王宇译，北京：商务印书馆，2005年，第177—180 页。

③ 陈奕平：《人口变迁与当代美国社会》，北京：世界知识出版社，2006 年，第 102 页。

④ 陈奕平：《人口变迁与当代美国社会》，北京：世界知识出版社，2006 年，第 301 页。

⑤ ［美］加里·斯坦利·贝克尔：《家庭论》，王献生、王宇译，北京，商务印书馆，2005 年。

⑥ Becker G S,Murphy K M, Tamura M M. Human Capital, Fertility, and Economic Growth, Journal of Political Economy, 1990, Vol.98, No. 5, pp.734-754；［美］小罗伯特·E. 卢卡斯：《经济发展讲座》第五章，罗汉、应洪基译，南京：江苏人民出版社，2003 年，第 113—179 页。

业化不仅表现为对非农就业劳动力需求的持续扩张，同时由于技术进步和产业结构升级，显现出对就业劳动力质量的选择性；工业化程度越高，该选择性特征越强。工业化进程中人力资源质量价值的日渐提升，自然对寻求非农就业机会的农村转移劳动力特别是其子女的人力资本投资形成了激励。（3）与人力资本回报率提高相联系，工业化又是人均收入和人的时间价值不断上升的过程。子女被认为是一种时间密集型产品。工业化进程中收入的提高和时间价值的变化必然会对人口生产形成一种高成本约束，因而导致生育率下降。（4）需要强调的是，虽然人口生产转型发生于工业化之中，但它并不与整个工业化过程相联系，而仅存在于工业化的中高级阶段。这是因为在技术落后和低端产业扩张的工业化初期，没有显现人力资源质量价值对其数量价值的优势，因而难以引致家庭人口质量投资对人口数量投资的替代。只有当技术日新的高层次产业比重不断提高的经济环境出现时，前述关系才可能发生逆转。（5）对于中国而言，市场机制驱动下的工业化的健康发展，是进入20世纪90年代之后的事情。因此，工业化对人口生产转型的影响，由于时间较短还难以受到人们的充分关注；相反，这种变化更容易被认为是强制性计划生育政策的结果。①

如果说人口生产转型是工业化推进到中高级阶段才出现的典型化事实，那么人口质量偏好带来的资源结构升级，同时意味着农业发展一个新的更高阶段的来临。

三、人口生产转型如何引致内生农业发展

发展是一个复杂的系统性变化过程。农业发展可以定义为，基于工业化驱动的农业资源结构转变、农业组织制度变迁和农业技术进步类型转换基础上的农业收入加速增长，并最终实现农业收益率与工业收益率趋同的过程。包含资源结构变化、组织制度变迁、技术类型转换和农业产出增长含义的农业发展模型，可以简要地表示为$Y_t = A_t F(L_t, O_t)$。式中的L_t和O_t分别表示第t期的劳动投入和非劳动资源投入。随时间（t）的推进，劳动投入（L）存在规模大小的不同；非劳动资源（O）不仅存在规模的变化，更有种类的差别。如此，在不同时期（即不同t的条件下），由劳动（L）和非劳动资源（O）组合而成的农业资源结构就具有差异。资源结构随t变化的基本趋势是：总劳动投入在减少，而

① 关于对中国农村人口生产转型原因的分析详见本书第二章。

人均意义的非劳动资源（如土地和资本等）则在增加。这种资源结构变化同时意味着农业组织规模和农业资源配置方式的制度性调整。[①]表征技术类型的A被设定为时间t的函数，即随资源结构和组织制度的演进，农业技术类型及其反映的生产效率亦在发生变化。代表农业产出水平的Y_t，不仅与L、O和A有关，同时与t的演进相联系。

模型中的t是对农业存在的全部时期的一种度量。基于工业化的影响，t可分解为传统农业、工业化农业[②]和现代农业三种形态相继成长的阶段叠加。在每一成长形态，农业发展模型的具体型式不同。传统农业的突出特征是其非劳动资源（O）基本由土地（X）构成，其模型可记为$Y_c = A_c F(L_c, X_c)$，遵循规模报酬不变假设，它的人均形式是$y_c = A_c x_c$。该模型表明，传统农业人均产出水平（y_c）取决于人均土地规模（x_c）的大小和土地节约型技术（A_c）的贡献。体现农业资源结构和技术类型变化的工业化阶段的农业发展模型是$Y_i = A_i F(L_i, K_i)$。其中，L_i代表工业化阶段的农业劳动力投入（它在总量上小于L_c），资本投入K_i是工业化农业资源结构变化的最主要体现，A_i表征工业化阶段在不断减少的农业劳动力投入（L_i）和不断增长的农业资本投入（K_i）资源结构基础上的农业技术状态。工业化农业模型的集约形式$y_i = A_i k_i$表明，人均资本规模（k_i）的扩大和资本密集型技术（A_i）进步构成该时期农业人均收入（y_i）增长的基本源泉。由于工业化的完成和劳动力转移过程的结束，现代农业劳动力投入规模（L_m）相对于工业化农业进一步缩小；非劳动资源的变化不仅表现在物质资本投入规模（K_m）比工业化农业阶段进一步扩大，同时表现为新的资本要素——农业人力资本（H_m）——装备农业。由于人力资本规模报酬的非递减性质，人力资本参与条件下的现代农业技术（A_m）明显区别于传统农业和工业化农业的报酬递减型技术体系。若将K_m和H_m合并为广义的资本K_m^*，则现代农业模型为$Y_m = A_m F(L_m, K_m^*)$，其人均形式为$y_m = A_m k_m^*$。它表明，人均广义资本装备率（k_m^*）及其广义资本运用型技术（A_m）成为现代农业人均产出增长的源泉。

作为传统农业产出增长基本源泉的土地是一种禀赋性资源，土地节约型技术也仅源于劳动者使用土地经验的世代积累和代际传承，并非经济资源专门配

---

① 工业化进程中的农业制度调整，由农业资源结构的变化引起，并依附于农业资源结构转变过程之中。出于简化分析的考虑，模型中未将其作为独立变量给出。

② 存在于工业化过程中的农业。

置的知识化成果；装备工业化农业的物质资本的实物形态是工业制成品，由于投资收益率部门之间的差异，工业化农业中的物质资本投入及物质资本密集型技术的应用，很大程度上是保障粮食安全的政府惠农政策和工业反哺农业的结果。因此，传统农业和工业化农业的发展具有明显的外生性特征。现代农业区别于传统农业和工业化农业的突出特征，是人力资本进入发展过程。与土地、物质资本不同，人力资本既非禀赋性资源，亦非外源性赐予要素，它只能是农民个体或其家庭专项投资的产物。源于人力资本的形成并借鉴内生增长理论的相关思想，可以称人力资本为内生发展要素；相应地，依赖人力资本及其广义资本深化型技术进步推动的农业发展可称之为内生农业发展。

如果说人力资本的引入构成内生农业发展模型的关键性条件，那么，内生农业发展形成的现实条件便是，在是否存在农业人力资本要素实际供给的同时，农业投资回报率是否对人力资本的农业就业形成激励。而工业化进程中的农村人口生产转型，直接或间接地为内生农业发展准备着如上条件。

工业化进程中的人口生产转型意味着农村人力资本积累率和供给的现实增长。首先，工业化在为农民开辟新的就业渠道和新的收入源泉的同时，亦向农民显现了工资水平和就业者技能之间正相关的工业工资函数的导向。这一方面引致了农业劳动力的择优性转移和既有农业人力资本的跨部门流动“套利”；另一方面又将激发农民对其本人和家庭成员加大人力资本投资的动机。其次，依据贝克尔的新家庭经济学和卢卡斯的工业革命理论，工业化推进到一定阶段，人口生产将发生由高生育率、低人力资本积累率向低生育率、高人力资本积累率的变迁。存在预算约束和时间禀赋约束时，人口生产转型是家庭人口生产面对工业化中高人力资本回报率所作出的一种适应性调整。这一调整的结果在劳动力市场上的表现之一，是农村劳动力人力资本的代际优化。此外，教育被认为是形成人力资本的主要途径。随着工业化的推进，义务教育年限在提高，非义务教育机会在增加，以教育公平为目标的面向农村的教育支持政策不断出台，这些无疑构成了农民人力资本提升的有利环境。

工业化进程中的人口生产转型将导致农业人力资本需求变化。存在二元结构反差时，人口生产转型的直接结果是农业劳动力的加速转移和农业物质资本的深化。工业化农业取代传统农业之后，农业物质资本深化不仅表现为单位农业劳动力推动的物质资本规模的扩大，而且反映在物质资本所承载技术复杂性的提升上。当物质资本体现型技术不能由农业劳动者的禀赋能力或简单的学习能力应用时，提高农业劳动者专业技能的人力资本投入就会成为一种现实需求。同时，进入工业化农业阶段，随着劳动力非农转移过程的持续，农业生产经营规模将扩大，农业生产经营组织将向具有现代企业特征的组织类型转变。工业化较高阶段出现的农业的规模化、企业化和社会化，亦将产生对农业现代经营管理技能的广泛需求。伴随农业生产经营对人力资本需求的增长，必然有农业人力资本投资回报率的提升。当人力资本农业投资回报率不小于其非农投资回报率，且不存在高素质劳动力的供给约束时，农业人力资本深化现象就会发生。在此背景下，高人力资本的新型农民将成为农业生产经营的基本主体。

四、本书内容概要

本书试图阐明的基本思想如下：劳动力转移引致的农业物质资本深化和人口生产转型带来的农业人力资本深化，是工业化过程先后形成的驱动农业发展的两大机制。其中，前一机制与传统农业转向工业化农业相联系，而后一机制则是促成工业化农业过渡到现代农业的关键性因素。与逃离传统农业的影响力量不同，由于人口生产转型的作用，现代农业演进的动力具有明显的内生性特征。工业化、市场化进程中农村居民家庭人口生产由数量偏好向质量偏好的转变，表明中国现代农业资源结构开始生成，以及农业发展新阶段的到来。

本书研究内容由 5 篇共计 14 章构成。第一篇“工业化进程中的农村人口生产转型”给出了本书研究的基本解释变量。该篇所强调的是生育率、人力资本反向联系的两类结构——高生育率、低人力资本积累率和低生育率、高人力资本积累率，是工业化成功推进前后所带来的不同经济发展水平在人口生产领域的反映。生育率下降和人力资本积累率加速的现实表明，中国正在向成熟经济阶段迈进。贝克尔的新家庭学和人口内生的新经济增长理论，既是解析生育率与人力资本逆向变动机制的有效工具，同时也扩展了经济发展阶段的度量标准。第一章介绍人口生产转型的国际经验及对这一现象提供极具解释力的若干经典文献。第二章、第三章和第四章则分别从不同角度对参与工业化进程的中国农村居民家庭人口生产转型的基本事实及其原因进行了分析，其中，第二章特别区分了不同时期计划生育政策影响和工业化人口生产转型效应的差异。

第二篇尝试性地设计了一个包含人口生产转型影响的农业发展分析框架。为此，以工业化兴起和完成分别为界，划分了传统农业、工业化农业和现代农业三种渐进演化的农业成长形态。三种形态分别存在马尔萨斯稳态、索洛稳态和现代持续增长稳态的不同产出增长结构。传统农业经由工业化农业向现代农业的发展，亦即马尔萨斯稳态经索洛稳态向现代持续增长稳态的渐进过渡。本篇研究表明，两个过渡阶段的资源结构、技术进步类型、人均收入和发展方式不同。马尔萨斯稳态转向索洛稳态是劳动力转移基础上农业物质资本深化的结果，而人力资本深化或农民素质的普遍提升则是建成现代持续增长农业的主因。与前一种稳态过渡相联系，是索洛物质资本深化技术对马尔萨斯停滞技术的替代；后一过渡阶段则是索洛技术向“AK”技术的演进。由于动力系统产出“排量”和技术进步类型的差异，后一稳态过渡阶段人均农业产出增长率高于前一阶段，且增长轨迹平滑。离开工业化引致的农业劳动力转移的外部冲击，难以突破传统农业低技术均衡的前一种过渡；而人口生产转型则是工业化农业成长为现代农业的内生动力。

如果将人口生产转型视作决定工业化农业向现代农业过渡的关键性因素，那么该理论假设至少可以由先行工业化国家或处于工业化中后期国家的经验事实所证实。这一检验工作形成了第三篇的研究内容。对高水平工业化国家农业增长的相关经验数据分析表明，人力资本超越土地、劳动力、物质资本已是农业增长的主驱动力，农业增长的人口数量红利被人口质量红利所取代。若将样本国家扩大到世界范围内 1960 年以来进入到工业化中期阶段及 2005 年已经基本进入工业化后期阶段的 38 个中、高收入国家时，检验结果也基本支持前述理论预设。

基于农业发展的后起性，中国农业未被选择为人口生产转型是内生农业发展动力这一预设理论的检验样本，而是将其作为该理论的应用对象。第四篇着重考察人口生产转型对中国农业发展现状的影响。由于中国农业尚处于工业化农业取代传统农业的较低发展阶段，虽然或多或少能够发现人力资本对该阶段农业生产的积极影响，但总体而言，人口生产转型并未体现为驱动农业发展的重要力量。当前，人口生产转型的作用主要表现在：它提高了农民家庭成员的专业化技能，促进了家庭劳动分工的社会化转变，分工发展又成为农民跳出长期以来由低技能和低分工被动维系的低收入陷阱的重要契机，从而实现了农民收入前所未有的增长。相对于城市居民家庭，农村居民家庭的高生育率和低人力资本积累率是农民收入增长困难的重要原因之一。城乡收入差距调节政策的一个重要着眼点，应是在农村居民家庭生育率下降的背景下，促成农村居民人力资本积累率和存量水平的大幅度增长。第五篇的分析主要是预测性的。在未来中国现代农业建设过程中，预期人口生产转型及其带来的农业人力资本投入的增长，将渐进显现其决定性影响。这种影响机制主要反映在农业要素结构的升级方面。如果观察到农村居民家庭的人力资本积累率是工业化过程的内生变量，并且有某种社会支持方案能够保障农民人力资本投资需求的实现，毋庸置疑，中国农业的现代化，仍然是刘易斯—费景汉—拉尼斯模型及一般均衡理论所揭示的农业与非农部门资源结构、技术类型、组织制度和投资收益率的趋同。

第一篇

工业化进程中的农村人口生产转型

第一章 人口生产量质偏好转型：国际经验与经典文献

一、工业化进程中生育率与人力资本的逆向变动

两个多世纪以前，马尔萨斯（T.R.Malthus）[①] 首次建立了一个包含人口变量的经济增长模型。该模型的核心思想可以概括为如下两个基本方程：

$$\frac{\dot{p}}{p}=\lambda(y-y_0) \tag{1-1}$$

$$\frac{\dot{y}}{y}=(\beta-1)\frac{\dot{p}}{p} \tag{1-2}$$

式中 p 代表人口，y 表示人均产出，y_0 为与最低生存水平对应的人均产量；参数 $\lambda>0$，$0<\beta<1$。式（1-1）显示，人口增长率是人均收入的增函数，且存在一个最低生存水平，当人均收入高于这一水平时，人口增长率大于 0，反之则小于 0。式（1-2）表明，人均收入增长率又是人口增长率的减函数，即在技术和总产出既定的条件下，生育率的提高会降低人均收入水平，使 y 向 y_0 趋近。因此，在马尔萨斯理论所刻画的世界中，技术进步所带来的生产能力的提高，只会导致人口的增加，而不会改变真实的人均收入 [②]，人均收入长期收敛于仅能

① ［英］马尔萨斯：《人口原理》，朱泱、胡企林、朱和中译，北京：商务印书馆，1992 年。

② 马尔萨斯模型的突出优点是，能够在人口和技术冲击下预测到不变的生存消费水平的存在。或者说，在一个人均收入保持不变的世界中，人口增长本身就能测量生产增长，从而也能测量技术变化率。参见［美］小罗伯特 · E. 卢卡斯：《经济发展讲座》第五章“工业革命：过去与未来”，罗汉、应洪基译，南京：江苏人民出版社，2003 年，第 113—179 页。

够维持生存的低水平均衡陷阱。[①] 在西方经济学界，马尔萨斯模型是被用来作为解析具有超稳态结构的传统经济的有效工具。

后马尔萨斯时代，世界经济的发展呈现出与以前历史大不相同的特征。第一，在工业革命发生并成功推进的国家或地区，人均收入出现快速和持续增长。以 1985 年美元计，1800 年美国的人均 GDP 为 870 美元，到 1900 年、1950 年和 1990 年，分别增长到 3943 美元、8772 美元和 18 054 美元。1990 年与 1800 年相比，先行工业化国家人均 GDP 的增长均超过了 15 倍，有的甚至超过 20 倍。后起的工业化国家或地区，人均收入的变动也显现出了同样的趋势（表 1-1 和图 1-1）。[②]第二，在这些国家或地区，人口增长率并未与人均收入增长率同步提高，相反却下降了。1871—1901 年，英格兰和威尔士妇女的生育率下降了 26 个百分点；1920—1930 年、1960—1972 年，美国妇女的生育率分别降低 24 和 38 个百分点；生育率的类似变化同样发生在日本、中国台湾等国家和地区的工业化高速推进时期（图 1-2）。人均收入高速增长经济体的生育率下降趋势至今一直在延续。比如，美国家庭户均人口数 1970 年是 3.33 人，1980 年减少为 2.76 人，2003 年进一步降至 2.57 人。[③] 第三，与此同时，以受教育程度衡量的人口质量或人力资本水平显著改善。图 1-2 同时提供了美国、英国、日本和中国台湾与生育率变化同期的受教育人口增长率数据。另据资料记载，1920 年，美国完成高中教育和 4 年及以上大学教育人数的百分比分别是 16.4% 和 3.3%；到 1960 年，这两项数据成为 41% 和 7.7%；2003 年则分别高达 84.6%、27.2%。[④]

---

① 从人类社会最早期开始直到19世纪初左右，世界人口以及商品和服务的产出量大致以不变的速度缓慢增长。人均收入水平大致维持在 600 美元左右（1985 年美元），穷国与富国的人均收入差距不超过 ±200美元。参见［美］小罗伯特・E.卢卡斯：《经济发展讲座》第五章“工业革命：过去与未来”，罗汉、应洪基译，南京：江苏人民出版社，2003 年，第 113—179 页。

② ［美］小罗伯特・E.卢卡斯：《经济发展讲座》，罗汉、应洪基译，南京：江苏人民出版社，2003 年，附录表 5.2，第 181 页。

③ 陈奕平：《人口变迁与当代美国社会》，北京：世界知识出版社，2006 年，第 102 页。

④ 陈奕平：《人口变迁与当代美国社会》，北京：世界知识出版社，2006 年，第 301 页附表 10。

表 1-1 不同国家（地区）的人均 GDP（1985 年美元）（1800—1990 年）

地区＼年份	1800	1850	1875	1900	1925	1950	1960	1970	1980	1990	1990/1800
英国	840	1864	2633	3527	4362	5395	6823	8537	10 167	13 217	15.7
美国	870	1519	2581	3943	6034	8772	9895	12 963	15 295	18 054	20.8
法国	752	1207	1612	2152	3110	4045	5823	9200	11 756	13 904	18.5
德国	738	1048	1488	2179	2974	3122	5843	8415	11 005	13 543	18.4
加拿大	854	1279	1923	3095	4254	6380	7258	10 124	14 133	17 173	20.1
日本	636	625	681	1025	1401	1430	2954	7307	10 072	14 331	22.5
东欧	620	709	797	911	1078	1340	1823	2621	3986	3970	6.4
苏联	620	697	815	991	1114	1713	2397	4088	6119	7741	12.5
东亚	630	630	630	630	630	630	1004	1812	3458	6807	10.8*
中国	630	630	630	630	630	500	568	697	973	1 325	2.7*

资料来源：[美]小罗伯特·E. 卢卡斯：《经济发展讲座》，罗汉、应洪基译，南京：江苏人民出版社，2003 年，附录表 5.2，第 181 页

注：带 * 号的为 1990/1950 年的数据，其中苏联的数据包含在此阶段的俄国和苏联

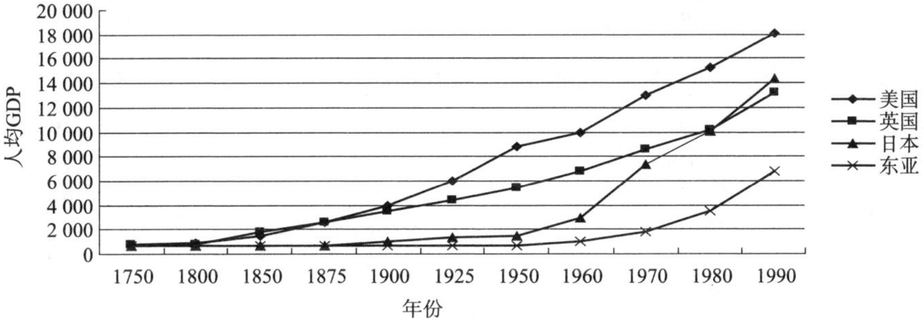

图 1-1 工业化国家（地区）人均 GDP 变化

资料来源：[美]小罗伯特·E. 卢卡斯：《经济发展讲座》，罗汉、应洪基译，南京：江苏人民出版社，2003 年，附录表 5. 2，第 181 页

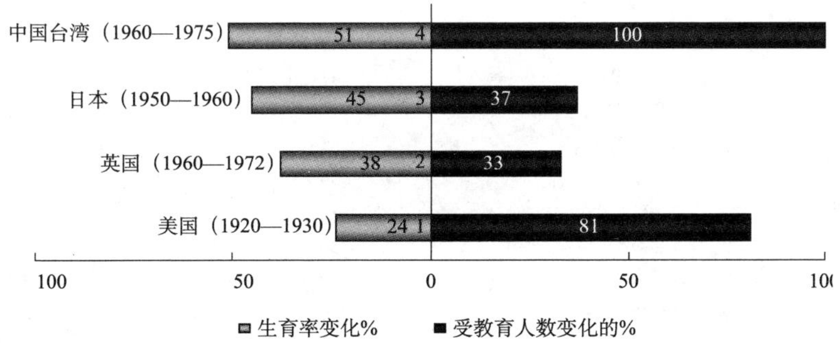

图 1-2 不同国家（地区）不同历史时期的生育率和受教育水平变化

资料来源：[美]加里·斯坦利·贝克尔：《家庭论》，王献生、王宇译，北京：商务印书馆，2005 年，第 177—180 页

注：图中生育率的变化均为负，美国、英国是 15—44 岁妇女的出生率，日本、中国台湾是 15—49 岁

妇女的总和生育率；受教育人数的变化率均为正，美国为在中学注册的 14—17 岁的人数，日本为完成初中教育的 25—34 岁的人数，中国台湾为完成高中教育的 25—34 岁的人数，英国是有文化的男性人数

工业化及其人均收入持续、快速增长过程中生育率下降和人均人力资本水平提高的规律性变化，同样可以在世界各国家和地区的横截面数据中观察到。表 1-2 显示，20 世纪 80 年代高收入国家的人口增长率大多低于 10‰，有的仅为 2‰—3‰，甚至等于 0。1985 年，这些国家的人口平均受教育年数为 6.3—11.8 年。与此形成显著反差的是低收入国家，他们同期的人口增长率高达 25‰ 以上，而人均受教育年限一般低于 4.3 年，个别国家甚至不到 1 年。处于中等收入水平的国家或地区，人口增长率和人均受教育程度也介于前述两类国家之间。如果说发达国家的现状大体上展示了发展中国家未来的情景，那么工业化过程中人口生产数量与质量偏好的转变就是一条具有普适性的规律。

表 1-2　不同发展水平国家（地区）的人口增长率和平均受教育年限

国家（地区）	人均 GDP（1990）（美元）	平均人口增长率（1980—1990）（‰）	平均受教育年限（1985）（年）
美国	36 810.0	9	11.8
加拿大	34 233.3	10	10.4
瑞士	32 760.9	6	9.1
意大利	30 920.4	2	6.3
法国	30 184.2	5	6.5
西德	29 448.0	3	8.5
瑞典	28 343.7	3	9.4
英国	26 871.3	2	8.7
丹麦	25 030.8	0	10.3
日本	22 454.1	6	8.5
中国台湾	18 405.0	13	7.0
韩国	15 828.3	12	7.8
阿根廷	13 251.6	14	6.7
巴西	11 043.0	21	3.5
南斯拉夫	9 938.7	7	7.2
巴基斯坦	4 785.3	31	1.9
津巴布韦	2 576.7	34	2.6
赞比亚	2 208.6	35	4.3
加纳	1 840.5	33	3.2
肯尼亚	1 840.5	37	3.1
卢旺达	1 472.4	29	0.8
马里	1 104.3	25	0.8

资料来源：[美]查尔斯 · I. 琼斯：《经济增长导论》，舒元译，北京：北京大学出版社，2002 年，附录 B “经济增长数据”，第 176—179 页

后马尔萨斯时代收入增长和人口转型的现实背景蕴含着诸多富有挑战性的研

究课题。其中突出的问题有：（1）工业革命以来，生育率为什么会下降？人力资本投资为什么会增长？（2）人均收入是如何跳出“马尔萨斯陷阱”进入快速增长轨道的？生育率及人力资本的变化与长期经济增长（发展）是什么关系？（3）生育率下降与人力资本投资增长之间是否关联？以及如何关联？本章我们把讨论的重点放在第三个问题上。

第二部分借助贝克尔（G.S.Becker）建立的包含子女数量和质量的家庭效用函数，寻求人均收入增长过程中生育率与人力资本相互关系的微观机制解释；第三部分将人力资本和生育率关系的讨论引入经济增长框架，运用“B—M—T模型”（Becker-Muphy-Tamura Model）等内生增长理论工具，试图在宏观层面上对二者的关系作出解答；第四部分将着眼点落在中国。首先考察中国经济高速增长以来生育率与人力资本关系的演变，其次阐明这种变化对中国经济发展所蕴含的意义。

二、代际效用函数中子女数量与质量的关系

诺贝尔经济学奖得主、美国芝加哥大学教授加里·斯坦利·贝克尔，以“经济学方法”研究“非经济问题”著称于世。贝克尔抱守“经济人”信条，认为经济人假设不仅可以用来解释经济活动领域人们的行为，而且是剖析歧视、犯罪、婚姻和家庭等各种人类行为的有效工具。总之，在贝克尔看来，经济学研究方法提供了应用于分析一切人类行为的结构。① 贝克尔对经济学发展的重大贡献之一，是“在家庭范畴全面应用了传统上只用于研究企业及消费者的分析框架”②，由此重新构造了家庭经济理论。贝克尔的新家庭经济理论，可以对工业化过程中人口生产的量质转变现象提供某种解释。

在将微观经济学方法引入家庭问题分析时，贝克尔遵循了如下若干假设：（1）家庭不仅是通过购买市场产品实现效用最大化的消费单位，同时，也是综合运用家庭成员时间和家庭物质资源生产非市场产品的生产组织。③ 家庭生产的产

① 瑞典皇家科学院在向贝克尔颁发诺贝尔经济学奖的授奖词中指出，贝克尔“把微观经济学的研究领域延伸到人类行为及其相互关系”，“不仅对经济学，而且给其他社会科学学科带来了较大影响”。转引自［美］加里·斯坦利·贝克尔：《家庭论》译者的话，王献生、王宇译，北京：商务印书馆，2005 年。

② ［英］马克·布劳格：《现代百名著名经济学家》，毕吉耀译，北京：经济科学出版社，1989年，第60页。

③ 贝克尔将家庭非市场产品的生产函数记作：$Z_i=f_i(x_i, T_i)$。Z_i是家庭生产的第i种基本产品，x_i表示市场产品向量，T_i表示用于生产第i种产品的时间投入向量。一般来说，Z_i对于x_i与T_i的偏导数非负。［美］加里·斯坦利·贝克尔：《家庭论》，王献生、王宇译，北京：商务印书馆，2005 年，第 111—112 页。

品诸如睡眠、健康、声望、亲情、子女的数量与质量等。家庭效用函数中的自变量，可以是家庭成员提供市场活动而获得的市场产品，更包括家庭生产的非市场产品。[①]（2）与传统消费者理论的单人家庭不同，贝克尔的家庭由多人组成。多人家庭的特征是：第一，各个家庭成员拥有的时间、技能和资源，在生产家庭基本产品时具有“联合效用”，因而家庭是有效率的经济组织；第二，不同家庭成员具有相互依赖的效用函数。（3）家庭内每个人存活两代。在第一代，他（她）是孩子，父母对他（她）成人的生产投入时间和其他资源；在第二代，他（她）是成年人，他（她）创造收入，进行消费，并对自己的孩子进行投资。这样，在静态上，一个家庭由两代人组成；若将家庭结构动态化，可以产生一个由代际序列形成的家庭王朝。（4）父母对孩子是利他主义者，即父母的效用函数正向依赖于其子女的效用函数。[②]一个利他主义者的家庭，可以看作存在一个家庭效用函数，家庭成员都自愿地使这一函数极大化。

从前述假设条件出发，贝克尔构建了一个由两代人组成的家庭的效用函数。如果父母的效用（U_0）是他们自己的消费（c_0）、他们所拥有的子女的数量（n_0）和每个子女效用（U_1，i）的加法离散函数，那么，

$$U_0 = v(c_0, n_0) + \sum_{i=1}^{n_0} \psi_i(U_{1,i}, n_0) \tag{1-3}$$

其中，v 是一个标准的即期效用函数。假设父母对孩子之间差异的反映无足轻重，即对所有孩子来说，函数 $\psi_i=\psi$。在每个孩子的效用中，如果该函数是增加的且呈凹形抛物线，那么，当每个孩子得到相同水平的效用时，父母的效用就极大化：即对所有的 i 和 j 来说，$U_{1i} = U_{1j}$。此时，父母的效用函数就变成

$$U_0 = v(c_0, n_0) + n_0 \psi(U_1, n_0) \tag{1-4}$$

另外，假设 U_0 线性依赖于 U_1，所以，$\psi(U_1, n_0) = a(n_0)U_1$，父母的效用函数可由下式给出：

$$U_0 = v(c_0, n_0) + a(n_0) n_0 U_1 \tag{1-5}$$

---

① 与传统的消费理论相比，贝克尔对家庭的功能作出了重要的拓展。

② 严格地说，利他主义应该被定义为：$U_i = U[Z_{1i}, \cdots Z_{mi}, \psi(U_j)]$，$\partial U_i / \partial U_j > 0$。这里，$i$ 和 j 分别代表父母和子女。对孩子的利他主义意味着，通过动态效用函数可以把家庭中所有各代人的福利融为一体。[美] 加里·斯坦利·贝克尔：《家庭论》，王献生、王宇译，北京：商务印书馆，2005年，第212、326页。

$a(n_0)$项衡量父母对每个孩子的利他主义程度，亦即把孩子的效用转化成父母效用的程度。[①]

在贝克尔看来，子女长大成人时的效用，等于子女长大成人时所获得的收入，也等于子女的质量。[②]这样，家庭效用函数就可以进一步简化为

$$U = U(n, q, y) \tag{1-6}$$

式中的q表示子女的质量（假设所有子女的质量相同），y表示所有其他商品的消费比率。式（1-6）是一个简洁的包含子女数量和质量在内的家庭效用函数。该函数表明，父母的效用不仅取决于他们自己的消费，而且还与他们生育的子女数量和每个孩子的质量有关。[③]该效用函数服从如下预算约束条件

$$I = nq\pi + y\pi_y \tag{1-7}$$

这里，I表示家庭收入，π表示n、q的价格，π_y是y的价格。受预算限制的家庭效用函数极大化的一阶条件是

$$MU_n = \lambda q\pi = \lambda p_n；\quad MU_q = \lambda n\pi = \lambda p_q；\quad MU_y = \lambda \pi_y = \lambda p_y \tag{1-8}$$

其中，MU表示边际效用，p是边际成本或影子价格，λ表示货币收入的边际效用。[④]

在贝克尔的家庭效用函数中，子女数量和子女质量成为决策变量。因而，在服从预算约束的前提下，在实现家庭效用极大化的行为选择中，不可避免地会涉及子女数量与子女质量间关系的权衡。影响这种权衡的因素包括以下几个方面。

（1）收入。子女在贝克尔的父母效用方程中被视为耐用消费品，因而，耐

---

① ［美］加里·斯坦利·贝克尔：《家庭论》，王献生、王宇译，北京：商务印书馆，2005年，第187—188页。

② ［美］加里·斯坦利·贝克尔：《家庭论》，王献生、王宇译，北京：商务印书馆，2005年，第273、280—282页。

③ 贝克尔给出的将子女纳入父母效用函数的理由是，对于父母来说，子女是一种心理收入或满足的来源。按照经济学的术语，子女可以看成是一种消费商品，有些时候，子女还可以提供货币收入，因而又是一种生产品。而且，由于用于子女的支出和子女带来的收入都不是一成不变的，而是随子女年龄变化而有所不同，使得子女既是一种耐用消费品，又是一种生产品。［美］加里·斯坦利·贝克尔：《人类行为的经济分析》，王业宇、陈琪译，上海：生活·读书·新知三联书店、上海人民出版社，1995年，第211页。

④ ［美］加里·斯坦利·贝克尔：《人类行为的经济分析》，王业宇、陈琪译，上海：生活·读书·新知三联书店、上海人民出版社，1995年，第236页。

用消费品的需求理论在关于子女需求的分析中同样是一个有用的框架。[①]假定子女的价格不变，提高家庭收入的结果，会导致对子女需求或对子女支出的增加，这称为对子女需求的收入效应。这里潜在的前提是，子女是正常商品而非劣质品。如同对普通商品的需求一样，收入效应并非主要表现为购买此类商品数量的简单增加，而是更突出地体现在对所使用商品质量提高的追求方面。从与普通耐用品的类比中，贝克尔得出了对子女数量需求的收入弹性与对子女质量需求的收入弹性之间的关系：随着收入的增加，后者远远大于前者。"对汽车、房屋或电冰箱等几乎所有其他耐用消费品来说，同质量的收入弹性比较，数量的收入弹性通常较小，在高收入水平，家庭购买的东西质量更好，数量也更多。如果子女方面的支出也有类似的性质，那么，增加的子女支出的绝大部分将包含子女质量的提高。虽然一般来说数量的减少是个例外，但经济理论并不保证子女数量一定增加，因此，收入的增加可能既增加子女数量，又增加子女质量，但是数量弹性应低于质量弹性。"[②]这样，收入效应就可以对经济成功发展过程中人口质量和数量的差别化变动趋势作出部分解释。[③]

（2）时间价值。人们所拥有的时间可以划分为市场活动时间和非市场活动时间两部分。在市场活动时间里，人们通过出售劳动获得货币收入或市场产品；在非市场活动时间里，则通过家庭活动生产非市场产品。考虑到非市场产品对消费者福利的重要影响，家庭消费的均衡应是市场活动时间与非市场活动时间的最适组合。经济发展中人均收入水平的提高，首先改变了劳动者市场活动时间的价值，因为单位时间里劳动的收入流增加了[④]；同时，也改变了市场之外家庭活动时间的价值，因为家庭时间的消费是以放弃市场工作机会为代价的，相对于工作时间生产力的持续提高，家庭时间的消费就变得更为昂贵。收入提高所带来的家庭活动时间价值的增长可以得到大量经验事实的支持。比如，相对于贫穷国家而言，"美国民众……具有强烈的时间观念：他们不断地作时间记录，安排约会计较分分秒

---

① ［美］加里·斯坦利·贝克尔：《人类行为的经济分析》，王业宇、陈琪译，上海：生活·读书·新知三联书店、上海人民出版社，1995 年，第 211 页。

② ［美］加里·斯坦利·贝克尔：《人类行为的经济分析》，王业宇、陈琪译，上海：生活·读书·新知三联书店，上海人民出版社，1995 年，第 213 页。

③ 由于收入变动并不能保证人口数量的收入弹性为负，因此，收入效应不是人口量质转变的充分条件。生育率的下降和与此并存的平均人力资本水平的提高，还需结合下面给出的其他一些因素的作用作出解释。

④ 人们的收入由劳动报酬、资产收益和遗赠等部分构成，其中，劳动报酬是构成全部收入的主要方面。本章讨论的收入仅限于劳动收入。

秒，来去匆匆，吃饭也要节省时间”①；尽管“闲暇”时间在增加，但“现代人们的时间使用变得比一个世纪以前更加精打细算，……随时记录用去的消费时间、精心盘算消费时间的支出”②。孩子是家庭生产的时间密集型“产品”，家庭消费时间价值的前述变化，提高了生育子女的直接成本和机会成本。这成为收入高增长国家或地区妇女生育率下降的重要的经济动因。在经济高增长时期及成熟经济阶段，人力资本与个人收入呈正相关。这又会激发利他主义父母增加对其子女的人力资本投资，他们期望子女成人后能得到高质量的生活。

（3）价格效应。无论是增加子女的数量还是提高子女的质量，都需要投入家庭活动时间和其他家庭资源，因此，子女的数量和质量都是有价格的。在生产时间收入增加或在非生产时间所放弃报酬增多的条件下，子女的价格在提高，即子女变成日益昂贵的“产品”。在分析价格变动效应对子女数量和质量产生影响时，贝克尔引入影子价格这一概念。此时，贝克尔将式（1-7）的预算限制扩展为式（1-9）。其中，子女成本中的成分 $n\pi_n$ 由依赖于数量而非质量的成本构成；类似地，成分 $q\pi_q$ 取决于质量而非数量。

$$I = n\pi_n + nq\pi + q\pi_q + yp_y \tag{1-9}$$

子女数量、子女质量以及消费品的影子价格 p ③分别是

$$p_n = \pi_n + q\pi\text{；}\quad p_q = \pi_q + n\pi\text{；}\quad p_y = \pi_y \tag{1-10}$$

可见，质量的影子价格 p_q 依赖于数量 n，数量的影子价格 p_n 亦依赖于质量 q。这表明子女的数量与质量密切相关。此时，相对于子女数量的影子价格越高，子女的质量越高；相反，相对于子女质量的影子价格越高，子女的数量就越多④。在贝克尔的家庭经济理论中，价格效应似乎是解释人口数量与质量反向变动关系最为精致的工具。

（4）利他主义投资的贴现率。家庭中的利他主义，主要表现为父母对子女

---

① ［美］加里·斯坦利·贝克尔：《人类行为的经济分析》，王业宇、陈琪译，上海：生活·读书·新知三联书店、上海人民出版社，1995 年，第 133 页。

② ［美］加里·斯坦利·贝克尔：《人类行为的经济分析》，王业宇、陈琪译，上海：生活·读书·新知三联书店、上海人民出版社，1995 年，第 133 页。

③ ［美］贝克尔的影子价格即边际成本。此处的边际成本包括边际机会成本。

④ 贝克尔还发现，子女数量的价格弹性超过子女质量的价格弹性。这同前面分析收入弹性的数量—质量排序刚好相反。［美］加里·斯坦利·贝克尔：《人类行为的经济分析》，王业宇、陈琪译，上海：生活·读书·新知三联书店、上海人民出版社，1995 年，第 242 页。

的转移支付，包括对子女的人力资本投资和物质资产遗赠。相对于遗产赠与而言，人力资本投资是更为普遍的形式。[①] 父母的利他主义程度（ $a(n_0)$ ）决定着对子女人力资本投资的强度，即“利他主义的父母乐意负担孩子人力资本投资的成本”[②]。在“经济人”的分析框架中，父母对子女的人力资本投资亦是图求回报的。这种回报，间接地取决于子女的质量（等价于子女成人后获得的收入或其获得的效用）[③]；直接地决定于子女的质量或效用在多大程度上折合为父母的效用，亦即父母对子女人力资本投资的贴现率的高低。影响父母利他主义投资贴现率的因素有多种，比如，孩子的利己主义程度[④]，它与该贴现率呈正相关；比如，人力资本投资的收益率，父母的利他主义程度既定，人力资本投资的收益率与该项投资的贴现率呈负相关；就我们此处讨论的问题而言，孩子数量对贴现率的影响应更受到关注。贝克尔认为，对每个孩子的利他主义程度，从而父母效用与未来相关的权数，会随着孩子数量的增加而减少，因而，出生率的上升提高了对未来的贴现率，这将阻碍对孩子的人力资本投资；反之，出生率下降，贴现率降低，对子女的人力资本投资则会增加。[⑤] 这里，人力资本与生育率之间的联系也是反向的。

借助贝克尔的代际效用函数，可以获得如下几点基本结论：第一，家庭的满足并非消费品的一元函数，孩子的数量和质量均可以成为父母效用的来源。第二，在不同的经济环境中，子女数量及其质量的边际效用对父母的意义是不同的。第三，决定孩子数量效用和质量效用差异的因素有人均收入水平及由此决定的时间价值，数量与质量的影子价格，人力资本投资的贴现率等。第四，随着经济的发展，前述诸因素的变化会导致来自孩子数量的效用下降，来自孩子质量的效用提高。因此，生育率下降和人力资本的提高，是经济发展进程中的一般性规律。

---

① 能够同时提供人力资本投资和遗产的仅存在于较富裕的家庭，在此类家庭，人力资本投资和遗产赠与之间存在着一定程度的替代关系；对于低收入家庭，父母的利他主义更普遍地表现为对子女的人力资本投资。

② [美]加里·斯坦利·贝克尔:《家庭论》，王献生、王宇译，北京：商务印书馆，2005年，第10、273页。

③ 因为父母的效用正向地依赖于子女的质量或效用。

④ 贝克尔用“价值产品”来度量孩子的品质。所谓“价值产品”指“父母所关心的孩子的特殊品质和行为，即他们是否懒惰、在学校是否用功、是否经常去看望自己的父母、是否酗酒、婚姻是否美满及对自己的兄弟姐妹是否友善”。贝克尔认为，孩子减少对“价值产品”的消费，会降低父母对孩子的利他主义程度。[美]加里·斯坦利·贝克尔:《家庭论》，王献生、王宇译，北京：商务印书馆，2005年，第15、273页。

⑤ 参见[美]加里·斯坦利·贝克尔:《家庭论》导论，王献生、王宇译，北京：商务印书馆，2005年，第5—28页。

值得强调的是，不能简单地把生育率下降看作人力资本提升的直接原因，二者之间的联系是建立在前面所列举的诸多因素作用机制之上。生育率的降低仅仅意味着向人力资本投资的有利环境同时存在。

三、内生增长模型中的生育率与人力资本

以一元的工业社会为背景，索洛（R.Solow）[①]建立了一个经典的新古典经济增长模型。索洛模型所依据的总量生产函数是

$$Y = f(AL, K) \tag{1-11}$$

其中，Y表示总产出，L、K代表劳动和资本的投入量，A为技术状态变量。该生产函数的性质为一次齐次函数，即产出关于资本K和有效劳动AL的规模报酬不变。在索洛的经济增长模型中，当人口增长率[②]和技术进步率不变时，人均收入增长率（$\tilde{y}$）决定于有效劳动的平均资本占用量（$\tilde{k}$），即

$$\tilde{y} = f(\tilde{k}) \tag{1-12}$$

在稳态条件下，即当

$$\Delta\tilde{k} = 0 \quad 或 \quad sf(\tilde{k}) = (n+g)\tilde{k}$$

时，经济增长率则取决于人口增长率n和技术进步率g（设资本折旧率等于零）。虽然给明了经济增长的源泉，但索洛模型令人遗憾地将决定经济长期增长的因素n、g设定为外生变量。这样，关于经济长期动态增长的机制仍然是一个未被解释的“黑箱”。

20世纪80年代中期以来兴起的新增长理论，首先着手于索洛模型中技术进步率的内生化处理。罗默（P.M.Romer）[③]将技术进步的源泉归结为知识的创造，并在增长模型中引入了知识资本变量。他认为，长期的经济增长是由具有前瞻

① Solow R. A Contribution to the Theory of Economic Growth. Quarterly Journal of Economics, 1956, Vol.70, pp. 65-94.

② 等于劳动增长率。

③ Romer P M. Increasing Returns and Long-run Growth. Journal of Political Economy, 1986, Vol. 94, pp. 1002-1037.

性的、总是力图最大化利润的微观经济主体的知识积累力量所驱动的。[①] 在卢卡斯（R.E.Lucas）[②]看来，知识的积累与技术进步是以人为载体。因而，他将舒尔茨（T.W.Schults）的人力资本概念与索洛的技术进步概念结合起来，试图以人力资本积累率来表征技术进步率，并认为增长的主要动力是人力资本的积累。[③] 基于此类对技术进步源泉认识的进展，知识资本或人力资本被引入经济增长模型，技术进步率外生的新古典模型由此被改造为内生增长模型。[④]

经验研究的发现坚决地拒绝了对经济增长而言人口增长率是外生的观点。总体来看，在经济发展水平很低且经济增长十分缓慢的时期，人口增长率也很低；当经济增长率提高时，人口增长率相应地上升；但是，当经济发展到较高水平后，人口增长率则开始下降，甚至在一些国家出现负增长。因此，将人口变化排除在经济规律之外是不合理的，一个完备的经济增长理论应当包含一个内生的人口变量。经济增长模型中人口增长率或生育率的内生化处理，可以在前述贝克尔的人口量质转化模型的基础上来完成。当人力资本成为经济决策变量时，生育行为就会由对人力资本投资收益率作出反应的家庭或个人的决策所决定。因此，技术内生的经济增长理论可以与人口内生的经济增长理论处于同一分析框架之中。贝克尔、墨菲（K.M.Muphy）和田村（M.M.Tamura）[⑤]以及卢卡斯[⑥]等人把生育决策和人力资本积累决策同时整合在一个经济增长模型之中，

---

① 罗默采取了如下代表性厂商的生产函数形式：$Y = F(k_i, K, x_i)$，其中，k_i 代表每个厂商的知识资本存量，K 是社会总知识水平，定义 $K = \sum_{i=1}^{n} k_i$，x_i 则以向量的形式表示一系列其他生产要素。在罗默的模型中，新知识被认为是技术研究部门的产物，而且，知识的生产遵循报酬递减规律；同时，由于对知识的投资存在外部溢出效应，所以在一般消费品生产中会出现知识资本的递增报酬。参见 Romer P M. Increasing Returns and Long-run Growth, Journal of Political Economy, 1986, Vol. 94, pp.1002-1037.

② Lucas R E. On the Mechanics of Economic Development. Journal of Monetary Economics, 1988, Vol. 22, pp.3-42.

③ 卢卡斯将生产函数的形式表达为：$Y = A \cdot K(t)^{\beta}[u(t)h(t)N(t)]^{1-\beta}h_a(t)^{\gamma}$。假定经济中共有 N 劳动力，每个劳动力都有相同的技术水平或人力资本水平 h。每个劳动力都将他全部时间的 u 部分用于当期生产，（$1-u$）部分用于接受在校教育，即进行人力资本投资。个人的人力资本除具有提升自身的生产能力外，还具有提升社会整体生产能力的外部效应：$h_a^{\gamma} = h^{\gamma}$。同时，卢卡斯采用的产出形式包含了递增规模报酬假定。Lucas R E.On the Mechanics of Economic Development. Journal of Monetary Economics, 1988, Vol. 22, pp.3-42.

④ 技术进步内生的增长理论，不仅是经济增长理论，同时也是人力资本理论。

⑤ Becker G S, Muphy K M, Tamura M M. Human Capital, Fertility and Economic Growth. Journal of Political Economy, 1990, Vol.98, No.5, pp.734-754.

⑥ ［美］小罗伯特·E. 卢卡斯：《经济发展讲座》第五章，罗汉、应洪基译，南京：江苏人民出版社，2003 年，第 113—179 页。

将内生生育率和内生人力资本积累率同时作为经济发展或经济增长的基本解释变量。在他们的模型中，不可避免地涉及了不同经济发展水平下人力资本与生育率关系的讨论，其中，以贝克尔、墨菲和田村对生育率与人力资本关系的揭示最具代表性。

贝克尔、墨菲和田村在《人力资本、生育率与经济增长》这一重要文章中，首先把人力资本投资作为经济增长的核心问题，“不论是马尔萨斯模型还是新古典模型都没有重视人力资本的作用，然而事实证明，目前，人力资本投资与经济增长之间存在着极为密切的关系”[①]。并认为，一个经济落后的国家要进入经济成熟发展阶段，最重要的因素并不是物质资本，而是人力资本。[②]其次，人力资本投资收益率被设定为人力资本存量的函数。当人力资本存量较少或低于某一临界水平时，对现有人力资本进行投资的收益率也较低，因而，此时人力资本的投资很少发生；反之，则会出现相反的结果。由此，人力资本的初始存量，被认为决定着一个国家经济发展的走向。最后，基于一个人获取新知识的能力与他已经具备的知识正相关的基本事实，与物质资本不同，人力资本投资的回报率被设定为递增而非递减。

在“B—M—T 模型”中，连接生育率与人力资本积累率之间关系的直接因素是人力资本投资收益率。因为人力资本投资收益率的高低反映着时间价值的变化，时间价值又体现为生产和养育孩子的成本或价格。这意味着较高的人力资本回报率可以产生一种由于孩子成本提高而对生育率的替代效应；另外，人力资本投资收益率的提高将降低未来消费的贴现率，从而会激发家庭对其子女的人力资本投资。这样，生育率的下降和人力资本积累率的增长就会成为一种共生现象。在更深的层次，生育率与人力资本积累率关系的决定因素是一个社会人力资本的存量规模。如前所述，人力资本的收益率相对于其存量而言具有递增的特征。在人力资本稀缺的社会，人力资本投资的收益率相对于增加子女数量的收益率要低；而当人力资本丰裕的时候，对人力资本投资的收益率则会高于增加孩子数量的收益率。因此，在人力资本存量极其有限的社会中，人们选择较高的生育率，并且对每一个孩子的投资较少；相反，则会呈现低生育率与高人力资本积累率伴行的结果。尽管在人力资本存量丰裕或稀缺的社会中，

---

① Becker G S, Murphy K M, Tamura M M. Human Capital, Fertility, and Economic Growth. Journal of Political Economy, 1990, Vol.98,No. 5, pp.734-754.

② Becker G S, Murphy K M, Tamura M M. Human Capital, Fertility, and Economic Growth. Journal of Political Economy, 1990, Vol.98,No. 5, pp.734-754.

人力资本积累率和生育率的关系结构不同，但二者间总是负向关联的。[①]

在贝克尔、墨菲和田村的经济增长框架中，生育率与人力资本积累率之间的关系可推演如下。

（一）两部门生产模型和家庭资源配置

假设每个人都是相同的，且生存于少儿和成人两个时期。一个成年人的工作时间为 T，少儿期的全部时间用于人力资本投资。一个人在其成年开始时选择生育孩子的数量为 n，养育每个孩子需花费时间 v 和 f 单位商品，并假设 v 和 f 不变。每个孩子的人力资本禀赋能力为 H^0。孩子的人力资本取决于其与生俱有的人力资本，教师和父母的人力资本 H，以及花费在教育上的时间 h。假定 H^0 和 H 可以完全替代，孩子的人力资本生产函数可记为

$$H_{t+1} = Ah_t(bH^0 + H_t)^\beta \tag{1-13}$$

系数 A 表示投资生产率，b 为使 H^0 等于一个单位 H 的数量，$\beta \leqslant 1$ 表示人力资本生产的规模效应。

消费部门的生产函数为

$$c_t + fn_t = Dl_t(dH^0 + H_t) \tag{1-14}$$

式中的 c 为成年人的人均消费，D 为消费部门的生产率，l 为每个成年人用于消费品生产的时间，d 为 H^0 和 H 之间的兑换率。如果假设消费部门对有效时间数量规模收益 $l(dH^0 + H)$ 固定不变，把生育、消费和人力资本投资的时间相加，就可得到时间预算公式如下

$$T = l_t + n_t(v + h_t) \tag{1-15}$$

（二）家庭效用函数的最优解及生育率与人力资本的关系

设家庭效用函数为[②]

① 卢卡斯强调了与生育率相关的人力资本的特定含义。“人力资本是个宽泛的术语，它所涵盖的认知成就范围包括从基础的科学发现直到儿童学会怎样阅读和用马耕作。……在任何一个真实社会中，知识积累将同时采取这两种极端方式及二者之间任何一种可能性，但只有第二种极端才能帮助我们解释生育的减少。”［美］小罗伯特·E. 卢卡斯：《经济发展讲座》，罗汉、应洪基译，南京：江苏人民出版社，2003 年，第 163—164 页。

② “B—M—T模型”中的家庭效用函数与贝克尔早期提出的家庭效用函数基本相同。参见式（1-5）。

$$V_t = u(c_t) + \alpha(n_t) n_t V_{t+1} \tag{1-16}$$

如果只考虑生育率的影响。假定 $b = d = 1$，即排除人力资本用在人力资本生产部门相对于用在消费部门的比较优势。同时假定人力资本的积累不会导致收益的减少：$\beta=1$。父母最大化动态效用，就会同时涉及生育和人力资本投资花费的时间。此时，效用函数可以简化为

$$\alpha(n) = \alpha n^{-\varepsilon}\text{；}\ u(c) = \frac{c^{\sigma}}{\sigma} \tag{1-17}$$

式中，ε 是随着孩子数量的增加对每个孩子利他的不变弹性，$0 \leqslant \varepsilon < 1$，$0 < \sigma < 1$，$\alpha$ 为纯粹的利他程度（当 $n = 1$ 时）。

在 t 时期和 $t+1$ 时期，人均消费之间的套利条件为

$$\frac{u'(c_t)}{au'(c_{t+1})} = \alpha^{-1} n_t^{\varepsilon} (\frac{c_{t+1}}{c_t})^{1-\sigma} \geqslant R_{ht} \tag{1-18}$$

当投资为正值时，该等式成立，收益率由下式决定：

$$R_{ht} = A(T - vn_{t+1}) = A(l_{t+1} + h_{t+1} n_{t+1})^2 \tag{1-19}$$

与生育率相关的效用最大化的一阶导数可以从公式（1-17）中取 V_t 对 n_t 的微分：

$$(1-\varepsilon)\alpha n_t^{-\varepsilon} V_{t+1} = u'(c_t)[(v + h_t)(H^0 + H_t) + f] \tag{1-20}$$

该等式的左边给出了增添一个孩子的边际效用，右边为生育并抚养一个孩子的时间和商品成品的总和。对式（1-20）中的生育率求一阶导数，简化了稳定状态，$H = h = 0$，故有

$$\frac{(T - vn_u)H^0 - fn_u}{vH^0 + f} = \frac{\sigma(1 - \alpha n_u^{1-\varepsilon})}{(1-\varepsilon)\alpha n_u^{-\varepsilon}} \tag{1-21}$$

公式左边给出了在稳态条件下从孩子身上获得的货币收益率，即成人消费与因生育一个孩子所放弃的消费之比。当 H^0 较大时，用于生育孩子的时间（v）和商品（f）较小，亦即孩子的生育成本较低，且当孩子具有收入能力时，父母就会多生孩子。生育孩子所获得的足够高的收益率将减少父母对孩子的投入，阻碍对孩子的人力资本投资。故 $H = 0$ 是一种低水平均衡状态。

生育率与人均收入水平间的正相关关系是马尔萨斯模型的特性之一，并且巩固了 $H = 0$ 的稳定状态。此时，即使 $H > 0$，高生育率会提高预期消费的贴现

率并降低投资收益率，这将减少对投资的刺激，使经济退回到低水平均衡状态。

但是，当一个国家进入某种发展阶段时，这一假设就不成立。那时，即使父母不向孩子投资，投入的时间成本也一定会随着 H 的增加而增加。当 H 足够大时，对孩子需求的替代效应就将开始支配收入效应，生育率就开始下降，并最终导致对孩子投资的收益率等于贴现率。那时，由于经济理性的驱使，父母开始对孩子进行人力资本投资，即有 $h > 0$。当 H 增加超过进入增长轨迹的临界人力资本存量水平时，生育率的下降不仅可以降低未来消费的贴现率，而且还能够带来人力资本投资收益率的递增。这两种变化都可以刺激人力资本投资。只要 $H_{t+1} > H_t$，生育率就会进一步下降，发展进程就会持续下去。①

四、超越“B—M—T 转折点”的中国经济发展

在贝克尔、墨菲和田村模型中，存在着两种发展稳态：一是高生育率、低人力资本积累率和低人均收入水平的“马尔萨斯均衡态”；二是低生育率、高人力资本积累率和高人均收入水平持续增长的稳定状态。一个国家或经济社会处于何种发展状态，贝克尔等人认为，取决于其在发展起步阶段所拥有的人力资本存量。若初始存量水平很低，由于未来消费的贴现率大于人力资本投资的收益率，即

$$[a(n_u)]^{-1} > R_h \qquad (1\text{-}22)$$

人力资本投资一般不会成为家庭的理性决策，此时，收入增长的结果是较大的家庭规模和不变的人均收入。当初始人力资本存量大于某一临界水平时，式（1-22）中的关系就会颠倒过来，人力资本投资和人均收入将不断增长，而生育率转为下降。可见，贝克尔、墨菲和田村把人力资本的存量水平视作决定一个国家经济发展基本走向的关键性因素。一个国家的经济发展要跳出“马尔萨斯陷阱”进入持续增长阶段，必须使其人力资本存量的积累达到这样一种水平，在这一水平上，

$$[\alpha(n_u)]^{-1} = R_h \qquad (1\text{-}23)$$

满足式（1-23）的人力资本存量水平是经济发展的一个非稳态点。低于这一点

① 李建民：《生育率下降与经济发展内生性要素的形成——兼论中国人力资本投资供给的制度性短缺》，《人口研究》1999 年第 2 期，第 10—17 页。

的人力资本存量水平，由于式（1-22）的作用存在，经济发展会退回到落后状态；人力资本存量越过这一点，经济发展就会在人力资本的驱动下远离“马尔萨斯陷阱”。因此，达到人力资本投资收益率等于未来消费贴现率的人力资本存量水平，是区分落后均衡与发达均衡的临界点，我们将此点称为“B—M—T 转折点”。

在 $[a(n_u)]^{-1} > R_h$ 的条件下，人们趋向于不对人力资本进行投资。那么，对于一个落后的经济体来说，$[\alpha(n_u)]^{-1} = R_h$ 的人力资本临界存量水平是如何积累起来的？贝克尔、墨菲和田模型以及卢卡斯都认为，来自一系列技术进步和制度变革——诸如使用煤资源方法的改进，更发达的铁路和海洋运输、对外贸易，减少价格管制等——外在冲击，是促发一个落后社会进行人力资本积累的原始动力，因为这些事件增加了对人力资本的需求。一个国家或社会是否经历这些外在冲击，在很大程度上被解释为“机遇”或“运气”。“时机和巨大冲击的发生需要相当的运气，才能给人力资本和物质资本以足够大的推动。但是这看似不可能发生的事情确实发生在千年历史过程中。我们认为西方世界在中世纪开始处于领先，部分地取决于西方国家在技术和政治改革上‘幸运’的时机。”①

与西方世界相比，中国这种“幸运”的机遇来得较晚。20 世纪 70 年代末的市场化经济体制改革，极大地激发了经济主体的收入创造动机，刺激了人们对收入创造手段和能力的巨大需求，物质资本积累和技术进步加速，GDP 和人均收入呈现持续和高速的增长。与此同时，人力资本投资回报率大幅度上升②，人力资本积累率加快，人均受教育年限显著提高，国家人力资本存量规模迅速扩大。③与此同时，妇女的生育率下降，特别是进入 20 世纪 90 年代末以后，农村居民的意愿生育水平在行政性控制措施渐近减弱的情况下转变，农民家庭的一

① Becker G S, Muphy K M, Tamura M M. Human Capital, Fertility, and Economic Growth. Journal of Political Economy, Vol.98,No. 5, pp.734-754.

② 有关研究显示，城镇教育投资收益率，1988年为3.8%（李实、李文彬，1994年，全国样本）；1995年是 5.73%（赖德胜，1998 年，全国 11 省市样本）；1999 年达到 8.1%（李实、丁赛，2003 年）。侯风云：《中国人力资本投资与城乡就业相关性研究》，北京、上海：生活·读书·新知三联书店、上海人民出版社，2007 年，第 152 页。

③ 胡鞍钢、门洪华的资料显示，中国的总人力资本存量1980年为27亿人年，1990年是41.7亿人年，1999 年提高到 60 亿人年，1999 年是 1980 年的 2.22 倍。胡鞍钢、门洪华：《中美日俄印有形战略资源比较——兼论旨在“富国强民”的中国大战略》，《战略与管理》2002 年第 2 期，第 26—41 页。侯风云的研究显示，1980 年，中国的人力资本总量是 2825.58 亿元，1990 年为 8597.65 亿元，2001 年达到 40 989.93 亿元，2001 年是 1980 年的 14.51 倍。侯风云：《中国人力资本投资与城乡就业相关性研究》，北京、上海：生活·读书·新知三联书店、上海人民出版社，2007 年，第 50 页。

孩率和两孩率比例明显提高。表 1-3 表明，中国经济已开始进入低生育率、高人力资本积累率和高人均收入增长率的发展阶段。据此，我们可以判断，中国经济总体发展已经越过“B—M—T 转折点”，即在中国经济发展的现阶段，人力资本存量水平超过了满足$[\alpha(n_u)]^{-1}=R_h$关系的临界值水平。中国经济已实现超越“马尔萨斯稳态”的“起飞”。

表 1-3 1990 年以来中国的人均 GDP、人口自然增长率和人均受教育年限

年份	人均 GDP（元）	人口出生率（‰）	人均受教育年限（年）
1990	1644	21.06	5.82
1991	1893	19.68	—
1992	2311	18.24	—
1993	2998	18.09	—
1994	4044	17.70	—
1995	5046	17.12	6.88
1996	5846	16.98	6.95
1997	6420	16.57	7.15
1998	6796	15.64	7.23
1999	7159	14.64	7.31
2000	7858	14.03	7.72
2001	8622	13.38	7.73
2002	9398	12.86	7.84
2003	10 542	12.41	8.01
2004	12 336	12.29	8.10
2005	14 185	12.40	7.94
2006	16 500	12.09	8.13
2007	20 169	12.10	8.27
2008	23 708	12.14	8.35
2009	25 608	11.95	8.45
2010	30 015	11.90	—
2011	35 198	11.93	8.90
2012	38 459	12.10	9.47

注：人均 GDP 和人口出生率数据来源：《中国统计年鉴 2013》。人均受教育年限数据来源：各相应年份《中国统计年鉴》。人均受教育年限的计算公式如下：人均受教育年限 = 不识字或识字很少人口比重 ×1+ 小学人口比重 ×6+ 初中人口比重 ×9+ 高中人口比重 ×12+ 大学及以上人口比重 ×16

与早期发展阶段相比，越过“B—M—T 转折点”的中国经济，面临着过去不曾有过的诸多有利发展条件：第一，由于国民生育偏好的普遍转变，收入增长将产生人均物质资本的快速增长，导致国民经济中物质资本的迅速深化。第二，日益提高的投资回报率，激发着国民人力资本投资的巨大需求，而生育率

的降低和人均收入的增长，又为人力资本投资创造出了极其有利的环境。特别值得强调的是，生育率下降对农村居民人力资本投资的积极影响。这时，人力资本的积极变化表现在两个方面——受教育和培训人口数量的增加（广化）及人均受教育和培训程度的提高（深化）。第三，人力资本逐步取代物质资本成为经济发展的主要动力。这一转变的积极意义是，推动产业结构的转变，降低经济发展对初级资源的压力。适应这一发展环境的变化，配套的发展政策应是调整教育结构，实现高等教育的大众化，普遍提高国民的文化技术素质。

同时应当注意到，进入成熟发展阶段也会面临一些新问题的挑战。比如，"人口数量红利"将逐渐消失，劳动力成本开始上升，劳动密集型产业的比较优势将不复存在；人力资本驱动的高技术产业比重逐渐加大，产业结构趋向高度化。换言之，人口生产的转型与产业结构的转变并非相互独立的事件。人口转型推动产业结构的升级，产业结构的转变也成为人口转型的一种拉力。成功的发展政策应是实现二者之间的有效衔接与协同推进。

五、本章结论

生育率、人力资本反向关联的两类结构——高生育率、低人力资本积累率和低生育率、高人力资本积累率，是工业化成功推进前后所带来的不同经济发展水平在人口生产领域的反映。贝克尔的新家庭理论和人口内生的经济增长理论，既是解析生育率与人力资本逆向变动机制的有效工具，同时也扩展了经济发展阶段的度量标准。生育率下降和人力资本积累率加速的现实表明，中国正在向成熟经济阶段迈进。为了适应人口生产特征的变化，发展政策需作出相应调整。

第二章

人口生产量质偏好转型：来自中国农村家庭的经验

一、人口生产转型的国际经验是否适应于中国农村家庭？

第一章的分析表明，先行工业化国家的工业化过程，同时是人口生产由高生育率偏好向高质量偏好的转变过程。这里进一步给出描述这一转变的另外一些经验数据。

无论是最早开始工业化的欧洲国家，还是后起工业化的美国、日本等国，伴随其工业化过程，人口生育率都经历了一个由高到低的转变。1820—1992 年，每百人出生率，英国和德国分别由 3.03 和 3.99 下降为 1.37 和 1.11，后者仅及前者的 45% 和 28%；美国和加拿大分别由 5.52、5.69 降至 1.59 和 1.47，降幅分别达到 71% 和 74%；日本则从 1900 年的 3.17 下降到 1992 年的 0.97，成为该时期内人口出生率最低的国家（表 2-1）。

表 2-1　1820—1992 年主要国家的出生率

国家	每 100 人出生		
	1820 年	1900 年	1992 年
英国	3.03	2.87	1.37
法国	3.17	2.13	1.30
德国	3.99	3.56	1.11
荷兰	3.50	3.16	1.30
瑞典	3.30	2.70	1.42
美国	5.52	3.23	1.59
加拿大	5.69	2.72	1.47
日本	NA	3.17	0.97

资料来源：[英]安格斯·麦迪森：《世界经济二百年回顾》，李德伟、盖建玲译，北京：改革出版社，1997 年，第 7 页

注：NA 表示未获得数据

与人口出生率下降相反，工业化进程中人口的平均人力资本水平显著提高。表 2-2 所示的数据反映了 1820—1992 年 6 个工业化国家的人均受教育年数的增长情况。美国和日本平均每人的人力资本①增加了近 10 倍，英国增加了 7 倍。在 1913 年之前，最先爆发工业革命的英国比美国、日本的人均受教育年数要高，之后随着相对经济增长率的变化被两国超越。

表 2-2　1820—1992 年 6 个工业化国家 15—64 岁年龄组人均受教育年数　（单位：年）

年份	美国	法国	德国	荷兰	英国	日本
1820	1.75	NA	NA	NA	2.00	1.50
1870	3.92	NA	NA	NA	4.44	1.50
1913	7.86	6.99	8.37	6.42	8.82	5.36
1950	11.27	9.58	10.40	8.12	10.60	9.11
1973	14.58	11.69	11.55	10.27	11.66	12.09
1992	18.04	15.96	12.17	13.34	14.09	14.87

资料来源：[英]安格斯·麦迪森：《世界经济二百年回顾》，李德伟、盖建玲译，北京：改革出版社，1997 年，第 15 页

注：表中的教育年限经过了加权，初等教育、中等教育、高等教育分别赋值为 1、1.4、2

依据第一章，对于工业化②背景下人口生产数量偏好向质量偏好的转变，贝克尔③的新家庭经济学提供了一种颇具说服力的解释。以包括子女数量和质量在内的家庭效用函数为分析框架，贝克尔认为，家庭效用极大化目标的一个重要决策就是权衡子女的数量和质量，而影响这种权衡的因素主要有收入、时间价值、价格效应和利他主义投资贴现率等。随着工业化的推进和人均收入的增长，父母对子女数量需求的收入弹性小于对子女质量需求的收入弹性；收入的提高改变了人们从事非市场活动时间的机会成本，进而增加了养育孩子的经济成本；在生产时间收入增加以及非生产时间所放弃的收入亦增加的条件下，子女的价格日益昂贵，子女成为家庭的“奢侈品”；父母对子女人力资本投资与该项投资的贴现率呈负相关，出生率的上升提高了贴现率，阻碍了父母对子女的人力资本投资，反之，则增加该项投资。理性的家庭决策者在收入增加的条件下倾向

① 仅以受教育程度来衡量。

② 本书所谓的工业化指市场经济制度基础上的工业化，20 世纪 50 年代至 20 世纪 70 年代中国计划经济体制时期推进的工业化除外。

③ 参见［美］加里·斯坦利·贝克尔：《家庭论》，王献生、王宇译，北京：商务印书馆，2005 年。

于对孩子的质量投资。贝克尔、墨菲和田村[①]以及卢卡斯[②]包含生育率和人力资本积累率的内生增长模型的研究表明，联结生育率和人力资本积累率关系的是人力资本投资收益率。较高的人力资本投资收益率不仅引起孩子质量对数量的替代，且降低未来消费的贴现率，诱导父母对子女进行更多的质量投资。而人力资本投资收益率的提高，正是工业化进程中所发生的典型性事实。

本章拟讨论的问题是，随着市场化改革的推进，中国正在经历快速的工业化和城市化进程。相关研究显示，中国已进入工业化中期阶段的后半段[③]，2012年城市化率达到52.57%[④]。如果说人口生产数量偏好向质量偏好的转变是工业化过程的一般规律，那么，这种转变在当今中国是否正在发生？特别是在长期以来存在显著高生育率偏好的中国农村地区是否发生？如果中国农村的人口生产偏好已经或正在改变，那么这种变化对于中国农业和农村发展具有何种意义？

二、中国农村家庭人口生产转型的事实描述

（一）总和生育率下降

新中国成立后，中国人口特别是农村人口迅速增长。农村总和生育率1955年为6.39，1970年为6.38。20世纪70年代中央政府在全国实施了计划生育政策，具有强制性的计划生育政策使得农村妇女总和生育率快速下降，1975年下降到3.95，5年时间生育率减少了38%。20世纪80年代初期，计划生育被定为基本国策，并实行严格的奖罚制度，农村生育率在小幅度波动中保持着下降趋势。1992年农业人口年龄别生育率下的总和生育率和递进生育率下的总和生育率分别降到1.83和2.04[⑤]，均低于2.1的生育更替水平。

汤兆云[⑥]的研究表明，中国乡村总和生育率在1950—1981年呈现振荡下降，其中1963年达到峰值7.78，20世纪70年代之后较平稳地下降，1981年降至

① Becker G S, Murphy K M, Tamura M M. Human Capital, Fertility, and Economic Growth. Journal of Political Economy, 1990, Vol.98,No.5,pp. 734-754.

② ［美］小罗伯特·E. 卢卡斯：《经济发展讲座》第五章，罗汉、应洪基译，南京：江苏人民出版社，2003年，第113—179页。

③ 周叔莲等：《中国的工业化与城市化》，北京：经济管理出版社，2008年，第16页。

④ 中国国家统计局：《中国统计年鉴2013》，北京：中国统计出版社，2013年，第95页。

⑤ 国务院人口普查办公室、国家统计人口和社会科技统计司：《转型期的中国人口》，北京：中国统计出版社，2005年，第24页。

⑥ 汤兆云：《农村计划生育与人口控制》，南京：江苏大学出版社，2009年，第34页。

2.91。1991 年中国社会科学院进行的“中国家庭经济和生育研究”抽样调查结果显示，农村妇女平均期望生育数为 1.89 个，1997 年国家计划生育委员会组织的“全国人口和生殖健康抽样调查”显示农村妇女平均期望生育数为 1.80 个。[①] 从 Poston 等人绘制的中国生育率趋势图（图 2-1）中可以清晰地观测到农村生育率的变化趋势。[②] 从国内外学者所列数量来看，中国农村总和生育率自 20 世纪 70 年以来总体处于下降趋势。

图 2-1　全国、城镇、农村人口生育率趋势图

资料来源：叶华、吴晓刚：《生育率下降与中国男女教育的平等化趋势》,《社会学研究》2011 年第 5 期，第 156 页

农户家庭规模趋于缩小是生育率下降的结果。选取历年有关人口统计资料中农村人口数和农村家庭户数，二者之比得平均每个农户家庭的人口数。1975 年农村户均人口数为 4.72 人，之后一直递减，2010 年下降到 3.66 人（图 2-2）。这表明，到 2010 年，无论是“核心”还是“扩展”的家庭类型，平均每个农村家庭拥有的子女数均不超过两个。

---

① 路遇：《新中国人口五十年》（上），北京：中国人口出版社，2004 年，第 129 页。

② 叶华、吴晓刚：《生育率下降与中国男女教育的平等化趋势》,《社会学研究》2011 年第 5 期，第 156 页。

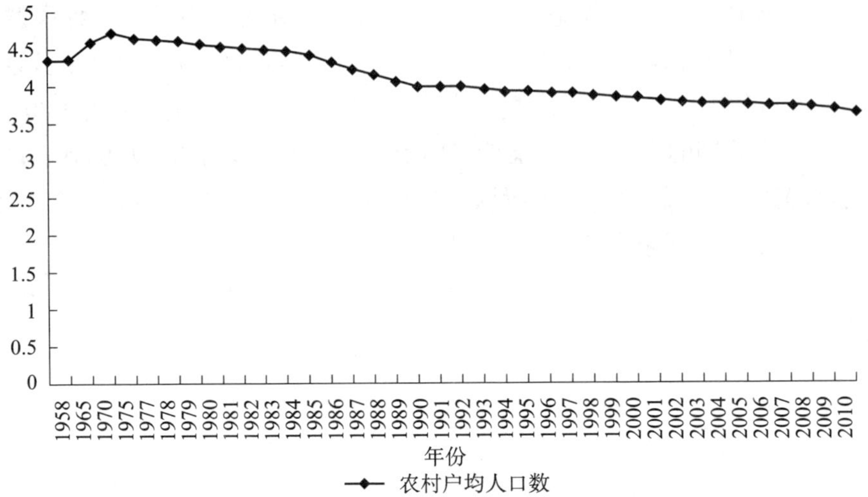

图 2-2 农村户均人口数变动趋势图

资料来源：1958—2008 年数据来源于中华人民共和国农业部编：《新中国农业 60 年统计资料》表 1-1-2，北京：中国农业出版社，2009 年，第 4 页；2009—2010 年数据来源于国家统计局农村社会经济调查总队：《中国农村住户调查年鉴 2011》表 2-1，北京：中国统计出版社，2011 年，第 13 页

根据《中国综合社会调查 2008》（CGSS2008）数据库记录的农村样本，计算出生于不同年代被访问者的兄弟姐妹数，也可以反映农村人口生育率的变化。为了比较不同世代人口的兄弟姐妹数，我们把 1950—1990 年出生的农村被访问者分为三个世代①，分别为 1950—1970 年、1971—1980 年和 1981—1990 年。结果表明，三个世代被访问者的平均兄弟姐妹数依次为 3.95 个、2.94 个、1.71 个（表 2-3）。出生于 20 世纪 80 年代的被访问者比出生于 20 世纪五六十年代被访问者的平均兄弟姐妹数减少了 2.24 个。平均兄弟姐妹数随着出生世代递减的趋势，再一次表明农村人口生产在数量方面的变化与农村总和生育率和农户家庭规模的变动趋势是一致的。

表 2-3 三个世代平均兄弟姐妹数比较

世代	平均兄弟姐妹数（个）	频数	标准差
1950—1970 年	3.95	1088	1.79
1971—1980 年	2.94	389	1.30
1981—1990 年	1.71	194	0.94

① 本章研究的起始时间是新中国成立之后出生的农村人口，故选取的样本中删去了 1949 年（含 1949 年）之前出生的农村人口，CGSS2008 中所记录最年轻的被访问者出生时间是 1990 年。

（二）人力资本水平显著提升

人力资本一般是指通过教育、培训、保健、劳动力迁移、就业、信息获得凝结在劳动者身上的技能、学识、健康状况的总和。目前，比较容易量化的人力资本指标是个体的受教育年数。

参考郭剑雄、李志俊[①]关于人均受教育年数的计算方法，利用相关统计年鉴中各教育层次的劳动力百分比以及每个教育层次相应的学制年数，最后求和得出每年的农村劳动力平均受教育年数。[②]表 2-4 显示，农村劳动力平均受教育年数逐年递增，1985 年人均受教育年数为 5.6 年，接近小学毕业文化水平；到 2010 年受教育年数增加到 8.36 年，接近初中毕业水平，2010 年比 1985 年延长了近一个教育层次。

表 2-4　1984—2010 年农村劳动力平均受教育年数[③]　（单位：年）

年份	平均受教育年数	年份	平均受教育年数	年份	平均受教育年数
1984	6.17	1993	6.76	2002	7.79
1985	5.60	1994	6.86	2003	7.83
1986	5.73	1995	6.99	2004	7.87
1987	5.82	1996	7.25	2005	8.01
1988	5.92	1997	7.36	2006	8.08
1989	6.03	1998	7.45	2007	8.16
1990	6.20	1999	7.54	2008	8.22
1991	6.55	2000	7.67	2009	8.30
1992	6.63	2001	7.76	2010	8.36

资料来源：根据 1985—2011 年《中国农村统计年鉴》有关数据计算得到

CGSS2008 数据库记录了被访问者从小学开始一共受过多少年学校教育。[④]同样把 1950—1990 年出生的农村人口分为三个世代（划分标准与表 2-4 相同），比较不同世代之间的人均受教育年数，结果见表 2-5。出生于 20 世纪五六十年代的农村人口平均受教育年数为 5.59 年，接近于小学毕业；20 世纪 70 年代出生的农村人口平

① 郭剑雄、李志俊：《人口偏好逆转、家庭分工演进与农民收入增长——基于中国农户经验的分析》，《南开学报》（哲学社会科学版）2010 年第 6 期，第 110 页注释②。

② 劳均受教育年数计算方法：各层次教育年数分别乘以各级受教育劳动力比重再加总求和，其中，“不识字或识字很少”以 0 年计，“中专”和“高中”合并以 12 年计，“大专及大专以上”合并以 15.5 年计。

③ 最早的《中国农村统计年鉴》是 1985 年版。

④ 样本中有部分被访问者还处于在学状态，此处计算的平均受教育年数被低估，但这不影响我们观察随着出生世代递进的人口受教育水平的趋势。

均受教育年数延长到约7年，相当于初中一年级水平；最年轻世代的平均受教育年数达到8.56年，已接近初中毕业水平。表2-5的微观调查数据说明，农村人口的人力资本水平随着出生世代的递进稳步提升，与宏观统计数据保持一致。

表 2-5　三个世代平均受教育年数比较

年代	平均受教育年数（年）	频数	标准差
1950—1970 年	5.59	1088	3.54
1971—1980 年	6.99	389	3.37
1981—1990 年	8.56	194	3.30

（三）人口生产偏好转变强度的测度

人口生产数量偏好的减弱和质量偏好的提升，可以用人口生产偏好转变强度一个指标作出统一度量。如果我们用反映人口生产质量的指标如人均受教育年限（E）作分子，用反映人口生产数量的指标如总和生育率或家庭人口规模（N）作分母，二者之比可以定义为人口生产质量偏好强度（Q），即 $Q=E/N$。该指标越大，意味着人口生产由数量偏好向质量偏好转变的强度越强，表明家庭更愿意以孩子的质量代替孩子的数量。

根据表2-4所示的农村劳动力平均受教育年数和图2-2表示的户均人口数，采用我们定义的人口生产质量偏好强度公式，测算出1984—2010年中国农村人口生产质量偏好转变强度指数如表2-6和图2-3所示。在1985—2010年，中国农村人口生产质量偏好转变强度逐年增大，而数量偏好在减弱。

表 2-6　1984—2010 年中国农村人口生产质量偏好转变强度指数

年份	Q	年份	Q	年份	Q
1984	1.37	1993	1.70	2002	2.04
1985	1.26	1994	1.74	2003	2.07
1986	1.32	1995	1.77	2004	2.09
1987	1.37	1996	1.85	2005	2.13
1988	1.42	1997	1.88	2006	2.15
1989	1.48	1998	1.92	2007	2.18
1990	1.54	1999	1.95	2008	2.21
1991	1.63	2000	2.00	2009	2.24
1992	1.66	2001	2.03	2010	2.28

资料来源：1984—2008年农村户均人口数来源于中华人民共和国农业部编：《新中国农业60年统计资料》，北京：中国农业出版社，2009年，第4页；2009—2010年农村户均人口数来源于国家统计局农村社会经济调查总队：《中国农村住户调查年鉴2011》表2-1，北京：中国统计出版社，2011年，第13页。1984—2010年农村劳动力平均受教育年数根据1985—2011年《中国农村统计年鉴》有关数据计算得出

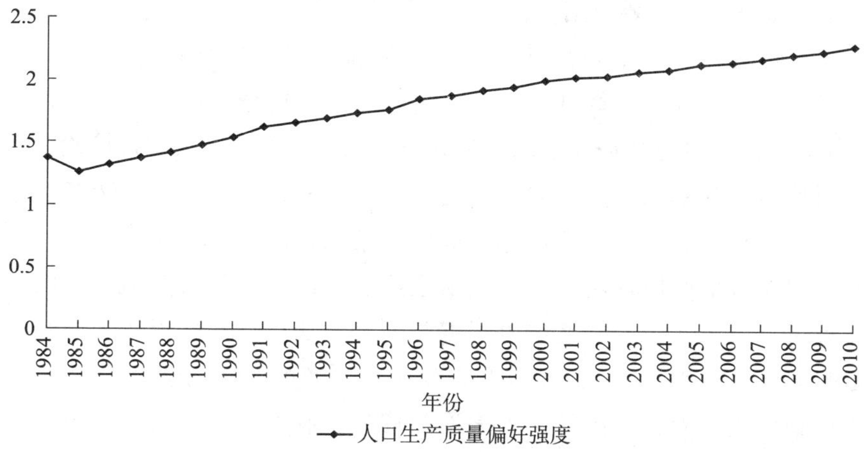

图 2-3　1984—2010 年中国农村人口生产质量偏好转变强度趋势

资料来源：1984—2008 年农村户均人口数来源于中华人民共和国农业部编：《新中国农业 60 年统计资料》，北京：中国农业出版社，2009 年，第 4 页；2009—2010 年农村户均人口数来源于国家统计局农村社会经济调查总队：《中国农村住户调查年鉴 2011》表 2-1，北京：中国统计出版社，2011 年，第 13 页；1984—2010 年农村劳动力平均受教育年数根据 1985—2011 年《中国农村统计年鉴》有关数据计算得出

三、中国农村家庭人口生产转型的原因分析

与先行工业化国家一样，在工业化、城市化进程中，中国农村人口生产也经历了由数量偏好向质量偏好的转变；但与先行工业化国家不同，在人口生产由数量偏好向质量偏好转变的过程中，中国同时推行了计划生育政策。这就使得中国农村人口生产偏好转变的原因呈现出一定的复杂性。现有文献关于中国生育率下降原因的讨论大体分为三种观点：第一种观点也是主流观点，认为中国的生育率转变是"强制型生育转变"，主要强调政府干预（计划生育政策）在生育率转变中的决定性作用。[①]第二种观点认为工业化、城市化表征的经济社会

① Arid J S. Coercion in Family Planning: Causes, Methods, and Consequences, in U. S. Congress,1986,Joint Economic Committee, China's Economy Looks Toward the year 2000,Vol.1, The Four Modernizations (Washington, DC: Government Printing Office)；Feeney G , Wang F. Parity Progression and Birth Intervals in China: The Influence of Policy in Hastening Fertility Decline. Population and Development Review, 1993, Vol. 19, pp.61-101；Hesketh T, Lu L, Xing Z W. The Effect of China's One-child Family Policy after 25 Years. New England Journal of Medicine, 2005, Vol.353, No.11, pp.1171-1176.

发展是生育率下降的主要原因，特别是人均收入、医疗、教育等因素的提高。[①]第三种观点认为生育率下降是计划生育政策和经济社会因素交互作用的结果，计划生育政策对生育率下降具有直接影响，而经济社会发展则同时具有直接和间接作用。[②]这些研究文献都是以微观调查得到的截面数据来进行检验，而且是针对全国整体生育率下降而言的。我们认为，农村人口生产偏好转变的原因是计划生育政策和工业化、城市化综合作用的结果，但是二者在时间序列上有主次之分。即人口生产偏好转变起初是由政府实施的计划生育政策推动的，计划生育政策是人口生产偏好转变的外生变量。随着20世纪90年代市场经济体制在中国的确立和不断完善，经济社会发生了深刻变革，特别是市场化、工业化、城市化得到快速发展，经济社会因素逐渐代替强制性的计划生育政策在人口生产偏好转变方面起着主导作用。

（一）人口生产偏好转变的外生力量——计划生育政策

（1）生育率显著下降时间与计划生育政策开始实施时间吻合。中国的计划生育政策被称为世界上第一个以国家名义实施的强制性计划生育方案（Banister,1987）。1955年全国总和生育率为6.26，农村为6.39，1970年全国总和生育率下降到5.81，城镇3.27，农村6.38。[③]农村生育率在16年间仅下降0.01，几乎未发生变化。在基数庞大且膨胀较快的人口压力下，政府在20世纪70年代实施了覆盖城乡范围的“晚、稀、少”政策，中国人口生产出现了逆转，全国总和生育率由1970年的5.81下降到1980年的2.24[④]，农村总和生育率1980年

---

① Becker G S. Family Economics and Macro Behavior. American Economic Review, 1988, Vol.78, pp.1-13；Greenhalgh S. Socialism and Fertility in China, Annals of the American Academy of Political and Social Science, World Population: Approaching the Year 2000, 1990, pp.73-86；Mcelroy M, Yang T. Carrots and Sticks: Fertility Effects of China’s Population Policies.The American Economic Review,2000,Vol.90, No.2 pp.389-392；Narayan P K, Peng X J. An Econometric Analysis of the Determinants of Fertility for China, 1952-2000. Journal of Chinese Economic and Business Studies, 2006,Vol.4, No.2, pp.165-183；Cai Y. China’s Below-replacement Fertility: Government Policy or Socio-economic Development? Population and Development Review, 2010, Vol.36, No.3, pp.419-440；曹景椿：《农村经济改革与计划生育》，《人口与经济》1986年第4期，第7—11、64页。

② Tien H Y. Induced Fertility Transition: Impact of Population Planning and Socio-economic Change in the People’s Republic of China. Population Studies, 1984, Vol.38, No.3, pp.385-400; Poston Jr D L, Gu B. Socio-economic Development, Family Planning and Fertility in China. Demography, 1987, Vol.24, pp.531-551；邬沧萍、钟声：《社会经济发展和计划生育工作的完善是我国农村生育率下降的前提和必要条件——苏南农村人口转变的启示》，《人口研究》1992年第5期，第6—12页。

③ 田雪原：《中国人口政策60年》，北京：社会科学文献出版社，2009年，第231页。

④ 杜鹏：《新世纪的中国人口》，北京：中国人民大学出版社，2011年，第87页。

为2.68，比1970年减少3.7个百分点[①]，10年间下降了58%。农村总和生育率在较短的时间内如此大幅度的下降，而且下降的起点时间与计划生育政策开始实施的时间相吻合，这不能排除计划生育政策的强制性约束作用。

（2）差异化的计划生育政策和差异化的生育率：汉族与少数民族的比较。表2-7表明，汉族与少数民族在计划生育政策的实施方面差异较大，特别是对汉族第二胎的严格控制和第三胎的坚决杜绝，而少数民族地区内部的汉族和城镇居民有条件的可生二胎，农村地区的少数民族则可以生第三胎。差异化的计划生育政策，导致了汉族和少数民族妇女不同的总和生育率（表2-8）。少数民族生育率由1970年的6.49下降到1985年的3.07，而这一阶段正是计划生育政策在少数民族地区普遍开展的时期[②]，说明计划生育政策对少数民族人口控制效果是明显的。更重要的是，少数民族生育率历年均高于全国水平，更高于汉族，这与对汉族和少数民族实施的严格与宽松的计划生育政策不无关系。

表2-7　汉族与少数民族地区生育政策比较

地区	一胎	二胎	三胎
汉族地区	大力提倡只生一胎	严格控制生育二胎	坚决杜绝生育三胎
西藏	汉族干部、职工、城镇居民一对夫妻只允许生育一胎	藏族干部、职工、城镇居民可有间隔地生育两个孩子，严格控制三胎	在腹心农牧区，有三个孩子的夫妇不再生育，边境农牧区的乡（区）和门巴族、珞巴族、夏高巴人等暂不提倡生育指标
内蒙古	汉族公民一对夫妻只允许生育一个子女	蒙古族及其他少数民族公民允许生育两个子女	蒙古族农牧民已有两个女孩的可生第三胎，达斡尔族、鄂温克族、鄂伦春族提倡少生，适当优生
新疆	城镇汉族居民一对夫妻生育一个子女	城镇少数民族居民，农牧民可以生育两个子女	少数民族农牧民可生育三个子女，特殊情况可再生一个
宁夏	汉族干部、职工、城镇居民只允许生育一胎	农村居民、夫妇双方或一方为少数民族的，允许生育第二胎	固原、海原、西吉、隆德、泾源、彭阳、盐池、同心八县少数民族农民，最多生育三个孩子
广西	一对夫妻只生育一个孩子	夫妻双方为1000万人口以下的少数民族，经批准可生育第二胎	无论何人、何种民族都不允许生育第三胎

资料来源：张树安：《民族地区人口与经济可持续发展论》，北京：民族出版社，2005年，第375页

表2-8　全国、少数民族妇女总和生育率的变化　（单位：个）

① 田雪原：《中国人口政策60年》，北京：社会科学文献出版社，2009年，第231页。
② 少数民族地区的计划生育政策开展得较晚。

项目	1970年	1975年	1980年	1985年	1989年	2000年
全国	5.70	3.50	2.31	2.20	2.29	1.22
少数民族	6.49	5.52	4.00	3.07	2.91	1.65

资料来源：路遇：《新中国人口五十年》，北京：中国人口出版社，2004年，第817页

（3）差异化的计划生育政策和差异化的生育率：城乡比较。计划生育政策规定，农村家庭在第一胎为女孩的情况下可以生第二胎（White,1994），所以农村地区实施的不是严格的独生子女政策，实际上是"一孩半"政策，与城镇相比较为宽松。由于计划生育政策在城乡的紧松不同，导致城乡生育率在下降初期的高低差别较大，农村地区始终大于城镇。如表2-9所示，1975—1980年对应着计划生育政策全面开始实施时期，城镇生育率由2.49下降到1.51，平均减少1个孩子；而农村地区则由5.24降到4.97，平均减少0.27个孩子，农村平均每个妇女要比城镇妇女多生3.46个孩子。如此大的差距显然与城乡分别实施紧、松计划生育政策有关。

表2-9　1950—1990年主要年份全国、城镇、农村总和生育率

项目	1950—1955年	1955—1960年	1960—1965年	1965—1970年	1970—1975年	1975—1980年	1980—1985年	1985—1990年
全国	6.24	5.04	5.93	5.99	4.76	2.90	2.36	2.45
城镇	5.34	5.07	4.36	3.37	2.49	1. 51	1.33	—
农村	6.25	5.49	6.43	6.51	5.24	4.97	2.83	—

资料来源：[美] D.盖尔·约翰逊：《经济发展中的农业、农村、农民问题》，林毅夫、赵耀辉译，北京：商务印书馆，2004年，第172页

（二）人口生产偏好转变的内生动力——工业化、城市化

1992年邓小平"南方谈话"对中国20世纪90年代的经济改革与社会进步起到关键的推动作用，一系列市场化改革促使各项经济社会事业蓬勃发展。一方面是农村生产力获得解放，乡镇企业异军突起，农民就业领域拓宽，剩余劳动力转移加快；有关户籍、教育、医疗和社会保障等制度的改革为农村经济发展创造了有利条件；另一方面城镇化、工业化不断提速，第三产业得到长足发展，各种所有制企业大量涌现，为农村剩余劳动力转移提供更多的机会。农村自身的发展和工业化、城市化的加深提高了农民收入，特别是来自非农的收入。根据中国经济社会自20世纪90年代以来发生的巨大变化，我们推断，20世纪

90年代中期之后主导农村人口生产偏好转变的因素是以工业化、城市化为代表的中国经济社会的快速发展。其原因如下：首先，农民收入提高增加了养育子女时间的机会成本，特别是农村妇女教育水平在代际逐渐提高，进城务工的机会增多，从事非农工作获得较高的收入提高了妇女的时间价值，从而放弃生育更多的子女。其次，城镇非农产业的高工资率吸引着农村劳动力向城镇转移，而这种转移是选择性的，具有较高人力资本的劳动力才有利于进入城市非农部门[①]，人力资本的门槛倒逼农村家庭减少子女数量，重视对子女质量的投资。再次，养育子女的成本随着家庭收入的增加而增加，因此孩子越来越“昂贵”，更多的孩子已经不是“耐用消费品”，而是“奢侈品”，其富有的需求价格弹性抑制了家庭对孩子的需求。最后，农村社会保障制度逐步完善，农民的“多子多福”传统观念发生转变，农村老年人口养老模式不再完全依靠子女。因此，农村生育率转变由起初计划生育政策外部推动逐渐内化为家庭对于经济因素变化的自觉行为。

（1）经济社会发展因素与人口生产偏好强度之间的相关系数发生结构性变化。为了比较1992年前后经济发展水平对生育率影响的差异，选取1984—2010年以不变价格计算的农村人均纯收入和人口城市化率来表征经济因素，以1992年为界，分别计算1984—1992年、1993—2010年两个指标与表2-6计算的人口生产偏好强度的相关系数，结果见表2-10。表2-10从统计学角度反映了城市化水平、农村人均纯收入与人口生产偏好强度的相关系数在1992年前后发生了显著变化，相关系数在1984—1992年分别为0.875和0.836，1993—2010年分别达到0.989和0.937。由此可以看出，社会经济因素对人口生产偏好转变的作用是逐渐增强的，另一方面说明计划生育政策的作用在减弱。

表2-10　人口生产偏好强度与农村人均纯收入、城市化率相关系数

	时期	城市化率	农村人均纯收入
人口生产质量偏好强度	1984—1992年	0.875**	0.836**
	1993—2010年	0.989**	0.937**
	1984—2010年	0.947**	0.903**

注：① ** 表示在0.01水平（双侧）上显著相关。②采用的是Pearson相关性检验方法

① 郭剑雄、李志俊：《劳动力选择性转移条件下的农业发展机制》，《经济研究》2009年第5期，第31—41、65页。

（2）少数民族人口生育率持续下降。20世纪70年代开始实施的计划生育政策抑制了少数民族人口生产（表2-8），根据20世纪80年代针对少数民族的具体人口政策（表2-7），可以推算出少数民族妇女在政策允许范围内至少可以生育2个子女，或者平均可以生2.5个。但是少数民族生育率从1970年以来总体呈现递减，1992年为2.09个，达到更替水平，2000年进一步减少到1.70个，比政策允许的平均生育率低0.8个（表2-11）。表2-11显示，20世纪90年代少数民族人口生育率在小幅度振荡中总体保持下降，孩次递进比随着孩次递进而递减，证实少数民族人口生产偏好发生了显著变化。计划生育政策对少数民族地区人口生育的约束是恒定的，在这种宽松的计划生育政策下，少数民族人口生育率保持了下降趋势，从一个侧面说明计划生育政策对人口生产不再是主要影响因素，主要原因还是归结于中国总体工业化、城市化的宏观背景以及少数民族地区自身的发展。农民在收入最大化动机的驱使下减少生育数量、注重对子女质量的培养，是对工业化、城市化、市场化带来的人力资本回报不断增加的趋势作出的积极反应。

表2-11 1990—2000年非汉族生育率及孩次递进比

年份	总和生育率	孩次递进比			
		0孩→1孩	1孩→2孩	2孩→3孩	3孩→4孩
1990	2.55	0.990	0.884	0.514	0.333
1991	2.28	0.961	0.831	0.552	0.136
1992	2.09	0.977	0.738	0.381	0.394
1993	2.02	0.973	0.701	0.402	0.162
1994	1.86	0.975	0.684	0.265	0.177
1995	1.89	0.987	0.653	0.315	0.216
1996	1.90	0.971	0.697	0.269	0.374
1997	1.74	0.956	0.632	0.245	0.167
1998	1.67	0.974	0.583	0.188	0.192
1999	1.54	0.938	0.547	0.151	0.113
2000	1.70	0.982	0.605	0.179	0.152

资料来源：国务院人口普查办公室、国家统计人口和社会科技统计司：《转型期的中国人口》，北京：中国统计出版社，2005年，第30页表6

（3）城乡人均收入悬殊导致生育率趋同缓慢。长期的二元经济结构造成城乡居民收入存在较大差距（表2-12），也即城乡社会经济发展不平衡。根据贝克尔的生育决策理论，收入与生育率呈反向关系，由此推出城镇居民较高的工资水平，其时间价值较大，抚养子女的经济成本较高，城镇家庭更愿意少生育，而注重对孩子质量的投资。相比较而言，农村地区农民的收入较低，时间价值较小，养育子女的成本较低，其对孩子质量的偏好弱于城镇家庭。所以城乡生育率在下降过程中始终存在差距，农村地区生育率高于城镇。从图 2-1 可以观察到，城乡生育率虽然有趋同的态势，但二者一直保持着距离。对于 20 世纪 90 年代之后仍然存在的这种差距，只能归结于城镇与农村的工业化和市场化程度的差异。城镇的工业化和市场化水平较高，居民收入增加较快，生育率下降迅速；而农村地区的工业化、市场化程度滞后于城镇，农民人均收入相对偏低，生育率下降缓慢。

表 2-12 1978—2010 年主要年份城乡居民收入差距 （单位：元）

年份	城镇居民家庭人均可支配收入	农村居民家庭人均纯收入	差距
1978	343.4	133.6	209.8
1992	2 026.6	7 84.0	1 242.6
2000	6 280.0	2 253.4	4 026.6
2005	10 493.0	3 254.9	7 238.1
2008	15 780.8	4 760.6	11 020.2
2009	17 174.7	5 153.2	12 021.5
2010	19 109.4	5 919.0	13 190.4

资料来源：国家统计局编：《中国统计年鉴 2011》，北京：中国统计出版社，2013 年，第 378 页

（4）来自二孩生育政策试点地区的证据。中国人民大学人口与发展研究中心“21 世纪中国生育政策研究”课题组（2009）在 2005—2006 年对甘肃酒泉、山西翼城、河北承德、湖北恩施、广东省等地区就二孩生育政策的实践进行了实地调研，形成了《八百万人的实践——来自二孩生育政策地区的报告》一书。书中详细报告了对 5 个二孩生育政策试验区调研所得到的数据及结论。5 个试点地区中，甘肃酒泉、山西翼城、河北承德 3 个地区主要针对的是农村地区，这 3 个地区的社会经济发展、人口状况、计划生育政策等均能代表中国广大农村地区的实际状况，具有典型性和代表性，为我们的推论提供了强有力的支持。甘肃酒泉在 1985 年实行农村“二孩”生育政策，经过 20 多年的试点，酒泉市的人口出生率和自然增长率均低于全省和全国平均水平。妇女生育水平在实施二孩生育政策后不仅没有上升反而进一步下降。到 2000 年为 1.4，远低于全省 1.7 的水平。而酒泉历年农村人均纯收入远高于甘肃省和全国平均水平，社会经济基础较好。山西翼城也是 1985 年开始推行“晚婚晚育加间隔”的二孩生育政策试点，直至调研期间，翼城的出生率和自然增长率分别达 7‰—8‰、2‰—3‰，

低于全国、全省平均水平，且降速仍在不断加快。河北承德1984—1986年实施生育二孩政策，调研结果显示，承德农村妇女生育水平低于1.8，自然增长率一直未超过8‰。调研同时通过访谈和问卷形式询问被访问者低生育行为的主要原因并进行了排序，经济负担、提高生活质量和孩子教育质量排在最前面，其次为身体原因和计划生育政策。[①]这3个农村地区的实地调研结果表明，农村家庭对于宽松的计划生育政策没有作出多生育的选择，生育率反而持续下降。农民减少生育的主要原因是经济因素，计划生育政策不再是约束农民生育行为的主要原因。

四、中国农村家庭人口生产转型的发展含义

本章考察中国工业化和城市化过程中农村地区的人口生产偏好变化。首先，从宏观统计数据和微观调查数据两方面描述农村人口生产偏好转变的经验事实，一方面农村生育率一直保持下降态势，农户家庭的子女数随着世代递进而减少；另一方面农村人口的平均受教育年数在不断延长，表明农村人口生产由“数量”偏好转向“质量”偏好。其次，分析了这种转变的原因。把这种转变归结于计划生育政策和经济社会发展，但二者在不同的历史时期的地位不同。20世纪90年代之前计划生育政策对人口生产偏好转变起着决定性作用，而在20世纪90年代之后计划生育政策的作用和约束力逐渐减弱，主导地位被经济社会因素代替。

农村人口生产偏好转变的直接后果是农村劳动力数量减少和人力资本存量增加，农村人口“量”、“质”变化孕育着传统农业向现代农业转变的有利契机。

第一，人口生产偏好转变引致农业投入要素结构的转变。传统农业是“完全以农民世代使用的各种生产要素为基础”[②]，这些生产要素具体为劳动、土地，土地投入在宏观上是既定的，所以传统农业产出的增长主要依赖于劳动。而劳动具有边际报酬递减性质，对农业增长的驱动作用是有限的。农村人口生产偏好转变，生育率下降，劳动力数量减少，相对增加劳均资本存量，根据新古典增长理论，劳均资本存量增加带来农业产出的增加。同时生育率下降为人力资本投资创造了有利条件，农村人力资本水平的提高，首先，为引进先进的技术

---

① 本段所列数据均来自《八百万人的实践——来自二孩生育政策地区的报告》相关调研报告。

② ［美］西奥多·W.舒尔茨：《改造传统农业》，梁小民译，北京：商务印书馆，1987年，第4页。

设备准备了前提条件；其次，人力资本水平较高的农民更容易向城市转移，缓解农村劳动力长期积累下来的过剩状态；再次，人力资本能够提高物质资本的产出弹性，减缓边际收益下降速度。由于人力资本对农业生产所独有的积极作用，传统农业向现代农业过渡过程中越来越依赖于人力资本的推动作用，正如舒尔茨指出的，改造传统农业的关键是引入现代生产要素，而人力资本是更具决定性意义的现代要素。①

第二，人口生产偏好转变引致农业发展方式的转变。根据农业生产投入要素结构的转变过程，相应地可把农业发展方式划分为三个阶段：第一个阶段称为古典农业发展方式，其主要依靠土地和劳动投入驱动农业产出增长，属于传统形态的农业。第二个阶段称为新古典农业发展方式，即在农业生产要素中引入物质资本，且物质资本成为农业增长的主要驱动力，该方式发展的前提是工业化要达到一定程度。第三个阶段称为内生农业发展方式，其主要借助于新经济增长理论将人力资本引入农业生产函数，农业增长的驱动力由物质资本让位于人力资本。目前，中国的农业还处于新古典农业发展方式阶段，尚没有显现出内生发展方式的兆头。随着人口生产偏好的进一步转变，农村人力资本的深化和广化将为由新古典方式向内生方式转变创造出有利条件，从而实现加速农业发展方式的现代化转变。

第三，人口生产偏好转变引致马尔萨斯均衡状态向持续增长状态的转变。贝克尔、墨菲和田村在对人力资本、生育率与经济增长的分析中认为，经济发展存在着“一高两低”——高生育率、低人力资本积累率和低人均收入水平——的马尔萨斯稳态，与“一低两高”——低生育率、高人力资本积累率和高人均收入水平——持续增长稳态。单就农业部门发展来看，也存在着这两种稳态，马尔萨斯稳态是一种低水平均衡，农业在这种稳态中难以获得增长机会，不断复制着原有发展水平，甚至会出现倒退。人口生产偏好转变后的低生育率和高人力资本积累率形成劳动力质量的代际优化，导致农民收入增加，农业发展就有机会跳出马尔萨斯陷阱，迈向高水平的持续增长轨道。

最后，人口生产偏好转变引致二元经济结构向一元经济转变。人口生产偏好转变一方面通过改变农业的投入要素结构，引致农业发展方式的转变，促使农业超越传统阶段和走向现代化转变进程；另一方面造就了高素质的劳动力。

① ［美］西奥多·W. 舒尔茨：《改造传统农业》第十二章，梁小民译，北京：商务印书馆，1987年，第132—153页。

随着人口生产偏好进一步的转变，农村劳动力人力资本水平逐渐提升，与城镇劳动力人力资本水平趋同，城乡劳动力呈现出同质性，二者在劳动力市场上自由竞争，在城乡之间自由流动，结果会出现城乡劳动力工资水平也趋于一致。当劳动力在城乡之间获得的报酬无差异时，都以边际产出作为劳动力定价的基础，这时城乡二元经济就转变为一元经济。这种转变的动力来自人口生产偏好转变引发的人力资本存量的动态增加，其具有内生性、独立性和持久性。

五、本章结论

农村总和生育率、农户家庭规模、农村人均受教育水平等指标的变化，均反映出中国农村正经历着发达国家在工业化、城市化过程中表现出的人口生产特征，即人口生产由数量偏好转向质量偏好。中国农村人口生产偏好转变在20世纪70年代到20世纪90年代主要是由计划生育政策推动，20世纪90年代之后则由工业化、城市化所主导。农村人口生产偏好转变将引致农业投入要素结构和农业发展方式的转变，促使农业发展跳出“马尔萨斯稳态”迈向持续增长，最终导致城乡二元经济向一元经济转变。

第三章 劳动力选择性转移对农村人口生产转型的影响

一、劳动力选择性转移与农村人口转型关系的提出

本章提供了一个新的观察工业化进程中中国农村人口生产转型的视角。因为工业化的基本内容之一是劳动力的非农化配置，所以，工业化对农村人口生产转型的影响，可以通过劳动力转移与农村人口生产转型之间的相互关系进行分析。本章认为，二者间的相关性是建立在工业化对转移劳动力质量（或人力资本）的选择性基础之上。

20 世纪 80 年代以来，中国经济社会发生的最突出事件之一是农村劳动力的大规模非农转移。由于农村劳动力本身的异质性以及非农部门对劳动力的技能需求，转移的农村劳动力呈现出选择性特征：首先是年轻化，根据第二次全国农业普查数据，外出劳动力大都集中在 20—40 岁年龄段（图 3-1[①]）；其次是男性化，2006 年，全部农村劳动力中男性比例为 52.6%，外出劳动力中男性劳动力占到 63.2%。还有受教育程度较高，转移劳动力的平均受教育年数高出全部农村劳动力 1 年多（图 3-2[②]）。

与劳动力选择性转移过程相伴随的另一个典型化事实是，农村居民家庭人口生产偏好的显著转变。在改革开放之初，农民家庭的人口生产还存在着显

---

① 《第二次全国农业普查主要数据公报（第 5 号）》。

② 农村转移劳动力的相关数据来源为：1990 年来自《中国 1990 年人口普查资料》，1997—2000 年数据来自《农村住户劳动抽样调查》（转引自中国教育与人力资源问题报告课题组：《从人口大国迈向人力资源强国》，北京：高等教育出版社，2003 年，第 279 页）；2004 年数据和农村劳动力文化程度的数据来自相关年份《中国农村住户调查年鉴》；2006 年数据全部来自《第二次全国农业普查主要数据公报（第 5 号）》。

著的数量偏好特征。比如，1985 年，农村妇女一般生育率高达 88.83‰，2008 年，这一数据降为 43.10‰；农村户均人口规模从 1980 年的 5.54 人 / 户，下降到 2000 年的 4.20 人 / 户，进而又降低到 2009 年的 3.98 人 / 户，人口生产的数量偏好明显减弱。与此相对应，农户家庭人口生产的质量偏好特征逐渐凸显。1985—2005 年，农村居民的文教娱乐支出占总支出的比例从 3.91% 提高到 11.56%[①]；农村居民的平均受教育年限由 1985 年的 5.89 年提高到 2008 年的 8.36 年，增幅达到 42%。[②]

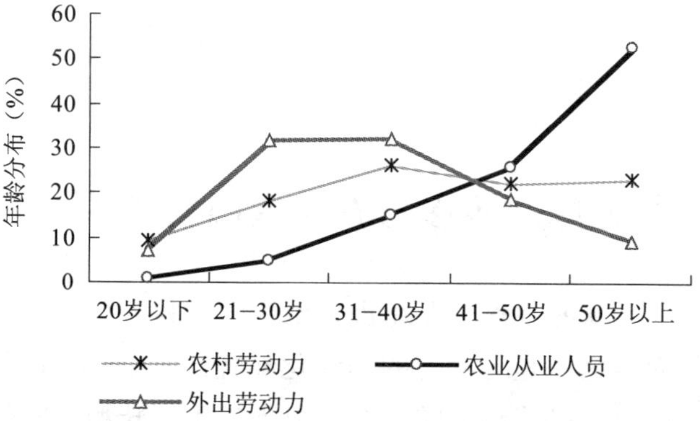

图 3-1 2006 年中国不同类别农村劳动力年龄分布（单位：%）

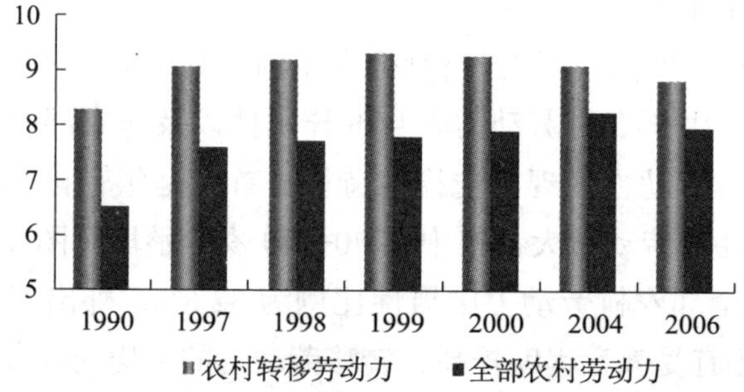

图 3-2 中国不同年份农村转移劳动力与全部农村劳动力的受教育情况比较

对于农村劳动力转移与家庭人口特征变化之间的相关性，Grabill 等[③]认为城市化是导致较低生育率的强劲力量，而发展中国家城市化的主要部分可归因于

① 数据来源为相应年份的《中国统计年鉴》。

② 根据《中国农村统计年鉴》的相关数据计算而得，计算方法：不识字或识字很少 ×1 +小学 ×6 +初中 ×9 +高中（中专）×12 +大专及以上 ×15。

③ Grabill W H, Kiser C V, Whelpton P K. The Fertility of American Women.New York: John Wiley & Sons, Inc.,1958, pp.16-19.

大量的乡城迁移。[①]一些人口学家针对迁移（尤其国际迁移）影响生育率的现象，从不同的视角提出了若干理论假设：选择性理论[②]、适应性理论[③]和破坏性理论[④]。很多学者[⑤]分别针对不同的假设进行了检验，并指出劳动力转移可以抑制迁出地的生育率。中国学者根据调查和人口普查数据得到了类似的结论：农村劳动力的乡城转移对生育的抑制作用非常显著[⑥]；流动人口生育率有显著低于来源地农村人口生育率的倾向[⑦]。

基于劳动力国际迁移呈现出的选择性特征[⑧]，早期的研究者认为因技能劳动力与非技能劳动力的不完全替代性，技能劳动力的外迁对迁出国的人力资本水平会产生负面影响[⑨]。近年来，新迁移经济学的研究认为，由于国外教育的报酬率较高，迁

---

① Davis K. The Urbanization of the Human Population, in Scientific American. New York: Alfred A. Knopf, Inc., 1966, pp. 3-24.

② 该理论认为，流动迁移行为本身是有选择性的，流动迁移者是具有某些特征的人群。相对于农村未流动迁移的人口而言，大都具有较高的文化素质和强烈的发展愿望。因此他们期望流动迁移到更优越的地方获得更多的工作和发展机会。对他们而言，发展需求占了主导地位，他们把大部分的精力和时间都倾注在自身发展上，因而会有意识地控制自己的婚姻和家庭规模，保持较低的生育率。Goldstein S. Interrelations between Migration and Fertility in Thailand. Demography, 1973, Vol.10, No.2, pp. 225-241.

③ 该理论认为，目的地的平均生育率水平低于迁出地，迁移降低了生育率。从经济学的视角，这种适应性来自价格和收入变化（女性工资、抚养孩子的成本等）导致的对孩子数量需求变化。Easterlin R A , Crimmins E. The Fertility Revolution: A Supply-Demand Analysis. Chicago：University of Chicago Press, 1985.

④ 迁移使夫妻分居两地从而降低生育率。Sidney G , Tirasawat P. The Fertility of Migrants to Urban Places in Thailand.Paper 43.Honolulu,Hawaii:East-West Population Institute, East-West Center, 1977.

⑤ Kliewer E V. Influence of Migrantson Regional Variations of Stomach and Colon Cancer Mortality in the Western United States. International Journal of Epidemiology, 1992,Vol. 21,No.3, pp. 442-449；Brockeroff M, Yang X S. Impact of Migration on Fertility in Sub-Saharan Africa.Social Biology, 1994, Vol. 41,No.1-2,pp.19-43；Harding S. Social Mobility and Self-reported Limiting Long-term Illness among West Indian and South Asian Migrants Living in England and Wales. Social Science & Medicine, 2003, Vol 56, pp.355-361.

⑥ 尤丹珍、郑真真：《农村外出妇女的生育意愿分析——安徽、四川的实证研究》,《社会学研究》2002年第6期，第52—62页；傅崇辉、向炜：《深圳流动育龄妇女生育子女数的影响因素分析》,《南方人口》2005年第3期，第1—9页；伍海霞、李树茁、悦中山：《城镇外来农村流动人口的生育观念与行为分析——来自深圳调查的发现》,《人口研究》2006年第1期，第61—68页。

⑦ 分别使用1990年和2000年中国人口普查数据，前者的研究结果为流动人口生育率显著高于目的地城市人口的生育率；后者的研究显示流动迁移人口的生育率低于城市人口的生育率。You Helen Xiuhong , Jr. Poston. Are Floating Migrants in China “Childbearing Guerillas” an Analysis of Floating Migration and fertility. Asia and Pacific Migration Journal, 2004, Vo1.13,No.4, pp.11-29；陈卫、吴丽丽：《中国人口迁移与生育率关系研究》,《人口研究》2006年第1期，第13—20页。

⑧ Borjas G J. Self-selection and the Earnings of Immigrants: Reply. The American Economic Review, 1990, Vol. 80, pp.305-308；Chiquiar, Daniel , Hanson G H. International Migration, Self-selection, and the Distribution of Wages: Evidence from Mexico and the United States. Journal of Political Economy, 2005, Vol.113, No. 2,pp.239-281.

⑨ Bhagwati J, Rodriguez C. Welfare Theoretical Analysis of the Brain Drain. Journal of Development Economics, 1975, No. 2,pp.195-221.

移的前景会提升人力资本投资的预期回报，诱使更多的国内劳动力进行教育投资。[①]关于农业部门高素质劳动力转移对中国农业发展带来的影响的研究可分为两类：一是认为，选择性转移导致了原本就薄弱的农村人力资本的损失，视其为城市对农村的又一次剥夺，并以此作为解释城乡发展差距扩大的一种原因[②]；另有学者则同时关注到劳动力转移对农村居民家庭教育需求和人力资本投资的正向效应[③]。

现有的研究文献在宏观层面关注迁移对生育率的影响，而在家庭层面研究选择性转移对迁出地人力资本（形成）的影响，并未将生育率和人力资本投资共同纳入劳动力转移的模型中。本章拟建立一个包含农村居民家庭人口生产的劳动力转移模型，不仅涵盖转移决策中家庭孩子质量和数量的权衡，同时将家庭规模、劳动力转移的选择性等因素处理为转移成本变量，试图对农村劳动力选择性转移与农村居民家庭人口生产偏好之间的关系进行理论阐释，讨论二者的影响机制，并给出相应的经验证据。

二、选择性转移对人口生产转型的影响：模型描述

（一）农村劳动力转移的选择性

假定农村劳动力是理性个体，他们非农转移的决策过程是基于成本收益的衡量。假定个体劳动力 i 的工资 $w^i > 0$ 的决定方程为

---

① Mountford A.Can a Brain Drain be good for Growth in the Source Economy? Journal of Development Economics,1997, Vol. 53,pp.287-303；Stark O, Helmenstein C, Prskawetz A. Human Capital Depletion, Human Capital Formationand Migration: A Blessing or a Curse? Economics Letters, 1998, Vol.60,pp.363-367；Vidal J. The Effect of Emigration on Human Capital Formation.Journal of Population Economics, 1998, No.11,pp.589-600；Beine M F, Rapoport H D. Brain Drain and Economic Growth: Theory and Evidence. Journal of Development Economics, 2001, Vol.64,pp. 275-289；Stark O,Wang Y. Inducing Human Capital Formation:Migration as a Substitute for Subsidies.Journal of Public Economics, 2002, Vol.86,pp.29-46.

② 侯风云、徐慧：《城乡发展差距的人力资本解释》,《理论学刊》2004年第2期，第42—45页；侯风云、邹融冰：《中国城乡人力资本投资收益非对称性特征及其后果》,《四川大学学报》（哲学社会科学版）2005年第4期，第16—22页；侯风云、张凤兵：《从人力资本看中国二元经济中的城乡差距问题》,《山东大学学报》（哲学社会科学版）2006年第4期，第133—138页；侯风云、张凤兵：《农村人力资本投资及外溢与城乡差距实证研究》,《财经研究》2007年第8期，第118—131页。

③ 申培轩：《农村劳动力转移及其对高等教育的需求》,《武汉大学学报》（人文科学版）2004年第5期，第375—380页；王兆萍：《迁移与我国农村区域贫困人口的人力资本积累——兼议地理环境决定论》,《干旱区资源与环境》2007年第3期，第1—5页；郭剑雄、刘叶：《选择性迁移与农村劳动力的人力资本深化》,《人文杂志》2008年第4期，第72—77页；郭剑雄、李志俊：《劳动力选择性转移条件下的农业发展机制》,《经济研究》2009年第5期，第31—41、65页；李志俊、郭剑雄：《选择性转移与人力资本深化：理论及实证》,《思想战线》2010年第4期，第112—117页。

$$\ln w^i = \overline{w}^i + r^i h \tag{3-1}$$

这里，$\overline{w}^i$ 表示农村劳动力在农业和非农部门就业的基本工资水平，h 为个体技能或人力资本水平，r^i 为个体技能或人力资本的报酬率，其中，$\overline{w}^i_{ag} < \overline{w}^i_{na}$，$r^i_{ag} < r^i_{na}$ ①，此处的 ag 和 na 分别代表农业部门和非农部门。

假定转移成本为 C，为了分析的方便，令 $\varphi = C / W^i_{ag}$。农村劳动力进行非农转移的条件为

$$\ln w^i_{na} - \ln(w^i_{ag} + C) \approx \ln w^i_{na} - \ln w^i_{ag} - \varphi > 0 \text{ ②} \tag{3-2}$$

假定，转移过程的选择性主要体现在克服转移成本方面，承载较高人力资本水平个体的转移成本相对较低：

$$\ln \varphi = c_\varphi - \delta_\varphi h \tag{3-3}$$

图 3-3 显示了当 $\delta_\varphi > 0$ 且 $w^i_{na} - w^i_{ag} < e^{c_\varphi}$ 时，农村劳动力的人力资本分布及其转移决策的结果。人力资本水平处于 $[h_L, h_U]$ 的农村劳动力会发生转移，而此区间外的劳动力会停留在农业部门：非农转移的选择性由农村劳动力的人力资本分布所体现。③

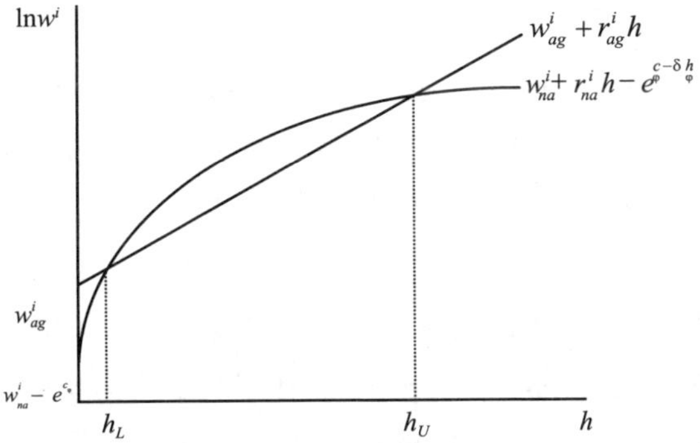

图 3-3 农村劳动力的人力资本分布及其转移决策

（二）劳动力选择性转移与农户人口生产偏好转变

假定在世代交替的经济体中，每个异质性的个体经历两个时期。一个典型

① 尽管农业部门的人力资本相对缺乏，但由于农业部门还未发展为现代经济部门，因此，人力资本在农业部门的报酬率较低。

② 此处利用如下定理：当 $x > -1$ 时，$\ln(x+1) \leqslant x$。

③ 当 $h > h_U$ 时，因内生的人力资本投资决策，农业部门成为现代部门。

的个体 i 在出生后的 t 时期，“继承”了经济体中的一般性知识（如人力资本）h_t，个体天生具有不同的能力 α^i。在其生命的第一时期进行工作和受教育的选择，而在第二时期全部工作。在最优决定其两个时期居住地点的过程中最大化他的终身效用。每一个体面对的单位有效劳动的工资率为 w_t。我们对发生在两个时期的信用市场消费不予考虑。

假定每一劳动力具有相同的 Cobb-Douglas 效用函数：

$$U=\log(c_{t,t})+\eta\left[\phi\log(c_{t,t+1})+(1-\phi)\log(nm)\right] \quad (3\text{-}4)$$

此处，$c_{t,T}$ 为个体劳动力在出生时期 t 的时点 T 的消费，η 为折现因子，n 是孩子的数量，m 是反映孩子质量的参数。

个体 i 在年轻的时期面临如下的预算约束：

$$c_{t,t}\leqslant w_t^{ag}(1-l^i)h_t \quad (3\text{-}5)$$

l^i 为个体 i 选择受教育所分配的时间，这样，式（3-5）为 t 期个体 i 在农业部门面临的预算约束，其收入为 $w_t^{ag}(1-l^i)h_t$。

个体的第二个生命时期所面临的预算约束中不包括教育：

$$\begin{aligned}c_{t,t+1}\leqslant&[w_{t+1}^{ag}h_{t+1}^i(1-\varepsilon_{ag}n_{ag}^i m_{ag}^i)]L_{t+1}^i\\&+\{w_{t+1}^{na}h_{t+1}^i(1-\varepsilon_{na}n_{na}^i m_{na}^i)-\kappa h_{t+1}^i n_{na}^i/\alpha^i\}(1-L_{t+1}^i)\end{aligned} \quad (3\text{-}6)$$

ε 为抚养孩子的成本，L_{t+1}^i 定义了 t+1 期转移决策：若不转移，为 1；若转移，则为 0。式（3-6）右端的第一部分为不转移时考虑到抚养孩子成本的净收入。如果个体选择进行非农转移，将会面临的“新增”成本为 $\kappa h_{t+1}n/\alpha$。这一“新增”成本不仅包含了劳动力的转移成本和机会成本，同时也蕴含与家庭有关的在非农部门生活的适应成本。这一成本刻画了如下构想：第一，能力越高的个体可以进行适应性调整，以较低的成本适应新环境。第二，转移成本是农业部门工作的机会成本（与人力资本成比例）的反映。第三，转移劳动力及其家庭因适应非农部门生活所带来的成本。因此，约束条件式（3-6）的第二部分是转移劳动力及其家庭在非农部门的净收入。

沿着 Lucas① 的人力资本积累方程，假定下一时期的有效劳动依赖于这一时期每一劳动力的受教育时间，我们用参数 θ 识别教育效率。

① Lucas R E. On the Mechanics of Economic Development. Journal of Monetary Economics, 1988,Vol. 22, pp. 3-42.

$$h_{t+1}^i = h_t(1+\theta\alpha^i l^i) \tag{3-7}$$

规定报酬不变的部门生产为有效劳动的函数：

$$y_t = Ah_t \tag{3-8}$$

这里，A 为有效劳动的边际产品。考虑到两部门劳动的边际产品不同，我们假定 $A_{na}=\mu A$（$\mu\neq 1$），表示两部门的技术差异。当市场均衡时，有 $w_t^{ag}=w_{t+1}^{ag}=A$，$w_t^{na}=w_{t+1}^{na}=\mu A$。

在这个模型中，劳动力个体 i 转移的选择性体现在：年轻时的 t 时期在农业部门接受教育（或培训），而在 t+1 时期，由于前期人力资本积累可以克服非农部门的技能需求和转移成本的障碍，个体劳动力可以选择转移，也即 $L_{t+1}^i=0$ 为选择转移。如果劳动力有能力转移，却没有选择离开农业部门，此时，$L_{t+1}^i=1$。

家庭的决策是满足式（3–5）和式（3–6）的跨期预算约束时最大化其效用函数［即式（3–4）］，我们得到最优解为

$$n_{ag}^* = \frac{1-\phi}{\varepsilon_{ag}m_{ag}} \tag{3-9}$$

$$n_{na}^* = \frac{1-\phi}{\varepsilon_{na}m_{na}+(2\phi-1)\kappa/(\alpha^i\mu A)} \tag{3-10}$$

$$l^* = \frac{\eta\phi\theta\alpha^i - 1}{\theta\alpha^i(1+\phi\eta)} \tag{3-11}$$

从式（3-9）、式（3-10）、式（3-11）的均衡结果，我们得到如下结论：

第一，关于转移与未转移两种情形之下的生育率比较。若两部门抚养同样“质量”的孩子成本相同，即 $\varepsilon_{ag}m_{ag}=\varepsilon_{na}m_{na}$，当且仅当 $\phi>$ 1/2 时成立，即若个体或家庭整体表现出更偏好于消费时，转移劳动力的家庭的生育率 n_{na}^* 低于未转移家庭的生育率 n_{ag}^*。基于发展中国家城市和农村部门教育机会和教育资源的差异，通常情况下城市部门的教育投资和教育质量较高，也即 $\varepsilon_{na}m_{na}>\varepsilon_{ag}m_{ag}$。因此，式（3-9）中未转移情形下的均衡生育率 n_{ag}^* 高于有转移时的均衡生育率 n_{na}^*，有劳动力转移的家庭更趋小规模化。

第二，孩子数量和质量之间的替代关系。两种情形之下，家庭孩子的数量 n 和质量 m 之间都存在替代的关系。在贝克尔的家庭经济理论中，解释人口数量与质量反向变动关系最为精致的工具是价格效应。相对于子女数量的影子价格越高，子女的质量越高；相反，相对于子女质量的影子价格越高，子女的数量

就越多。① 在有劳动力转移的情形下，因生育率较低，那么相对无转移的劳动力家庭，其子女的素质可能更高。

第三，劳动力教育投资时间配置的决定。劳动力接受教育的时间 l^i 与个体的学习能力 α^i、教育效率参数 θ、折现因子 η 和消费偏好 ϕ 均呈正相关。（1）个体自身的学习能力越高，越容易在其出生后的 t 时期接受“专业化”教育。（2）教育效率参数 θ 与劳动力市场的完备程度相关，在完备的劳动力市场环境下，教育的生产效率使劳动力进行人力资本投资的需求充分激发，从而延长了其接受教育或人力资本投资的时间。一般而言，相比较农村劳动力市场，城市部门的劳动力市场更为完善，教育的生产率效应更为明显，因而有转移倾向的劳动力接受教育的时间越长。（3）个体进行人力资本投资的时间也与折现因子 η 呈正相关。对于这两个变量之间的内在关系，贝克尔认为，对每个孩子的利他主义程度，从而父母效用与未来相关的权数，会随着孩子数量的增加而减少，因而，生育率的上升提高了对未来的贴现率，这将阻碍对孩子的人力资本投资；反之，生育率下降，贴现率降低，对子女的人力资本投资则会增加②。（4）个体人力资本投资的时间与消费的偏好 ϕ 有关。一般情况下，相对于农村居民，城市居民的消费偏好更为明显。③ 因此，劳动力转移的家庭消费倾向更为显著，其人力资本投资的时间也会更长。

三、选择性转移对人口生产转型的影响：经验考察

（一）指标选取、数据来源及说明

本章使用中国 1985—2008 年的时间序列数据进行分析。农村转移劳动力（migration）为农村劳动力中从事非农产业的劳动力比重，数据来源于各年份中华人民共和国农业部《中国农业发展报告》（北京：中国农业出版社）。生育

---

① 贝克尔还发现，子女数量的价格弹性超过子女质量的价格弹性。[美]加里·斯坦利·贝克尔：《人类行为的经济分析》，王业宇、陈琪译，北京、上海：生活·读书·新知三联书店、上海人民出版社，1995 年，第 242 页。

② [美]加里·斯坦利·贝克尔：《家庭论》导论，王献生、王宇译，北京：商务印书馆，2005 年。

③ 中国的现实情况亦如此。而且，农户的规模与其消费增长存在显著的负面影响。林文芳：《区域性偏好与城乡居民消费差异》，《统计研究》2009 年第 11 期，第 87—92 页；高梦滔、毕岚岚：《家庭人口学特征与农户消费增长——基于八省微观面板数据的实证分析》，《中国人口科学》2010 年第 6 期，第 70—78 页。

率为妇女一般生育率[①]，其中，1986—1989年和1991—1992年的数据由线性内插法得到；2006年、2007年生育率的数据来源于相应年份国家统计局国民经济综合统计司《中国人口和就业统计年鉴》(北京：中国统计出版社)；其余年份生育率的数据来源于各年份国家统计局人口和社会科技统计司《中国人口统计年鉴》(北京：中国统计出版社)。对于人力资本投资情况，用文教娱乐支出在总支出中的比例(expend)来表征；而个体人力资本存量用平均受教育年限(education)来衡量，这两个指标的数据均来自国家统计局农村社会经济调查司相应年份的《中国农村住户调查年鉴》(北京：中国统计出版社)。[②]本章的计量经济分析基于Eviews6.0。

(二)时间序列的平稳性检验和协整检验

对各序列采用Augmented Dickey-Fuller(ADF)方法进行单位根检验，考察各序列是否平稳。经检验，各指标的原序列都存在单位根，根据具有最小Akaike信息准则的滞后期的检验，在0.05的显著性水平上拒绝零假设，所有序列经过一阶差分后都拒绝单位根假设(表3-1)，这说明各变量的时间序列均为I(1)。因此，接下来我们便可以进行协整分析，来检验各经济变量之间的长期关系。

表3-1 ADF单位根检验

变量	ADF-*t*检验值	滞后期	AIC	DW值	*R*2
migration	-3.4032	1	3.007	1.963	0.367
fertility	-4.6209	1	5.470	2.019	0.530
expend	-3.3117	1	1.722	2.041	0.381
education	-4.2913	1	-2.588	1.997	0.492

以VAR(向量自回归)模型为基础的基于回归系数Johanson协整检验，是一种进行多变量协整检验的较好的方法。本书使用这种方法，通过建立迹统计量和最大特征值似然比统计量来确定各变量之间的协整关系。分别对migration、fertility、expend和migration、fertility、education两组变量进行协整检验，结果如表3-2和表3-3所示。

---

① 其计算公式是：出生人数/平均育龄妇女人数 ×‰。

② 人均受教育年数的计算方法是，各级教育年数分别乘以各级受教育人口比重再加总求和，其中，“不识字或识字很少”以1年计，“中专”、“大专及大专以上”合并以15年计。

表 3-2 migration、fertility、expend 的 Johansen 协整检验结果

协整方程个数假定	特征根	迹统计量	5% 的临界值	p
0	0.6491	33.4264	24.2760	0.0027
≤ 1	0.3996	12.4833	12.3209	0.0470
≤ 2	0.1077	2.2786	4.1299	0.1548

表 3-3 migration、fertility、education 的 Johansen 协整检验结果

协整方程个数假定	特征根	迹统计量	5% 的临界值	p
0	0.5708	38.9544	35.1928	0.0187
≤ 1	0.5006	20.3453	20.2618	0.0487
≤ 2	0.2059	5.0716	9.1645	0.2757

表 3-2 和表 3-3 均显示，在 5% 的临界条件下，拒绝假设“r=0”和“$r \leqslant 1$”而接受“$r \leqslant 2$”，从而确定模型中序列 migration、fertility、expend/education 存在长期协整关系。

（三）Granger 因果关系检验

上述协整检验结果表明，各变量序列之间存在长期稳定的均衡关系，但这种均衡关系是否构成因果关系还需进一步验证。为此，对关键变量进行 Granger 因果检验，结果如表 3-4 所示。

表 3-4 Granger 因果关系检验结果

零假设	滞后期	F 统计量	p	结论
migration does not granger cause fertility	1	3.4530	0.0779	拒绝
education does not granger cause migration	1	3.5364	0.0747	拒绝
migration does not granger cause expend	1	9.5919	0.0057	拒绝
expend does not granger cause migration	1	3.5599	0.0738	拒绝
education does not granger cause fertility	5	3.3383	0.0635	拒绝

从表 3-4 可以看出，在 10% 的显著性水平下，migration 和 expend 呈双向的 Granger 因果关系，说明农村劳动力的非农转移与农户用于文教娱乐支出比例的变动相互促进。migration 和 fertility 呈单向的因果关系：劳动力的转移在滞后一期下是农村生育率变动的 Granger 原因。农村受教育年限 education 是劳动力非农转移 migration 的 Granger 成因，表明了劳动力人力资本影响其非农转移，初步验证了劳动力转移的选择性。同时，受教育年限又是农村生育率的 Granger 原因，表明了农村人口质量与数量之间存在替代关系，不过，这种替代具有一定

的时滞性。

（四）影响效应分析

误差修正模型既能反映变量之间的长期均衡关系，又能够刻画变量的短期调整过程，通过长期和短期参数的明确划分，这一工具把变量之间长期表现与短期效应综合在一起。下面采用 EG 两步法构建误差修正模型，来研究劳动力转移对农村人口偏好转变的影响效应，模型结果为

$$\Delta F=-4.5544-0.2421\Delta M_{t-1}-0.7460\Delta M_{t-2}-0.1440\Delta F_{t-1}-0.2048\Delta F_{t-2}-0.1756\mathrm{VECM}_{t-1} \quad (3\text{-}12)$$

其中，$\mathrm{VECM}_{t-1}=1.4744M_{t-1}-100.4593$

$$\Delta ED=0.1253+0.0013\Delta M_{t-1}-0.0159\Delta M_{t-2}-0.0314\Delta ED_{t-1}-0.0905\Delta ED_{t-2}-0.0786\mathrm{VECM}_{t-1} \quad (3\text{-}13)$$

其中，$\mathrm{VECM}_{t-1}=-0.0227M_{t-1}-6.7185$

$$\Delta EX=0.2084+0.0879\Delta M_{t-1}+0.0297\Delta M_{t-2}-0.1659\Delta EX_{t-1}-0.2774\Delta EX_{t-2}-0.3388\mathrm{VECM}_{t-1} \quad (3\text{-}14)$$

其中，$\mathrm{VECM}_{t-1}=-0.5240M_{t-1}+6.6343$

在上面误差修正模型结果的表达式中，F、M、EX、ED 分别是 fertility、migration、expend、education 的缩写。根据模型的参数估计量来看，在长期水平上，对于农村生育率、农村居民受教育年限和文教娱乐支出比例的误差修正模型的三个误差修正项前的回归系数都为负，且通过了 5% 的显著性检验，这表明前述协整检验得到的农村生育率和人力资本（投资和存量）与农村劳动力转移具有长期均衡关系的结论被进一步证实，农村劳动力的转移对农村家庭人口偏好转变的关系存在由短期波动向长期均衡状态的调整，即其检验结论是稳健的，劳动力转移是农村人口生产偏好转变的长期原因。具体来说有以下几个方面。

（1）农村生育率的变动受到自身和农村劳动力转移的影响。其中，滞后一期、二期的自身变量 ΔF_{t-1}、ΔF_{t-2} 对农村人口出生率变动回归系数为负，说明农村生育率存在一定的状态依赖。滞后一期、二期的农村劳动力转移率对人口出生率变动的回归系数也为负，说明农村劳动力转移率差分项具有时滞作用，且系数为负，表明农村生育率对农村劳动力转移的反馈效应。式（3-12）中误差

修正项的 $VECM_{t-1}$ 系数为负，符合反向修正机制，表示滞后一期的非均衡误差以 0.1756 的速度从非均衡状态向长期均衡状态调整。

（2）农村人力资本存量的变动受到其自身变动和农村劳动力转移率的影响。滞后一期、二期高中文化程度以上农村劳动力比重的系数均为负，说明这一变量的变动存在状态依赖。滞后一期的农村劳动力转移率对农村人力资本存量的系数为正，滞后二期的变动系数为负，且系数都很小，原因可能是滞后期数太短，而受教育的周期又较长造成的。误差修正项 $VECM_{t-1}$ 估计系数方向也符合反向修正机制。式（3-13）中估计系数和误差修正系数都很小，说明长期而言，农村劳动力的转移对人力资本存量的影响较小，短期的调整力度也很微小。这也验证了表 5 中高中文化程度以上劳动力比重与转移率的格兰杰因果关系的检验。

（3）文教娱乐支出的变动也同样受到自身变化和劳动力转移率的影响。误差修正项 $VECM_{t-1}$ 估计系数的正负符合理论预期。但与农村人力资本存量的误差修正模型［式（3-13）］相比，估计系数更大，说明农村劳动力的转移导致农村居民对文教娱乐支出比重的较大增长。而误差修正系数也较大，表明劳动力转移对农村居民人力资本投资的短期调整力度作用也很显著。可能的解释为农村劳动力的非农转移直接导致农村居民家庭的收入效应，进而再影响到其支出结构，这种间接影响的时滞与农村人力资本的形成周期相比显然很短。

四、本章结论及相关政策含义

本章研究所获得的主要结论如下：（1）在人力资本报酬率外生给定、劳动力的人力资本对其转移收益和成本均有影响的条件下，农村劳动力非农转移的选择性由其人力资本分布所体现，即人力资本超越某一临界点的劳动力才会非农转移。（2）劳动力的迁移与否的理性决策，在于他们后天获得人力资本报酬的增加可否补偿转移成本和因转移带来的机会成本。（3）孩子质量和数量、人力资本投资及劳动力转移与否，都是家庭内部的决策。当家庭更偏好于消费时，转移劳动力家庭的生育率低于未转移家庭的生育率；在完备的劳动力市场条件下，有劳动力转移倾向家庭人力资本投资的时间更长，也即劳动力的选择性转移导致农村家庭的小规模化和高素质倾向。利用中国 20 多年的时间序列数据、采用误差修正模型进行的经验研究发现，中国农村生育率和人力资本（包括投资和存量）与农村劳动力转移具有长期均衡关系，尤其是农村生育率和农户家庭的人力资本投资对农村劳动力转移的反馈效应更为明显；农村劳动力的转移对农村家庭人口生产偏好转变的关系存在由短期波动向长期均衡状态的调整，劳动力转移是农村人口生产由数量偏好转向质量偏好的长期原因。

如果说农村人口生产偏好转变预示着农村经济社会的转型，而劳动力选择性转移又成为推动这一转型的重要因素，那么，当前政府农业和农村发展政策的重点应是致力于消除阻碍劳动力流动的制度因素，主要包括：（1）打破劳动力市场的分割，充分发挥市场机制在配置劳动力资源的基础功能。逐步取消城乡二元户籍制度及其背后城乡有别的二元福利制度，赋予农村劳动力在城乡间充分流动的自由和同等的就业选择机会，为构建城乡平等统一的劳动力就业市场创造条件。（2）推进城镇化，引导农村人口向中心城镇迁移。充分发挥城镇在区位、技术、人才、信息等方面的聚集效应，创造更多和更大规模的非农产业，为农村剩余劳动力提供更多的非农就业机会。（3）建立农村劳动力市场信息网络系统。借鉴城市部门已有的经验和政府部门的组织优势，考虑在农村地区也建立类似的服务机构，构建以乡镇政府和村委会为主体的农村劳动力市场信息网络系统，为顺畅传递各类就业信息、提高工作搜寻效率提供平台。（4）加强农村劳动力的转移就业培训，继续落实和实施“农村劳动力转移培训阳光工程”，提高进城农村劳动力的职业技能和就业能力。

第四章

生育率下降与农村女孩教育的逆歧视性增长

一、从女孩教育视角观察农村人口生产转型

至20世纪70年代，高生育率一直是中国农村居民家庭人口生产的突出特征。[①]1950—1975年，中国农村妇女的总和生育率维持在5.24—6.51的高位，每个农村妇女平均生育至少5—6个孩子。由于计划生育政策的强制推行，1975—1980年，全国总和生育率由1970—1975年的4.76迅速降低到2.90，但农村地区的总和生育率仍然高达4.97。即在20世纪70年代末期，农村总和生育率是全国的1.71倍，是城镇的3.29倍（表4-1）。

表4-1　1950—1990年主要年份全国、城镇和农村总和生育率

地区	1950—1955年	1955—1960年	1960—1965年	1965—1970年	1970—1975年	1975—1980年	1980—1985年	1985—1990年
全国	6.24	5.04	5.93	5.99	4.76	2.90	2.36	2.45
城镇	5.34	5.07	4.36	3.37	2.49	1.51	1.33	—
农村	6.25	5.49	6.43	6.51	5.24	4.97	2.83	—

资料来源：D.盖尔·约翰逊：《经济发展中的农业、农村、农民问题》，林毅夫、赵耀辉译，北京：商务印书馆，2004年，第172页

① 其实，人口生产的数量偏好，是前工业社会的一个共同特征。参见［美］小罗伯特·E.卢卡斯：《经济发展讲座》第五章，罗汉、应洪基译，南京：江苏人民出版社，2003年，第113—179页；Becker G S, Muphy K M, Tamura M M. Human Capital, Fertility and Economic Growth. Journal of Political Econamy, 1990, Vol.98 No.5, Part 2, pp.12-36.

依照马尔萨斯学说[①]和人口内生的新增长理论[②]，高生育率同时意味着人均收入的低水平陷阱。在家庭预算不足的强约束下，高生育率的农民家庭必然面临着在多子女之间如何配置稀缺教育资源的权衡。由于传统社会中男孩在劳动生产力、宗代传承和家庭养老等方面所具有的优势，“重男轻女”成为长期以来中国农村家庭内教育机会分配的基本模式。根据《中国综合社会调查2008》（CGSS2008）的数据，在1949—1990年出生的农村人口中，男性平均受教育年数8.43年，女性[③]6.88年，男性高出女性1.55年。[④]我们开展的一项针对20世纪50年代至20世纪70年代出生的农村居民实际获得教育的性别差异化调查结果也显示，在被调查对象中，男性平均受教育年数达9.36年，女性为8.12年，男性平均高于女性1.24年。[⑤]

高生育率下农村女孩受到的教育歧视，进一步反映在兄弟姐妹数对男孩和女孩各自获得教育的非均衡影响方面。在一个多子女特别是多男孩的家庭里，家庭一般选择减少或放弃对女孩的教育投资，把教育资源更多地分配给其哥哥和（或）弟弟，还可能需要女孩辍学并承担家务劳动和照顾年幼的弟弟妹妹。基于CGSS2008，当家庭中兄弟姐妹数由1个增加到5个及以上时，男孩的平均受教育年数降低2.46年，女孩则平均下降3.79年。[⑥]我们的调查结果同样证明了这一变化趋势的存在。[⑦]

进入20世纪90年代初期以来，中国的人口生育发生了本质性转折，总和生育率迅速下降到更替水平（约为2.1）以下，并开始了非可逆的低生育率历史

---

① ［英］马尔萨斯：《人口原理》，朱泱、胡企林、朱和中译，北京：商务印书馆，1992年。

② Becker G S, Barro R J.A Reformulation of the Economic Theory of Fertility. Quarterly Journal of Economics, 1988, Vol.103, No.1, pp. 1-25；Becker G S, Muphy K M, Tamura M M. Human Capital, Fertility and Economic Growth. Journal of Political Econamy, 1990, Vol.98,No. 5, pp734-754.

③ 本章的女性多指农村居民家庭中未出嫁并可接受各种层次正规教育的适龄女性，也可笼统地称之为女孩。

④ 参见表4-2。

⑤ 本次调查在2012年上半年进行。调查对象是在校大学生和研究生的父母出生的家庭。共发放问卷3500份，收回3170份，其中农村样本1509份。在1509个农村样本中，每个样本分别包含被调查者父亲出生家庭和母亲出生家庭。在父亲出生家庭和母亲出生家庭中剔出独生子女家庭、兄弟姊妹同性别家庭和父亲以及母亲出生于1949年之前的家庭，最后得到父亲出生家庭样本1049个，母亲出生家庭1069个。2118个家庭中男性4494人，女性4471人。本次调查所显示的农村居民平均受教育程度较高，这可能与限定的调查对象有关。一般来讲，父母的受教育程度与子女的受教育程度呈正相关。来自农村的大学生、研究生一定程度上是其父母受教育程度较高的反映。

⑥ 参见表4-2。

⑦ 在我们的调查中，当家庭中兄弟姐妹数由1个增加到大于5个时，男孩的平均受教育年数降低2.29年，女孩则平均下降2.49年。

进程。[①] 尽管农村的总和生育率仍然高于城镇，但进入 21 世纪，农村总和生育率也未超过 1.8[②]，且呈现出缓慢降低态势。如果说高生育率下农村居民家庭中女孩的受教育机会不同程度地受到剥夺，男女之间的实际获得教育存在着明显的差异，那么，在低生育率条件下，农村女孩的受教育机会和获得教育是否增加？农村居民家庭中的教育资源配置是否趋向于性别之间的平等化？这是本章拟开展讨论的问题。

关注家庭中子女数量对子女个体获得教育或人力资本投资影响的文献较为多见，且一般认为，高生育率抑制了对子女的教育投资。Mare 和 Chen[③] 以发达国家为背景的一项研究指出，每增加一个兄弟姐妹会减少每个孩子 1/5 年的受教育时间。Blake[④] 采用美国的调查数据发现，兄弟姐妹数对儿童获得的教育具有明显的负面影响，这种影响超过了其他家庭特征的作用。Ferrari 和 Dalla-Zuanna[⑤] 利用法国和意大利两个国家的数据分析了兄弟姐妹数对个体人力资本水平的影响，结果显示兄弟姐妹数与人力资本呈负相关关系。Lee[⑥] 以亚洲为研究对象以及 Dang 和 Rogers[⑦] 对越南的研究亦取得了与前文一致的结论。郭剑雄和李志俊[⑧] 注意到，在中国农村家庭中同样存在着子女数量（生育率）与子女教育获得（人力资本）之间的逆向联系；值得注意的是，在传统社会和现代社会中，分别存在着高生育率和低人力资本积累率、低生育率和高人力资本积累

① 1992年国家计划生育委员会组织的生育率抽样调查（俗称38万人调查）取得的全国总和生育率是 1.57，2005 年全国 1% 人口调查的总和生育率为 1.34，2010 年全国第六次人口普查的全国总和生育率只有 1.18。

② 一项研究表明，2000—2009年，全国的总和生育率维持在1.22—1.47；城镇总和生育率处于0.94—1.22，属于超低生育水平；农村总和生育率显著高于城镇，保持在 1.43—1.73。郝娟、邱长溶：《2000 年以来中国城乡生育水平的比较分析》，《南方人口》2011 年第 5 期，第 27—33 页。

③ Mare R D, Chen M. Further Evidence on Sibship Size and Educational Stratification. American Sociological Review, 1986, Vol.51,pp.403-412.

④ Blake J. Family Size and Achievement. Berkeley, CA: University of California Press, 1989.

⑤ Ferrari G, Dalla-Zuanna G. Siblings and Human Capital: A Comparison between Italy and France. Demographic Research, 2010, Vol. 23,pp. 587-614.

⑥ Lee J M. Sibling Size and Investment in Children's Education: An Asian Instrument. Journal of Population Economics, 2007, Vol. 21, No.4,pp.855-875.

⑦ Dang H A, Rogers F H. The Decision to Invest in Child Quality Over quantity: Has Declining Fertility Increased Household Investment in Education in Vietnam? PAA 2009 Annual Meeting. 2009, May.

⑧ 郭剑雄、李志俊：《人力资本、生育率与内生农业发展》第二篇，北京：人民出版社，2010年，第 113—175 页。

率两种不同类型的均衡。有多种理论提供了对此类现象的解释：贝克尔[①]在其构建的新家庭经济学中认为，父母在家庭效用函数优化动机的驱使下，存在着子女“数量”和“质量”之间的权衡。在收入、时间价值和子女养育成本较低的经济环境中，子女“数量”的收益大于其“质量”的收益，因此显现出“数量”对“质量”的替代。当经济环境改变时，贝克尔认为这种关系将发生逆转。Anastasi[②]、Blake[③]等提出的“资源稀释效应”理论是解释兄弟姐妹数对个体获得教育影响经典理论。该理论指出，在家庭资源既定的条件下，子女越多，平均分配在每个子女身上的资源越少，从而对家庭资源的“稀释效应”越强；个体获得教育资源的多寡决定着其受教育程度的高低。

作为长期以来存在的一种社会不平等现象，家庭内教育投资的性别歧视问题受到人们的普遍关注[④]，并且有部分文献将家庭内子女规模引入对这种现象及其变化趋势影响的研究。Gertler 和 Glewwe[⑤]依据 1985—1986 年秘鲁生活标准调查数据发现，在高生育率的发展中国家，由于女孩的教育回报较低抑制了父母对其教育投资的积极性，因而女性教育滞后于男性。Hermalin、Seltzer 和 Ching-HsiangLin[⑥]对经济较发达的台湾地区的研究则获得了与 Gertler 和 Glewwe 不一致的结论，认为除个别社会阶层和历史时期之外，台湾的家庭规模对女性教育无影响。叶华、吴晓刚[⑦]基于对 CGSS2006 数据的分析，发现在中国家庭内兄弟姐妹数越多，尤其是在有兄弟的情况下，女性的受教育年数相对于男性越低。但是随着生育率的下降，这种状况正在改变，年轻一代性别之间教育的不平等

---

① Becker G S. Tomes N. Child Endowments, and the Quantity of Children. Journal of Political Economy, 1976, Vol.84, No.4, part 2,pp.143-162；［美］加里·斯坦利·贝克尔：《家庭论》，王献生、王宇译，北京：商务印书馆，2005 年。

② Anastasi A. Intelligence and Family Size. Psychological Bulletin, 1956, Vol.53, pp.187-209.

③ Blake J. Family Size and the Quality of Children. Demography, 1981, No.18, pp.421-442.

④ 孙志军：《中国农村家庭教育决策的实证分析》，第三届中国经济学年会入选论文，2003 年；郑真真、连鹏灵：《中国人口受教育状况的性别差异》，《妇女研究论丛》2004 年第 5 期，第 14—18、24 页；丁月牙：《家庭教育资源分配的性别差异问题——来自三都水族村寨的个案调查》，《民族教育研究》2004 年第 2 期，第 38—44 页；郑安云、靳连冬：《贫困地区女童就学障碍的社会性别分析及对策研究》，《西北大学学报》（哲学社会科学版）2004 年第 5 期，第 82—85 页；龚继红、钟涨宝：《农村家庭子女性别结构对家庭教育投资行为的影响——湖北省随州市农村家庭的调查》，《青年研究》2005 年第 3 期，第 17—21 页。

⑤ Gertler P, Glewwe P. The Willingness to Pay for Education for Daughters in Contrast to Sons: Evidence from Rural Peru. World Bank Econ, 1992, Vol. 6,No.1, pp. 171-188.

⑥ Hermalin A I, et al. Transitions in the Effect of Family Size on Female Educational Attainment: The Case of Taiwan. Comparative Education Review, 1982, Vol.26, No.2, pp. 254—270.

⑦ 叶华、吴晓刚：《生育率下降与中国男女教育的平等化趋势》，《社会学研究》2011 年第 5 期，第 153—177 页。

相对于老一代显著降低。与叶华和吴晓刚一样，也有其他一些研究者注意到在当今中国正在发生的低生育率背景下女性教育的反歧视性增长。Hannum,Kong 和 Zhang① 以甘肃省为例的研究发现，甘肃农村家庭对于子女性别的态度和对性别间的教育投资趋于平等化；基于对女孩投资大幅度增加的现实，杨春华② 把当前中国农村家庭内部的教育资源分配的特点归纳为“保男顾女”。

本章拟开展的研究工作与现有文献的主要差异如下：第一，与大多数讨论家庭规模与家庭内子女获得教育关系的文献不同，本章关注的重点不是高生育率的资源稀释效应，而是生育率下降对家庭内各个子女获得教育可能产生的积极影响。第二，无论从历史还是现实来看，性别歧视现象在农村远甚于城市。因此，这里把叶华、吴晓刚所讨论的问题限定在中国农村地区，并将视点集中于生育率下降对女孩获得教育的影响方面，同时将数据样本的截止时限由 2006 年延伸到 2008 年。第三，已有讨论低生育率背景下农村女性教育增长的文献，或仅涉及中国农村的局部地区，或缺乏系统的实证经验工作。本章在将生育率下降与女性教育的逆歧视性增长关系的讨论扩及中国农村整体的同时，试图为这一问题的讨论提供更为翔实的经验证据。

二、生育率下降与农村女孩教育逆歧视性增长假说

（一）女孩教育的决定因素分析

女孩个体获得的教育不仅与其自身特征有关，更决定于她的家庭条件和她所处时代的宏观经济社会发展水平。

影响女孩教育的宏观因素主要包括：第一，与经济发展水平相适应的教育发展状况。在经济发展水平较高且政府优先支持教育发展的背景下，社会教育经费的投入就会较快增长。这对个体获得的教育将产生两个方面的有利变化——教育机会的增加和教育机会的低成本获取。不难理解，经济发展所推动的教育发展对女性教育的影响是积极的。第二，社会对女孩教育普遍持有的态度，是排斥歧视，还是接纳支持？这可以归结为一种文化，归根到底，这种文化又与经济社会发展

---

① Hannum E, et al. Family Sources of Educational Gender Inequality in Rural China: A Critical Assessment. International Journal of Educational Development, 2009, Vol. 29, Issue 5, pp.474-486.

② 杨春华：《农村家庭教育策略中的性别差异：“保男顾女”的资源分配原则》,《教育教学论坛》2012 年第 2 期，第 7—10 页。

程度相联系。不同文化对女孩教育的影响和程度需要做具体分析。

个人的教育始于其未成年。因此，个人是否获得教育以及获得何种程度的教育，首先是其家庭的决策。对于农村女性而言，影响其获得教育的家庭因素有：第一，家庭经济状况。在一定的年龄条件下，接受教育是以放弃家庭收入创造和家庭劳务提供为机会成本的。只有在家庭收入预算许可时，父母才有条件向以子女能力体现的未来收入流源泉进行投资。因而家庭收入与子女教育之间的联系是正向的。第二，父母对子女接受教育的态度。这首先与父母对子女的利他主义程度有关，其次取决于父母向子女人力资本投资的未来收益的核算能力。若不考虑父母利他主义程度差异的影响（一般可以假定父母对子女的利他主义程度无差异），对子女教育投资未来收益的核算能力与父母的受教育程度呈正相关。第三，兄弟姐妹数特别是兄弟数。家庭收入既定，兄弟姐妹数越多，人均家庭教育资源越少①，每个子女获得教育机会的概率就越小。在有兄弟或有多个兄弟时，家庭教育资源会出现偏重于男孩的非对称性配置②，由此女孩获得教育机会的概率将变得更小。

对于教育机会的获取而言，个体的禀赋性差异主要表现在两个方面：一是性别；二是对接受教育的态度和接受教育的能力。已知在过去的中国农村家庭中，男孩比女孩有更多优先获取教育的机会。在给定女性性别的前提下，影响教育获得的个体因素就只有后一个方面了。因为学习态度和能力难以量化，同时基于大数原则，该因素的差别并不显著，所以在量化分析中往往可以不予考虑。

（二）生育率下降背景下女孩教育的决定

根据如上女孩教育决定因素的分析，可以给出个体教育决定的一般表达式如下：

$$E = E(S, F, P)$$

其中，E 表示家庭内子女个体的受教育程度，S、F 分别表示影响个体教育的宏观经济社会因素和家庭因素，P 代表与接受教育相关的个体因素。在讨论女孩教

---

① 即存在 Anastasi、Blake 等所阐释的“资源稀释效应”。Anastasi A. Intelligence and Family Size. Psychological Bulletin, 1956,Vol.53,pp.187-209；Blake J. Family Size and the Quality of Children, Demography, 1981, No.18, pp.421-442.

② 家庭教育资源在男孩和女孩之间的非对称配置有其深刻的经济社会根源。参见本章本节假说1的相关解释。

育时，个体因素中的性别是确定的，学习态度和能力又假定为相同，因此个体因素可以不考虑。这样，女孩教育的获得（E_w）就仅取决于前两类因素

$$E_w = E_w(S,F) \tag{4-1}$$

分解宏观经济社会因素和家庭因素，女性教育决定的表达式可以进一步表示为

$$E_w = E_w(G,N,F_0,F_e,M_e,Q) \tag{4-2}$$

式（4-2）中的G表示世代，用来间接度量宏观经济发展水平所决定的社会教育发展状况，因为在其他因素既定时，单纯的教育发展可以用时间来测度，而人的代际差异是一个适合的替代指标。文化虽然在演进，但它的变化进程非常缓慢；所以我们选择了民族（N）这样一种截面指标来表征文化差异，依据是在不同民族特别是汉族和少数民族之间文化差异较显著。反映家庭特征的变量是：父亲的职业（F_0），用来间接反映家庭经济状况，F_e和M_e分别表示父亲和母亲的受教育程度，Q表示兄弟姐妹数量。

本章将女孩教育决定的讨论置于生育率下降的特定背景之下。生育率下降在截面上表现为家庭内兄弟姐妹数量的减少，在时间序列上表现为家庭规模的世代变动。由此，生育率下降条件下女孩教育的决定又可以写成式（4-3），其中的X表示除兄弟姐妹数量（Q）和世代（G）两个因素以外的其他变量。

$$E_w = E_w(Q,G,X) \tag{4-3}$$

（三）农村女孩教育的逆歧视性增长假说

在农村人口生育率明显下降、农村家庭的子女数量随世代递减的背景下，农村女孩获得的教育机会是否在增加？她们与农村男孩在受教育年限方面是否趋于平等？为获得此问题的答案，需要进行三个角度的对比：首先是横向性别角度，同一世代出生的农村女孩和男孩在教育机会的获得方面是否存在差距；其次是纵向时间角度，农村女孩的受教育程度随时间的推移如何发生变化；最后是性别与时间交互的角度，农村女孩和男孩的受教育机会在代际呈现何种演变趋势。依据式（4-3），在假设X（包括F_0，F_e，M_e和N）不变的前提下，我们提出以下三个假说：

假说1：农村女孩的受教育程度与她们拥有的兄弟姐妹数量呈负相关——兄弟姐妹数量越少，其受教育程度越高。这一假说的立论依据有二：（1）个体获得的教育资源与其受教育程度呈正相关。家庭收入既定，兄弟姐妹数多时，包

括女孩在内的每个孩子可得的家庭教育资源较少，他们的教育必然受到抑制[①]；反之，兄弟姐妹数量少时，人均家庭教育资源相对增加，每个孩子的受教育机会由于家庭预算约束的缓解而相应增长。（2）第一，男性是比女性更优质的劳动生产力。第二，男性肩负着宗代传承的使命，向男孩投资是向自己家族的未来投资；而女孩是要出嫁的，对女孩人力资本投资的收益存在显著的家族外部性。第三，数千年来，儿子一直承担着对父母养老的职责，向儿子投资一定程度上是父母对自己未来养老账户的投资。所以在多子女家庭中，稀缺的家庭教育资源的分配，男孩优先于女孩。[②]当因计划生育政策的实施和工业化、市场化的推进而导致大多数家庭的子女数减少到只有 1—2 个时，这时不仅家庭预算约束缓解或解除，性别之间的家庭职责差异也趋于淡化。因而女性的教育将因生育率的降低而增长。

假说 2：随着生育率的下降，农村女孩受教育程度世代递增。其一，在发展中国家，高生育率被认为是人力资本积累的主要障碍之一。[③]如果生育率随着出生世代的递进而下降，较晚世代出生的女孩其兄弟姐妹数比之较早世代显著减少，那么，兄弟姐妹数就不再构成农村女性人力资本投资的主要障碍。其二，计划生育政策实施特别是经济体制改革以来，随着中国经济的快速增长，教育事业获得长足进步——义务教育由 6 年提高至 9 年，大学大规模扩招，教育信贷建立以及在部分高等院校和某些专业实行减免学费等。教育发展带来的教育机会的增加，必然在新近世代农村女性身上比其较早世代得到更多体现。若放宽假设条件，农户收入随世代更替显著增长，家庭教育投资份额相应提高；由于家庭子女数普遍减少到 1—2 个，性别歧视现象比多子女时大为减弱；同时，在市场化和工业化进程中，教育投资的收益率显著提高，父母对其子女的教育空前重视。由此，即使在农村，较晚出生的女孩获得的教育要比较早出生的女孩有所提高和改善。

---

① 类似的讨论可参见 Blau P M，Duncan O D. The American Occupational Structure. New York: Wiley, 1967；Blake J. Family Size and Achievement. Berkeley, CA: University of California Press, 1989；Steelman L C, Powell B.Parental Willingness to Pay for Higher Education. American Journal of Sociology, 1991, Vol.96,No.6,pp.1505-1529.

② 相关研究参见叶华、吴晓刚：《生育率下降与中国男女教育的平等化趋势》,《社会学研究》2011 年第 5 期，第 153—177 页；Lu Yao, Treiman D J. The Effect of Sibship Size on Educational Attainment in China: Period Variations. American Sociological Review, 2008, Vol. 73, No. 5,pp. 813-834.

③ Lee J M. Sibling Size and Investment in Children's Education: An Asian Instrument. Journal of Population Economics, 2007, Vol. 21, No. 4,pp. 855-875.

假说3：农村女孩和男孩的受教育程度在生育率下降过程中呈现平等化趋向。这是因为，第一，随着经济社会发展和生育率的下降，家庭预算对子女教育投资的约束降低，父母可能不再需要对子女中“谁获得教育”艰难权衡。相比于多子女世代女性教育的受剥夺情况，低生育率世代的女性教育投资将比男孩有更快增长。第二，伴随世代更迭，义务教育阶段扩展并以法律手段强制推行义务教育。这一制度设计在较大范围为女性争得了与男性平等的受教育机会。或者说，女性在教育扩张中受益更大。①第三，进入低生育率经济社会发展阶段，性别歧视的经济社会基础改变，此时，即使在高层次的非义务教育机会的分配中，女性也不再受到排斥。

三、描述性统计检验

本章所采用的样本数据来源于CGSS2008。②由于本章研究的对象是中国农村女孩的受教育状况，因此，我们首先要在CGSS2008数据中筛选出农村样本。虽然在CGSS2008数据中根据调查地点把样本分为城市和农村两种类型，但考虑到中国教育体制和户口制度在城乡的差别，并参考叶华、吴晓刚（2011）的样本选择办法，我们确定的农村样本筛选标准为：女孩入小学时（一般为7岁）的户口性质。具体分为三种情况：第一，如果被调查者出生时为农村户口，且户口性质未变更，则其为农村出身。第二，如果被调查者在调查时是非农户口。且从未变更；或者被调查者在入小学之前已经“农转非”，就确定为城镇户口；第三，如果被调查者在调查时是非农户口，但在入小学之后才进行了“农转非”，则确定其为农村户口。其次，由于该数据所调查的农村女性中还有少数正处于接受教育过程之中，对于这部分在学校的样本我们无法确定其最终的受教育年限，故将其排除在研究范围之外。最后，本章研究的对象是新中国成立后出生的农村女性，所以删减了1949年（不含1949年）之前出生的农村女性。

---

① 类似的研究参见 Blossfeld H P, Shavit Y. Persisting Barriers: Changes in Educational Opportunities in Thirteen Countries. In Shavit Y, Blossfeld H P (eds.).Persistent Inequality: Changing Educational Attainment in Thirteen Countries. Boulder, Colo.: Westview Press, 1993.

② 该数据是中国人民大学社会学系所发起的一项全国范围内、大型的抽样调查项目，主要目的是了解当前中国城乡居民的就业、工作和生活状况，以及人们对当前一些社会问题的看法。本项调查根据随机抽样的方法，在全国28个省市抽取家庭户，然后在每个被选中的居民户中按一定规则随机选取1人作为被访者。调查数据记录了被访者的教育年限以及家庭特征信息。截至2012年6月，中国社会调查开放数据库提供的最新数据CGSS2008。

本章选取受教育年数作为被解释变量，该变量在CGSS2008中对应的调查项目为“从小学开始算起，您一共受过多少年的学校教育？”解释变量包括：(1)性别。在分析男女教育差异时需要引入性别虚拟变量。(2)兄弟姐妹数量。CGSS2008数据中分别列出了被调查者的兄、姐、弟和妹的人数，把这4项数字加总得到个体女孩的兄弟姐妹数量。(3)被调查者父亲和母亲的受教育程度。父母的受教育程度在数据中以其最高教育程度表示，并把不同教育层次的代码转换为对应的教育年数。(4)父亲的职业类型。社会学中的社会分层理论认为，14岁时父亲的职业类型代表其所在家庭的经济背景，不同职业类别获得不同的劳动报酬，从而代表家庭经济收入。由于样本数据中的职业分类过细，且分布集中，为了简化分析，我们把14岁时父亲的职业分为两大类：第一类是全职就业，此类人员就职于国家机关、企事业单位，享有较高的收入；除此之外的所有其他职业归结为第二类(主要集中于全职务农和兼职务农)①。第二类职业较第一类职业收入较低。(5)民族。由于各个少数民族样本较少，本章仅关注汉族与少数民族，民族变量被定义为一个虚拟变量。(6)出生世代。由于计划生育政策的实施，农村人口的出生率在20世纪70年代以后出现明显的下降趋势。故我们大致以1970年为分水岭，把1949—1970年出生的农村女性划为第一个世代，将1971—1990年出生的划为第二个世代。②

(一)兄弟姐妹数对农村女孩教育的影响及其与男孩的比较

表4-2的统计结果显示，无论是女孩还是男孩，他们的受教育程度与其兄弟姐妹数均呈负相关。当他们有5个及5个以上兄弟姐妹时，女孩和男孩的受教育年限仅分别为5.32年和7.38年，当他们的兄弟姐妹数减少至1和0时，女孩的受教育年限分别提高到9.11年和9.07年，同样，男孩的受教育年限也分别增长至9.84年和9.93年。受教育年数随其兄弟姐妹数的减少而增加。不难发现，兄弟姐妹数量的减少对女孩受教育程度提高的影响要大于男孩。兄弟姐妹数量由5个及其以上减少至0个时，男孩的受教育年数提高2.55年，而女孩则提高3.75年，女孩受教育年数的提高幅度大于男孩1.20年。与此相联系，随着兄弟姐妹数量的减少，女孩与男孩受教育程度的差异趋于缩小。在拥有5个及5

---

① 总样本为3084个，其中全职就业501个，全职务农2131个，兼职务农89个，全职务农与兼职务农所占比例为(2131+89)/(3084-501)=86%。

② CGSS2008数据调查的最年轻的被访问者是1990年出生。

个以上兄弟姐妹时，女孩与男孩的受教育年数差距超过 2 年；当兄弟姐妹数是 1 或者 0 时，二者差距不到 1 年。但总体来看，男女之间的教育差距确实存在。男孩的平均受教育年数为 8.43 年，接近于初中毕业；女孩为 6.88 年，相当于初中一年级水平，二者相差 1.55 年。

表 4-2 兄弟姐妹数对农村女孩受教育年数的影响及其与男孩的比较 （单位：年）

兄弟姐妹数	0	1	2	3	4	5 个及 5 个以上	平均受教育年数
男	9.93 （73）	9.84 （223）	9.02 （293）	8.11 （266）	7.65 （228）	7.38 （327）	8.43 （1410）
女	9.07 （58）	9.11 （223）	7.89 （382）	6.50 （326）	5.95 （288）	5.32 （397）	6.88 （1674）
平均受教育年数差距	0.86	0.73	1.13	1.61	1.70	2.06	1.55

注：括号内为频数

表 4-2 直观上支持了假说 1，即兄弟姐妹数量与农村女孩的受教育程度呈反向联系，并且，与男孩相比，兄弟姐妹数量对女孩受教育程度的影响更大。

（二）不同世代农村女孩受教育年数的比较

表 4-3 比较了两个世代农村女孩的平均兄弟姐妹数量和平均受教育年数。1949—1970 年出生的农村女孩平均兄弟姐妹数为 3.85 个，其平均受教育年数为 5.52 年，接近于小学毕业水平。1971—1990 年的农村女孩平均兄弟姐妹数和平均受教育年数分别为 2.54 个和 8.54 年，教育水平接近于初中毕业。两个世代女孩的平均兄弟姐妹数相差 1.31 个，平均受教育年数相差 3.02 年，年轻世代农村女孩的教育水平扩展了一个初中教育层次。

表 4-3 两个世代农村女孩受教育年数的比较

世代	平均兄弟姐妹数（个）	平均受教育年数（年）
1949—1970 年	3.85 （921）	5.52
1971—1990 年	2.54 （753）	8.54
差距	1.31	3.02

注：括号内为频数

表 4-3 表明，随着兄弟姐妹数量的减少，农村女孩教育水平在代际逐渐提

高，验证了假说 2 是成立的。

（三）不同世代农村女孩和男孩受教育差距变化趋势比较

表 4-4 表明，出生在 1949—1970 年的农村女孩平均受教育年数比同世代的男孩少约 2 年，1971—1990 年该差距缩小到 1.38 年。与前一世代比较，农村女孩和男孩的受教育差距缩小了 0.57 年。从两个世代男孩、女孩各自的平均受教育年数来看，1971—1990 年的男孩比 1949—1970 年的男孩受教育年限多 2.45 年，而女孩则多出 3.02 年，也就是说农村女孩获得的教育增长要快于男孩。

表 4-4　两个世代女孩和男孩受教育年数的差距比较　（单位：年）

世代	平均受教育年数		差距
	男孩	女孩	
1949—1970 年	7.47 （921）	5.52 （861）	1.95
1971—1990 年	9.92 （549）	8.54 （753）	1.38
差距	2.45	3.02	0.57

注：括号内为频数

表 4-4 的结果与假说 3 相符，揭示了农村女孩在教育扩张过程中受益大于男孩，与男孩的教育差距趋于缩小。

四、回归分析的检验

根据前面对农村居民家庭子女获得教育影响因素的分析和相关变量的设定，建立一个农村居民家庭子女教育决定的总体线性回归模型如下：

$$Y_e = \alpha + \beta_1 S + \beta_2 Q + \beta_3 N + \beta_4 F_e + \beta_5 M_e + \beta_6 F_0 + \beta_7 G + \beta_8 S * G + \mu \quad (4\text{-}4)$$

式（4-4）中 Y_e 表示农村子女受教育年数，α 是常数项，S 代表性别虚拟变量（女孩为 1，男孩为 0），Q 代表兄弟姐妹数，N 是表征民族的虚拟变量（汉族为 1，少数民族为 0），F_e 表示父亲受教育程度，M_e 表示母亲受教育程度，F_0 表示父亲的就业类型，也为虚拟变量（全职就业为 1，其他就业类型为 0），G 表征世代虚拟变量（1949—1970 年为参照组），$S * G$ 表示性别与世代的互交项，β_i

（ i =1，…，8）为各个解释变量的回归系数，μ 为随机误差项。

（一）农村女孩受教育程度各影响因素的回归结果

为了准确反映各个变量对农村女孩受教育程度的影响，暂不考虑总体模型中的世代及其与性别的互交项，主要观察兄弟姐妹数量及其余变量前系数的正负与大小，经 SPSS17.0 软件运算得出如下结果（表 4-5）。

表 4-5 农村女孩受教育程度各影响因素的回归结果

变量	系数 *bi*	标准误差	t 值	伴随概率
Q	− 0.299	0.049	− 6.127	0.000
N	1.087	0.031	3.610	0.000
Fe	0.203	0.026	7.945	0.000
Me	0.344	0.029	11.679	0.000
$F0$	1.171	0.241	4.865	0.000
$\overline{R^2}$=0.304　　F=147.460				

解释变量总体和各个变量的显著性都通过了统计检验。[①] 兄弟姐妹数前的系数为负值，即在控制了其他变量的条件下，每增加一个兄弟姐妹，农村女孩受教育年数减少约 0.3 年。兄弟姐妹数与受教育年数反方向变化又一次证实假说 1 为真。这与 Blake[②]、Blau 和 Duncan[③]、Featherman 和 Hauser[④]，Mare 和 Chen[⑤]、Downey 和 Douglas[⑥]、叶华和吴晓刚[⑦] 等学者的研究结果一致。民族变量的系数为 1.087，意味着在控制了其他变量后，中国农村汉族女孩的受教育年数比少数民

① 该模型拟合系数较低。对于截面数据而言，拟合系数的大小无碍模型的可靠性。关于拟合系数较小的说明，参见［美］古扎拉蒂、波特：《计量经济学基础》（第五版），费剑平译，北京：中国人民大学出版社，2011 年，第 207—208 页。

② Blake J. Family Size and Achievement. Berkeley, CA: University of California Press, 1989.

③ Blau P M，Duncan O D. The American Occupational Structure. New York: Wiley, 1967.

④ Featherman D L, Hauser R M. Opportunity and Change. New York: Academic Press, 1978.

⑤ Mare R D, Chen M. Further Evidence on Sibship Size and Educational Stratification. American Sociological Review, 1986,Vol. 51, pp.403-412.

⑥ Downey D B. When Bigger is not Better: Family Size, Parental Resources, and Children's Educational Performance. American Sociological Review, 1995, Vol.60, pp.746-761.

⑦ 叶华、吴晓刚：《生育率下降与中国男女教育的平等化趋势》，《社会学研究》2011 年第 5 期，第 153—177 页。

族女孩要长。此结果与Hannum①、叶华和吴晓刚②关于中国教育的研究结论是相似的。Parish和Willis③、Lee④、Blake⑤、Hermalin,Seltzer和Ching-HsiangLin⑥,Lu、Yao和Treiman⑦、Leung和Li-Tsang⑧、Marteleto和Leticia⑨的研究表明，父母的教育程度对子女的教育起正向促进作用。我们的研究结果也显示，父母亲教育程度的系数均为正值，进一步印证了他们的观点。我们的研究同时表明，母亲受教育程度对女孩教育成就的影响要大于父亲。这是因为母亲比父亲更多地从事照料子女的活动⑩，这样的家庭分工在中国农村最为普遍。回归结果显示，父亲职业变量前的系数为1.17，说明父亲在非农正规部门就业的农村女孩要比父亲在其他部门就业的女孩多接受1年多的教育。一方面，这是由于城镇正规部门的工资水平高于农业部门；另一方面，从事兼业务农、全业务农、个体经营的家庭往往会让子女过早辍学来照料年幼的弟妹，或者参与农业劳动和家庭经营，而男孩偏好又强化了父母对女孩辍学的决策。

（二）农村女孩受教育程度世代递增的回归分析

纵向比较农村女孩受教育程度的变化，需加入世代变量。通过世代变量的回归系数，可以反映出两个不同世代的农村女孩受教育年数的变化趋势，模型估计结果如下（表4-6）。

---

① Hannum E. Educational Stratification by Ethnicity in China: Enrollment and Attainment in the Early Reform Years. Demography, 2002,Vol.39, No.1, pp. 95-117.

② 叶华、吴晓刚：《生育率下降与中国男女教育的平等化趋势》,《社会学研究》2011年第5期，第153—177页。

③ Parish W L, Willis R J. Daughters, Education, and Family Budgets: Taiwan Experiences. Journal of Human Resources, 1993, 28, pp. 863-898.

④ Lee J M. Sibling Size and Investment in Children's Education: An Asian Instrument. Journal of Population Economics, 2007, Vol. 21, No. 4, pp.855-875.

⑤ Blake J. Family Size and Achievement. Berkeley, CA: University of California Press, 1989.

⑥ Hermalin A I, et al. Transitions in the Effect of Family Size on Female Educational Attainment: The Case of Taiwan. Comparative Education Review, 1982, Vol.26, No.2, pp. 254-270.

⑦ Lu Yao, Treiman D J. The Effect of Sibship Size on Educational Attainment in China: Period Variations. American Sociological Review, 2008, vol. 73,No. 5, pp. 813-834.

⑧ Leung C Y S, Li-Tsang C W P. Quality of Life of Parents who have Children with Disabilities. Hong Kong Journal of Occupational Therapy, 2003, No.13, pp.19-34.

⑨ Marteleto L. Family Size, Adolescents' schooling and the Demographic Transition: Evidence from Brazil. Demographic Research, 2010, Vol. 23, pp.421-444.

⑩ Evans J. Men in the Lives of Children, Coordinator's Notebook No.16, Consultative Group on Early Childhood Care and Development , 1995, available from http://www. ecdgroup.com.

表 4-6 农村女孩受教育程度世代递增的回归结果

变量	系数 bi	标准误差	t 值	伴随概率
a	4.156	0.373	11.151	0.000
Q	− 0.222	0.050	− 4.447	0.000
N	1.178	0.298	3.951	0.000
Fe	0.170	0.026	6.594	0.000
Me	0.312	0.030	10.543	0.000
$F0$	1.291	0.239	5.410	0.000
G	1.233	0.196	6.278	0.000
$\overline{R}^2$=0.320 F=132.282				

模型估计结果显示，出生世代变量的系数为 1.233，即相对于参照组 1949—1970 年的农村女孩，1971—1990 年出生的农村女孩多接受约 1.2 年的教育，表明农村女孩的教育程度在代际有所提高。该结果支持了假说 2。依据假说 2 提供的解释，出现这样的结果，首先是因为随着世代更迭，农村人口生育率下降，家庭内兄弟姐妹数量减少。如表 3-4 所示，1949—1970 年的农村女孩的平均兄弟姐妹数量接近 4 个，而 1971—1990 年该数字下降为 2.5，平均减少了 1.5 个兄弟姐妹。依据已经得到证实的假说 1，兄弟姐妹数量与农村女孩受教育年数呈负相关，出生在 1971—1990 年的农村女孩由于兄弟姐妹数量的减少而相应地延长了受教育年数。此外，随着世代更迭，农户家庭教育预算随收入水平提高而增长，教育机会的社会供给增加，支持教育的各种政策的实施，以及由于独生子女政策而导致的性别偏好弱化等，这些均可以成为促进女性教育增长的积极因素。

（三）农村男孩和女孩教育平等化趋势的回归结果

农村女孩受教育年数在纵向上表现为不断延长，那么随着世代更替，农村女孩与男孩的教育差距是否缩小？为此，模型中引入了性别变量、世代变量和性别与世代的互交项。以 1949—1970 年为参照组，数据样本中加入农村男孩样本，估计结果如表 4-7 所示。

这里我们重点关注的是性别与世代互交项的系数。该系数在 1% 的显著水平下通过 t 检验，且为正。这说明在世代更延的过程中，农村女孩相对于男孩更多地获取了教育机会，女孩和男孩的受教育程度逐渐趋于平等化。这一结果进一步验证了假说 3。

表 4-7　农村男孩和女孩教育平等化趋势的回归结果

变量	系数 *bi*	标准误差	*t* 值	伴随概率
a	6.163	0.287	21.506	0.000
Q	− 0.157	0.037	− 4.285	0.000
N	1.051	0.223	4.713	0.000
Fe	0.162	0.019	8.603	0.000
Me	0.261	0.022	11.928	0.000
F0	1.231	0.177	6.968	0.000
G	0.706	0.206	3.419	0.001
S	− 2.033	0.164	− 12.362	0.000
*S*G*	0.785	0.255	3.080	0.002
$\overline{R^2}$=0.293　*F*=160.336				

五、本章结论和需进一步探讨的问题

本章研究所获得的主要结论如下：农村居民家庭女孩的受教育程度，既受社会教育发展水平、传统文化等宏观因素的影响，又受家庭经济状况、父母亲受教育程度和兄弟姐妹数等微观变量影响。若控制其他变量，农村女孩的受教育程度与她们的兄弟姐妹数呈负相关，兄弟姐妹数少时，女孩的受教育年数较长，反之，她们的受教育年数缩短；随着生育率的下降，年轻世代农村女孩的受教育程度相对于年老世代显著提升；同时，在生育率下降过程中，女孩受教育年数的增长速度要快于男孩，农村女孩和男孩之间的教育差距趋于缩小，或者说农村女孩教育随着其兄弟姐妹数的减少出现逆歧视性增长。运用 CGSS2008 数据库提供的相关数据所做的统计分析和回归分析，支持了前述结论。

此外，本章还探讨了其他变量对农村女孩教育的影响。结果表明，父母的受教育程度对农村女孩的教育具有正向作用，并且母亲受教育程度对农村女孩的影响要大于父亲受教育程度的影响；父亲的职业类型代表着家庭经济背景，父亲在非农正规部门就业意味着家庭经济较富裕，其子女的受教育程度较高；引入表征文化差异的民族变量后发现，汉族农村女孩比少数民族农村女孩的受教育年数相对要长。

出于研究的主要目的和数据获得的局限，本章重点分析了家庭特征特别是兄弟姐妹数量、父母的教育程度和父亲的职业等因素对农村女孩教育的效应。其实影响农村女孩获得教育的因素还有很多，对于家庭特征以外的因素，本章或仅个别涉及或未做考虑。在分析兄弟姐妹数对个体教育的影响时，本章只关注了数量，而忽略了结构。现有文献表明，子女个体的出生顺序与其受教育程度存在着密切关系，例如，Ferrari 和 Dalla-Zuanna① 对法国和意大利的研究表明，出生越晚的子女受教育程度越高；罗凯② 采用 CHNS 数据，运用 OLS 和 OrderedProbit 模型对子女个数和出生顺序结构与子女受教育程度之间的关系进行了研究，结果表明子女出生顺序对子女受教育程度有正效应，不过这种效应不如子女个数效应显著。最关键的是，子女性别不同，其出生顺序效应有结构性差异。政治因素和政策倾向在一定程度上也影响农村女孩的教育。Lu 和 Treiman③ 根据不同的政策倾向把中国 1996 年之前的历史分为 4 个阶段，分别研究了每个阶段兄弟姐妹数量与获得教育之间的关系。结果显示，由于各个阶段政策基调的差异导致了兄弟姐妹数量对个体获得的教育影响不同。例如，在“文化大革命”时期强调平均主义，兄弟姐妹数量对女孩受教育的不利影响消失；而在改革开放时期，较多的兄弟姐妹对女孩受教育的负面影响更加恶化。此外，孩子个体特征也对受教育有一定的影响。但是由于诸如爱好、态度、能力等特征量化的困难，目前关于这方面的研究，特别是针对中国农村家庭子女的研究甚少，本章也未引入这一因素。以上诸多未涉及的方面说明，关于该课题的研究还有待进一步深入。

---

① Ferrari G, Dalla-Zuanna G. Siblings and Human Capital: A Comparison between Italy and France. Demographic Research, 2010, Vol. 23, pp.587-614.

② 罗凯：《子女的出生顺序结构对其受教育程度的影响》，第八届中国青年经济学者论坛，厦门，http://wise.xmu.edu.cn/youth-forum2008/paper/[2008-9-20]。

③ Lu Yao, Treiman D J. The Effect of Sibship Size on Educational Attainment in China: Period Variations. American Sociological Review, 2008, Vol. 73, No. 5, pp. 813-834.

第二篇

引入人口生产转型的农业发展分析框架

第五章

从马尔萨斯陷阱到内生增长：农业发展的统一分析框架

一、对现有农业发展文献的简要述评

如果说农业发展即传统农业向现代农业的过渡[①]，那么如何完成这一过渡，自然构成了农业发展理论的中心内容。依照实现该过渡进程动力、路径的差异，可以将以经典发展理论为代表的既有农业发展文献概括为如下几种主要类型。

（1）劳动力转移模型。在刘易斯（W.A.Lewis）[②]、费景汉（J.Fei）和拉尼斯（G.Ranis）[③]的二元经济发展理论中，是现代工业的兴起及其不断扩张引致的农业劳动力转移，启动了传统农业的现代化历程。劳动力的工业化配置改变了传统农业劳动过密化的资源结构，农业生产的土地—劳动比进而资本—劳动比由此渐进提高，相应地，农业技术体系也逐步由劳动密集投入类型转向以资本广化和资本深化为标志的资本密集类型。资源结构和技术体系转变的结果，是农业人均收入对传统时代马尔萨斯贫困陷阱的逃离，以及对现代工业工资水平的追赶。当农业工资率与工业工资率趋同时，传统农业向现代农业的过渡（或曰

---

① “把发展视为在两大时代，即农业时代和现代增长时代之间的转型，不仅有助于思考发展问题，而且抓住了发展问题的本质。”［美］费景汉、古斯塔夫·拉尼斯：《增长与发展：演进观点》，洪银兴等译，北京：商务印书馆，2004 年，第 5 页。

② ［美］阿瑟·刘易斯：《二元经济论》，施炜等译，北京：北京经济学院出版社，1989 年。

③ ［美］费景汉、古斯塔夫·拉尼斯：《劳力剩余经济的发展》，王月、甘杏娣、吴立范译，北京：华夏出版社，1989 年；［美］费景汉、古斯塔夫·拉尼斯：《增长与发展：演进观点》，洪银兴等译，北京：商务印书馆，2004 年。

农业现代化过程）即告完成。钱纳里（H.Chenery）等[①]的经济结构转变理论所包含的农业发展思想，本质上与刘易斯—费景汉—拉尼斯模型无异。从方法论上讲，劳动力转移模型是新古典经济学一般均衡分析工具在农业发展研究中应用的成果。

（2）人力资本驱动模型。舒尔茨[②]认为，改造传统农业的目的，是把停滞、落后和贫穷的农业转变为可以对经济增长作出重要贡献的现代产业。农业要实现由长期停滞到快速增长的转化，唯有用高生产率的现代生产要素去替代已耗尽有利性的传统要素。高生产率的现代农业要素，由承载先进技术的现代物质投入品和成功地使用这些投入品所需要的技艺与能力两方面组成。通过与自然资源、物质资本比较，舒尔茨发现，决定农业高速增长的关键因素是通过向人投资形成的人力资本："有能力的人民是现代经济丰裕的关键"[③]，"离开大量的人力投资，要取得现代化农业的成果和达到现代工业的富足程度是完全不可能的"[④]。因此，要实现农业的高速增长和传统农业向现代农业的转化，就应当加大对农业部门的人力资本投资。

（3）诱致技术进步模型。速水佑次郎（Yujiro Hayami）和弗农·拉坦（V.W.Ruttan）[⑤]把技术进步视为决定农业发展的基本力量，并将技术变迁处理为农业发展过程的内生变量。[⑥]速水佑次郎和弗农·拉坦认为，一个国家或地区农业的增长受其资源条件的制约，但这种制约可以通过技术变迁来突破。初始资源相对稀缺程度和供给弹性的不同，在要素市场上表现为资源相对价格的差异。

---

① ［美］钱纳里等：《发展的型式：1950—1970》，李新华等译，北京：经济科学出版社，1988年；［美］钱纳里等：《工业化和经济增长的比较研究》，吴奇等译，上海：生活·读书·新知三联书店、上海人民出版社，1995年。

② ［美］西奥多·W.舒尔茨：《改造传统农业》，梁小民译，北京：商务印书馆，1987年；［美］西奥多·W.舒尔茨：《论人力资本投资》，吴珠华等译，北京：北京经济学院出版社，1990年；［美］西奥多·W.舒尔茨：《经济增长与农业》，郭熙保、周开生译，北京：北京经济学院出版社，1992年；［美］西奥多·W.舒尔茨：《报酬递增的源泉》，姚志勇、刘群艺译，北京：北京大学出版社，2001年。

③ ［美］西奥多·W.舒尔茨：《经济增长与农业》，郭熙保、周开生译，北京：北京经济学院出版社，1992年，第92页。

④ ［美］西奥多·W.舒尔茨：《论人力资本投资》，吴珠华等译，北京：北京经济学院出版社，1990年，第16页。

⑤ ［日］速水佑次郎、［美］弗农·拉坦：《农业发展的国际分析》，郭熙保、张进铭译，北京：中国社会科学出版社，2000年。

⑥ "对于一个经济制度来说，技术变革的产生过程在传统上被作为是外生的，……诱导创新理论则试图把技术变革过程看作是经济制度的内生变量。根据这一观点，技术变革被认为是对资源禀赋变化和需求增长的一种动态反应。"［日］速水佑次郎、［美］弗农·拉坦：《农业发展的国际分析》，郭熙保、张进铭译，北京：中国社会科学出版社，2000年，第102页。

相对价格的差异会诱导出节约相对稀缺、价格相对高昂的资源的技术变迁，以缓解稀缺和缺乏供给弹性的资源给农业发展带来的限制。土地供给缺乏弹性或土地相对于劳动价格高昂会诱导出节约土地的生物化学技术进步；劳动供给短缺或劳动相对于土地价格昂贵则会诱导出节约劳动的机械技术进步。

（4）政策庇佑模型。大概是由于计划经济时期人们形成的一种思维惯性，也可能与特殊的政治体制有关，在中国，人们更愿意把推动农业发展的任务交给政府。政府政策庇佑农业发展的思路主要包括：①加大财政支农投入。农业是国民经济的基础产业，同时也是面临自然和市场双重风险的弱质产业。农业的重要性及其特殊性决定了政府必须对农业予以支持及保护，而政府财政支农投资是对农业支持与保护的重要措施之一。[①] ②工业反哺农业。世界经济发展的经验表明，一个国家进入到工业化中、后期阶段，就会实施工业对农业的反哺。[②] 蔡昉[③] 认为，反哺是缩小城乡发展差距、构建和谐社会的要求。③免除农业税费。在工业化进程大规模启动后的大部分时期里，中国实行的农业税费制度实质上是一种剥夺农民的政策工具。[④] 在城乡收入拉大和“三农”问题凸显的背景下，取消农业税成为众多研究者的一致呼声。[⑤] 在农民、基层政府和上级政府的博弈中，由于基层政府的弱势地位，农业税费制度终于退出了历史舞台。

前述若干文献的形成均有其对应的现实背景，毋庸置疑，它们所提供的发展思路在特定农业发展阶段也分别具有可行价值。但是，站在经典发展文献产

---

① 朱晶：《农业公共投资、竞争力与粮食安全》，《经济研究》2003年第1期，第13—20页；李琴、熊启泉、李大胜：《中国财政农业投入的结构分析》，《中国农村经济》2006年第8期，第10—16页；郭玉清：《中国财政农业投入最优规模实证分析》，《财经问题研究》2006年第5期，第68—72页；王敏、潘勇辉：《财政农业投入与农民纯收入关系研究》，《农业经济问题》2007年第5期，第99—105页。

② Olson M. The Exploitation and Subsidization of Agriculture in the Developing and Developed Countries, Paper Presented to the 19th Conference of International Association of Agricultural Economists, Malaga, Spain, 1985.

③ 蔡昉：《“工业反哺农业、城市支持农村”的经济学分析》，《中国农村经济》2006年第1期，第11—17页。

④ 农业投入总课题组：《农业保护：现状、依据和政策建议》，《中国社会科学》1996年第1期，第56—71页；张元红：《论中国农业税制改革》，《中国农村经济》1997年第12期，第4—11页；刘书明：《统一城乡税制与调整分配政策：减轻农民负担新论》，《经济研究》2001年第2期，第43—49、60页。

⑤ 林毅夫：《有关当前农村政策的几点意见》，《华中师范大学学报》（人文社会科学版）2004年第6期，第32—35页；黄莹茜：《关于免除农业税费的探究》，《四川大学学报》（哲学社会科学版）2004年第4期，第13—18页；李瑞：《废除农业税费制度的法治思考》，《武汉大学学报》（哲学社会科学版）2005年第2期，第230—234页。

生数十年之后的今天，再来系统思考传统农业向现代农业的过渡问题时，不难发现上述每一种文献的疏漏与不足。第一，既有文献未能全面认识工业化对农业发展存在的多重效应。虽然刘易斯—费景汉—拉尼斯模型揭示了工业化的农业物质资本深化效应，但该模型未注意到工业化过程中农村人口生产转型和人力资本农业投资收益率变化所引致的农业人力资本深化。尽管舒尔茨将人力资本引入农业从传统到现代过渡问题的分析，但他未指明农业部门的人力资本深化机制，更没有把这一机制与工业化过程相联系。速水佑次郎和弗农·拉坦注意到了工业化进程中农业资源的丰裕度及其价格变化诱致的技术变迁，但他们的视野主要囿于物质资本深化的报酬递减型技术，未涉及人力资本深化的报酬递增型技术。第二，既有文献对农业发展过程即传统农业向现代农业的过渡历程的描述失于粗疏。其一，完成这一过渡似乎仅凭借某种单一力量或单一路径。比如，农业劳动力转移，或以人力资本为代表的新要素对传统要素的替代，或物质资本深化型技术进步，或政府的农业保护政策等即可实现。其二，完成这一过渡好像也只有一步之遥。无论是刘易斯—费景汉—拉尼斯模型、舒尔茨模型，还是速水佑次郎—费农·拉坦模型，均未对农业发展过程作出阶段性和不同阶段差异化动力的区分，似乎依据他们给出的某种路径，发展过程便可经此完成。第三，既有文献视农业始终为一个被动发展部门，缺乏工业化高级阶段内生农业发展动力的设计。劳动力转移模型和政策庇佑模型直接将工业部门和政府视为发展的主导力量，人力资本驱动模型和诱致技术进步模型虽然强调新型要素和技术进步对农业发展的意义，但这些新要素和新技术仍然是外生于农业部门的变量。即使进入工业化高级阶段，离开工业部门和政府，在前述文献中难以发现农业发展的自主机制。

相对于既有文献，本章研究试图推进的工作是：（1）细化传统农业向现代农业“过渡过程”的分析。为此，在传统农业和现代农业之间增加了“工业化农业”这样一个过渡性农业成长形态。农业发展被具体化为由传统农业向工业化农业，进而由工业化农业向现代农业的两个阶段过渡过程。（2）关于工业化对农业发展的影响，在物质资本深化的单一资源结构效应的基础上，延伸出工业化高级阶段存在的物质资本深化和人力资本深化的双重资源结构效应；相应地，农业技术进步也在单一的物质资本深化的“索洛型技术”基础上，引入了广义资本深化的“内生型技术”类型。其中，第一种资源结构效应和第一种技术进步类型与传统农业向工业化农业过渡阶段相联系，而第二种资源结构效应和第二种技术进步类型则是决定工业化农业向现代农业过渡的关键因素。（3）在包容上述两方面认知成果的基础上，尝试构建一个农业发展的统一分析框架。该框架不仅可以作为传统农业、工业化农业和现代农业的统一解释工具，而且能够同时适应于传统农业向工业化农业、工业化农业向现代农业过渡过程的分析。

二、基于工业化影响的农业发展含义

世界经济发展的经验事实表明，传统农业向现代农业的过渡发端于工业化进程的兴起，终结于工业化的完成。在此意义上，一个国家的农业发展问题，亦即该国的工业化问题。世界经济发展的经验同时表明，任何一个国家若经工业化过程完成其农业发展，这一发展几无例外地显现如下若干程式化特征。

（1）资源结构改变。工业化对农业发展的直接影响是引致农业资源结构的转变。这一转变大致呈现为三个阶段。最初是传统农业资源的“非农化”阶段，即传统农业资源——其中主要是农业劳动力——向工业用途的转移。这一转移改变了传统农业劳动力过剩的资源格局，提高了农业劳动的土地装备率。在农业资源非农化和农业部门土地—劳动比提升的基础上，工业部门生产的节约劳动和节约土地的农业资本品（如农业机械和化肥等）开始进入农业生产[①]，此阶段，农业资源逐渐呈现出“资本广化”和“资本深化”特征。这是农业资源结构“非农化”基础上的“资本化”阶段。“资本深化”程度的不断提高终将对农业劳动力的技能水平提出要求，同时引致人力资本农业投资回报率上升和人力资本要素进入农业生产。人力资本的农业参与，将进一步带来农业资源向物质资本和人力资本“双重深化”阶段演进。该阶段农业资源结构呈现出与工业部门趋同的现代化特征。

农业资源结构转变存在“诱致性转变”和“强制性转变”两种不同机制。在市场化条件下，这一转变主要是“诱致性”机制的结果。劳动力非农转移，是工业相对于农业高工资率背景下劳动者的理性选择。农业资本化的现实基础则是，一方面，在工业化进程中资本品价格随其丰裕程度的提高而下降；另一方面，资本品农业用途的回报率随农业劳动和农业用地稀缺程度的上升而上升。人口生产数量偏好向质量偏好的转型，是不可忽略的农民工业化参与收益之一，其结果是农民整体素质的代际提升。当农业物质资本深化引致人力资本农业投

① 即资本这一工业化要素开始装备农业。

资收益率提高到大于等于其非农收益率时，人力资本就会成为农业生产的基本要素。在“诱致性”机制之外，政府强制的农业人口迁移、工业反哺农业等政策，不难理解亦具有农业资源结构转变之效果。

（2）组织制度变迁。资源结构改变必然带来传统农业生产组织向现代农业生产组织的演进。这种演进基于以下方面：第一，土地经营的规模化。由于工业化过程中农业劳动力大规模和持续的转移，以及工业资本品农业装备水平的不断提高，同时由于工业化过程中农村人口生产数量偏好的减弱，它们将导向一个共同的结果——农业土地—劳动比提高，或农业劳均及户均土地规模的扩大。第二，资源配置的社会化。传统农户的资源一般为自有，其自有资源基本配置于家庭内部组织的生产经营活动。工业化把传统农业资源（如农业劳动力）改变为一种可以有家庭之外其他广泛用途的社会性资源，同时也将家庭之外甚至农业部门之外的社会资源引入农户的生产活动之中，使过去封闭的农业生产逐渐转变为一种开放的社会化生产。第三，生产目标的利润化。限于土地的狭小、生产手段的落后和资源配置的封闭性，传统农业的生产决策依附于其消费决策，生产目标是维持家庭生存需求的产量最大化。随着工业化进程中土地规模的扩大、资本—劳动比的提高以及资源配置的市场化和社会化，农户逃离了生存陷阱，其生产决策开始独立于其消费决策，生产目标转向谋求最大化利润。土地经营的规模化、资源配置的社会化和市场化以及生产目标的利润化的结果，是企业化农业组织取代传统农户成为农业生产的基本组织形态。

（3）技术类型转换。技术所描述的是特定投入组合下资源使用的某种效率状态。在均衡条件下，不同的技术是不同资源投入结构的反映。因此，Atkinson 和 Stiglitz[①] 及 Basu 和 Weil[②] 认为，技术为特定的投入组合所专有。资源结构既定，技术创新的目标是寻求现有资源的最优配置或最有效率的配置，而资源配置的效率则源于资源利用的比较优势。资源结构不同，由资源结构所产生的比较优势不同，进而由比较优势或成本最小化原则所决定的最优技术类型选择亦不相同。在劳动数量偏重型资源结构下，比较优势由丰裕且廉价的劳动力生成，此时，由劳动数量使用偏向决定的劳动密集型技术便成为最优技术选择；当农业资源演进到物质资本偏重型结构进而演进到有人力资本参与的广

① Atkinson A B, Stiglitz J E. A New View of Technological Change. Economic Journal, 1969, Vol. 79, No.315, pp.573-578.

② Basu S,Weil D N. Appropriate Technology and Growth. Quarterly Journal of Economics, 1998, Vol. 113, No.4, pp.1025-1054.

义资本偏重型结构时，物质资本密集型技术和广义资本密集型技术亦将成为新的资源结构条件下的适宜技术选择。如果说农业发展是农业资源结构由劳动密集型向物质资本密集型进而向广义资本密集型的转变过程，那么农业技术进步亦将发生由劳动数量所体现的技术进步向由物质资本和人力资本所体现的技术进步类型转换。

（4）人均收入增长。依照新古典经济学的一般均衡理论和发展经济学的二元经济转变理论，农业发展的结果是离散的农业与工业要素收益率的收敛乃至趋同。因此，农业人均收入增长是衡量农业发展成果最重要的指标之一。这一增长也是农业资源结构转变、农业组织制度变迁和农业技术进步的自然逻辑。不难理解工业化进程中农业资源结构转变的人均收入增长效应。农业劳动力转移和农村人口生产数量偏好的减弱，可以经由人均土地装备水平的提高实现农业人均收入增长；土地—劳动比提高基础上的农业资源的资本化，无疑又能够通过资本—劳动比的优化实现农业劳动生产率和农业人均收入的大幅度提升。农业技术进步对于农业收入的增长更具决定性意义。在既定资源结构条件下，农业技术进步意味着农业总产量曲线位置的上旋。显然，农业总产量曲线位置改变后表征着农业人均产出的平均产量曲线的斜率要大于其前。在不同资源结构下，农业技术进步的效率空间大不相同。劳动数量偏重型结构由于土地报酬递减规律的制约，劳动密集型配置的技术选择虽可实现总量增长和维持更多人口的供养，但对人均收入增长的意义不大。基于资本替代劳动的资源结构改变，物质资本密集型技术的农业人均收入增长效应是显著的。在现实中，这一技术的引入成为农业跳出马尔萨斯贫困陷阱的关键。人力资本运用型技术是一种报酬递增型技术。人力资本不仅为农业收入增长添加了新源泉，而且成为农业人均收入持续增长的不竭动力。农业组织制度的变迁是工业化进程中农业商业化演进的组织表现，而农业的商业化演进则是农业收益率追逐现代工业收益率的一种制度性调整。企业化农业组织作为农业生产基本主体的出现，在组织制度层面标志着高收入农业的形成。

若资源结构转变、组织制度变迁、技术类型转换和农业收入增长是工业化过程中农业发展的特征性事实，自然，这些方面同时构成了农业发展分析的基本内容。考虑到它们相互之间的逻辑关系，体现工业化对农业发展影响的分析框架可图示如下（图 5-1）。

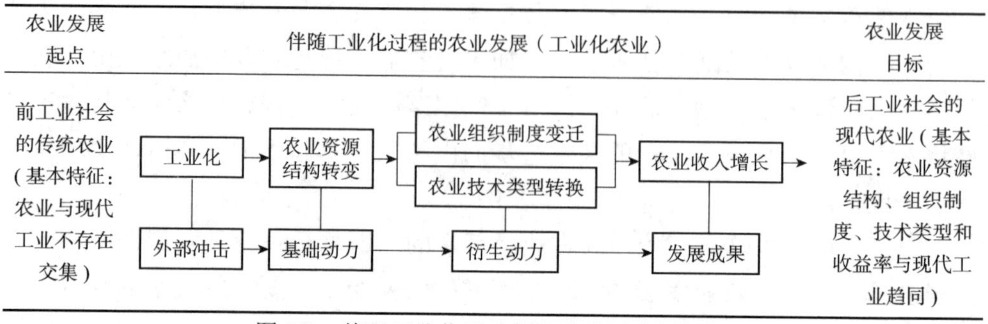

图 5-1 体现工业化影响的农业发展分析框架

根据以上分析框架的设计，农业发展可以定义为，基于工业化驱动的农业资源结构转变、农业组织制度变迁和农业技术进步类型转换基础上的农业收入加速增长，并最终实现农业收益率与工业收益率趋同的过程。

三、工业化与渐进成长的三种农业形态

包含资源结构变化、组织制度变迁、技术类型转换和农业产出增长等因素在内的农业发展模型可以简要地表示为

$$Y_t = A_t F(L_t, O_t) \tag{5-1}$$

式（5-1）中的 L_t 和 O_t 分别表示第 t 期的劳动投入和非劳动资源投入。随着时间（t）的推进，劳动投入（L）存在规模大小的不同①；非劳动资源（O）不仅存在规模的变化，更有种类的差别。这样，在不同时期（即不同 t 的条件下），由劳动投入（L）和非劳动资源（O）组合而成的农业资源结构就具有差异。资源结构随 t 变化（超越传统农业阶段）的基本趋势是，总劳动投入在减少，而人均意义的非劳动资源（如土地和资本等）则在增加。这种资源结构变化同时意味着农业组织规模和农业资源配置方式的制度性调整。②模型中的 A_t 表征技术类型。A 被设定为时间 t 的函数，即随着资源结构和组织制度的演进，农业技术类型及其反映的生产效率亦在发生变化。Y_t 代表农业产出水平，它不仅与 L 、O 和 A 有关，更与 t 密切相关。

---

① 假设劳动力为同质性要素。

② 工业化进程中的农业制度调整，由农业资源结构的变化引起，并依附于农业资源结构转变过程之中。出于简化分析的考虑，模型中未将其作为独立变量给出。

式（5-1）中的 t 是对农业存在的全部时期的一种度量。考虑到工业化的影响，模型中的 t 可以分解为传统农业、工业化农业和现代农业三种形态相继成长的阶段叠加。在每一成长形态，农业发展模型的具体形式不同。

（一）传统农业

传统农业的典型形态存在于前工业社会。比较如上农业发展一般性模型，传统农业的突出特征是其非劳动资源（O）基本由土地（X）构成。[①]这样，传统农业发展模型可记为

$$Y_c = A_c F(L_c, X_c) \tag{5-2}$$

式（5-2）中的 c 是一个小于 t 的时间变量，用来表征传统农业发展阶段。假设式（5-2）具有 Cobb-Douglas 生产函数性质，该式可转化为其人均形式如式（5-3）

$$y_c = A_c x_c \tag{5-3}$$

式（5-3）中的 x_c 表示传统农业中的人均土地变量。因为土地总量是不变的（或可视为常量），劳动则随人口总量的增长而增长，因此，传统农业形态的人均土地（x_c）存在变小趋势。在土地不变和人口不断增长的资源禀赋条件下，传统农业技术进步的基本方向是既定土地上劳动的密集化配置，该种农业技术在模型中表示为 A_c。式（5-3）显示，在传统农业形态下，农业人均产出水平（y_c）取决于人均土地规模（x_c）的大小和劳动密集型技术（A_c）的贡献。

依据马尔萨斯理论[②]，传统农业的人均收入会形成一种勉强维持生存的低水平陷阱。该陷阱的形成机制是：第一，在无非农就业机会的传统农业条件下，人均收入的增长动力不足——在可耕地开垦殆尽后，人均土地规模无法扩大；单位土地上劳动密集投入的产出效应受边际报酬递减规律的制约。第二，人口自身的生产由于不变的两性情欲和缺乏节制生育的技术手段形成强烈的数量偏好，当存在食物生存保障时，这种偏好会转化为人口的几何级数式增长。第三，综合如上两个方面，艰难的农业产出增长的结果仅仅是人口总量的扩张，而非

---

① 传统农业中，土地之外的其他非劳动资源，比如资本极其稀缺。按照舒尔茨的理解，传统农业中存在着资本低水平供给和低水平需求之间的稳定均衡。参见［美］西奥多·W. 舒尔茨：《改造传统农业》第二章、第三章，梁小民译，北京：商务印书馆，1987 年，第 20—41 页。

② ［英］马尔萨斯：《人口论》，郭大力译，北京：北京大学出版社，2008 年。

人均收入的提高；超越生存资料保障的过快人口增长，又会由于饥饿和争夺稀缺资源的战争等受到抑制。因此，传统农业的人均收入是一种持续的以贫困为特征的稳态结构。

（二）工业化农业

在工业化阶段，由于农业劳动力大规模非农转移，农业劳动总量投入绝对减少。假设土地总量规模不变[①]，劳动力非农转移的结果之一，是农业劳动力由过剩资源逐渐演变为稀缺资源，人均土地规模由此渐进扩大。在工业化进程中资本资源不断丰裕的基础上，土地—劳动比的提高衍生了资本替代劳动的资源结构变迁。同时，农业技术进步的方向也由传统时代的劳动密集化配置转向新型资本要素的大规模运用及其效率的改善。体现农业资源结构和技术类型变化的工业化阶段的农业发展模型是

$$Y_i = A_i F(L_i, K_i) \quad (5\text{-}4)$$

[②]

式（5-4）中的下标 i 表示工业化阶段，同样是一个小于 t 的时间变量。L_i 代表工业化阶段的农业劳动力投入，它在总量上小于式（5-2）中的 L_c。K_i 代表工业化农业中的资本投入，它是工业化农业资源结构变化的最主要体现。A_i 表征工业化阶段在不断减少的农业劳动力投入（L_i）和不断增长的农业资本投入（K_i）资源结构变化基础上的农业技术状态。假设式（5-4）具有规模报酬不变性质，其集约形式为

$$y_i = A_i k_i \quad (5\text{-}5)$$

式（5-5）表明，在工业化阶段，人均资本规模（k_i）的扩大和资本密集型技术（A_i）的进步构成了农业人均收入（y_i）增长的基本源泉。

工业化农业中的人均收入不存在传统农业的马尔萨斯式均衡。其一，人均收入可以经由劳动力非农转移产生的劳均土地装备率的提高而提高。其二，资本要素成为一种新的收入增长源泉，它与劳动结合，大大提高了单位劳动的产出水平。其三，由于新知识和新技术手段的引入，资本密集型技术的效率边界

---

① 事实上，工业化进程中农业土地总量规模是减少的。此处土地规模不变假设是出于简化分析的需要。

② 土地是农业生产的基本要素。由于在本文中我们把土地作为常量来处理，同时在工业化农业和现代农业中，土地在产出中的贡献微小，所以在工业化农业发展模型和现代农业发展模型中我们没有引入土地变量。

远高于传统农业劳动密集型技术的效率边界。其四，资源结构和技术类型的转变，奇迹般地使人均收入的增速超过了人口的增速。[①]工业化农业不仅实现了对传统农业马尔萨斯陷阱的逃离，也使得马尔萨斯理论的有效性在进入工业化阶段之后终止。需要指出的是，工业化农业人均收入的增长潜力不可持续因素——资本产出同样服从边际报酬递减规律；在以索洛[②]为代表的新古典增长理论中，技术进步因素仅被处理为原因不明的外生变量。

（三）现代农业

现代农业资源结构的突出特征是，由于工业化的完成和劳动力转移过程的结束，农业劳动力投入规模（L_m）相对于工业化农业进一步缩小（即$L_m < L_i$）。非劳动资源的变化不仅表现在物质资本投入规模（K_m）比工业化农业阶段进一步扩大（$K_m > K_i$），同时表现为新的资本要素——农业人力资本（H_m）——开始装备农业。由于人力资本规模报酬的非递减性质，人力资本参与的现代农业技术（A_m），明显区别于传统农业和工业化农业的报酬递减型技术体系。现代农业发展模型可以表达如下

$$Y_m = A_m F(L_m, K_m, H_m) \tag{5-6}$$

若将K_m和H_m合并为广义资本K_m^*，则式（5-6）等价于

$$Y_m = A_m F(L_m, K_m^*) \tag{5-7}$$

进一步假定式（5-7）具有规模报酬不变性质，则其人均形式可记为

$$y_m = A_m k_m^* \tag{5-8}$$

基于式（5-8），人均广义资本装备率（k_m^*）及其广义资本运用型技术（A_m）不仅是现代农业人均产出增长的源泉，而且其中蕴含着这一增长的持续性。其持续性源于人力资本进而是广义资本边际报酬的非递减性，以及产生于广义资本投入的现代技术的内生性。

---

① ［美］小罗伯特·E. 卢卡斯：《经济发展讲座》第五章“工业革命：过去与未来”，罗汉、应洪基译，南京：江苏人民出版社，2003年，第113—179页；Galor O，Weil D N. Population, Technology, and Growth: from Malthusian Stagnation to the Demographic Transition and Beyond. The American Economic Review, 2000,Vol.90 No.4, pp.806-828.

② Solow R. A Contribution to the Theory of Economic Growth. Quarterly Journal of Economics, 1956, Vol. 70, pp. 65-94.

传统农业、工业化农业和现代农业是同一时间轴上不同时段依次出现的农业成长的三种典型形态，所谓农业发展即由如上三种成长形态连接而成的一个演进序列，或者说农业发展即由传统农业模型向工业化农业模型和现代农业模型的渐进演化过程。在此意义上，农业发展即农业生产函数的转变。这一转变涉及资源结构的显性改变（$L_c, X_c \to L_i, K_i \to L_m, K_m, H_m$）；隐含于资源结构改变（劳动力由过剩转向稀缺以及非劳动资源的扩展）的农业组织制度的企业化演进[③]；传统农业技术向工业化农业技术和现代农业技术的变迁（$A_c \to A_i \to A_m$）；以及基于如上三个方面变化的农业产出增长（$Y_c \to Y_i \to Y_m$或$y_c \to y_i \to y_m$）。

四、工业化的双重资源结构效应与农业发展的两类过渡

在农业由传统形态、工业化形态进而向现代形态的演进序列中，存在两个关键性节点——传统农业向工业化农业的过渡和工业化农业向现代农业的过渡。[④]前一种过渡是对贫穷的传统农业的逃离，后一种过渡则意味着农业现代化的完成。思考农业发展问题，不仅应当特别注意到上述两种过渡的分别存在，更值得关注的是，实现如上两类过渡的动力和路径的明显差异。[⑤]这既将农业发展理论研究的内容具体化，也为不同农业发展政策手段规定了相应的时效边界。

（一）工业化的农业物质资本深化效应与传统农业向工业化农业的过渡

比较传统农业和工业化农业两类模型，二者之间的区别既显见于前者以低土地—劳动比（同时也是低资本—劳动比）、后者则以高资本—劳动比（同时也是高土地—劳动比）为各自特征的资源结构的差异，同时也表现在前者以劳动过密化配置体现、后者则以资本替代劳动的资本广化及深化体现的技术体系的不同；前者以马尔萨斯贫困陷阱、后者则以人均收入增长率超过人口增长率的非马尔萨斯稳态分别反映的收入增长路径的区别。在该两类模型的种种差别中，

---

③ 在模型中，没有把组织制度因素作为独立变量，而是将其合并于资源结构之中。这样处理，主要是为了降低分析难度。

④ 农业发展研究虽然不应排除对不同阶段农业成长状态的描述，但其重点更应放在对不同阶段转变过程的分析方面。

⑤ 不同农业发展阶段的差异化动力，又都是工业化过程的产物。

资源结构的差异是决定性的，它构成了其他差异存在的根源和基础。因此，传统农业向工业化农业的过渡，必然发端于传统农业资源结构向工业化农业资源结构的演变。而农业资源结构的这一变化离开工业革命是无法解释的。

先行工业化国家的历史经验和发展中国家的发展实践均表明，工业化进程中蕴含着资本替代劳动的农业物质资本深化的生成机制。农业国的工业化，集中表现为农业劳动力大规模的非农转移。当新增农业劳动力数量不足以补偿转移劳动力数量且该种现象持续发生时，劳动过密化的传统农业资源结构就将被逆转，传统农业生产函数也终将因此遭受淘汰。当工业部门的扩张推进到一定阶段时，农业劳动力由过剩性资源逐渐转变为稀缺性资源。其他条件不变，此时的农业总产出和农业剩余就会减少。为避免工业化过程中的“李嘉图陷阱”和减轻国家粮食安全压力，资本替代劳动的农业资源结构调整成为并非仅存在于农业部门的一种社会性需求。另外，工业化又是农业物质资本积累率增长及其供给环境优化的过程。基于劳动力转移的农业土地装备率提高引致的农业人均收入增长和非农就业工资的获得，是农业物质资本积累率上升的微观源泉；基于政府保护及工业反哺政策的财政支农和金融支农投入的增加，则构成了农业物质资本供给增长的宏观来源。在需求增长和供给改善的共同作用下，农业物质资本不仅被引入农业生产，而且最终取代其他要素成为决定农业产出增长的关键性力量。农业发展将由此完成从传统农业向工业化农业的过渡。

据上分析，传统农业在向工业化农业的过渡中，物质资本引入农业生产因循的是一条替代型路径，即物质资本被大规模采用是通过替代传统农业要素实现的。若将土地要素处理为常量，替代劳动就成为物质资本进入农业生产函数的唯一实现路径。①

（二）工业化的农业人力资本深化效应与工业化农业向现代农业的过渡

相对于工业化农业模型，现代农业模型的突出特征之一，是技术进步类型由报酬递减型升级为报酬递增型，进而农业人均产出和总产出的增长获得了可

---

① 事实上，和农业劳动力一样，工业化进程中的土地要素也存在着向非农用途的转移，因而土地也是变量。由此，现实中也存在着实现土地生产率提高的资本替代土地路径。替代劳动引入资本的路径集中体现为农业机械的使用，替代土地引入资本路径表现为化肥、农药和良种的使用，以及农业水利实施、农地工程化投入等方面。出于简化分析的需要，我们未涉及替代土地的资本引入路径分析。

持续性动力的解释。现代农业不同于工业化农业的这种差异，同样源于农业资源结构的转变。该资源结构变化的主要方面，是人力资本被引入农业生产函数并成为决定农业产出增长的显性变量。如果说农业物质资本深化引致了传统农业向工业化农业的过渡，那么农业人力资本深化则是现代农业取代工业化农业的根本原因。不得不强调的是，与农业物质资本深化效应一样，农业人力资本深化同样是工业化内在的农业资源结构效应。

工业化进程中的农业人力资本深化机制可描述如下：（1）工业化带来农村人力资本积累率和供给的现实增长。首先，工业化在为农民开辟新的就业渠道和新的收入源泉的同时，亦向农民显现了工资水平和就业者技能之间正相关的工业工资函数的导向。这一方面引致了农业劳动力的择优性转移和既有农业人力资本的跨部门流动“套利”，另一方面又将激发农民对其本人和家庭成员加大人力资本投资的动机。其次，依据贝克尔[①]的新家庭经济学和卢卡斯[②]的工业革命理论，工业化推进到一定阶段，人口生产将发生由高生育率、低人力资本积累率向低生育率、高人力资本积累率的变迁。当存在预算约束和时间禀赋约束时，人口变迁是家庭人口生产面对工业化中高人力资本回报率所作出的一种适应性调整。这一调整的结果在劳动力市场上的表现之一，是农村劳动力人力资本的代际优化。此外，教育被认为是形成人力资本的主要途径。随着工业化的推进，义务教育年限在提高，非义务教育机会在增加，以教育公平为目标的面向农村的教育支持政策不断出台，这些无疑构成了农民人力资本提升的有利环境。（2）工业化导致农业部门人力资本需求变化。工业化农业取代传统农业之后，农业物质资本深化不仅表现为单位农业劳动力推动物质资本规模的扩大，而且反映在物质资本所承载技术复杂性的提升上。当物质资本体现型技术不能由农业劳动者的禀赋能力或简单的学习能力应用时，提高农业劳动者专业技能的人力资本投资就会成为一种现实需求。同时，进入工业化农业阶段，随着劳动力非农转移过程的持续，农业生产经营规模将扩大，农业生产经营组织将向具有现代企业特征的组织类型转变。工业化较高阶段出现的农业的规模化、企业化和社会化，亦将产生对农业现代经营管理技能的广泛需求。（3）工业化进程中农业部门人力资本深化的条件。伴随农业生产经营对人力资本需求的增长，

---

① ［美］加里·斯坦利·贝克尔：《家庭论》，王献生、王宇译，北京：商务印书馆，2005年。

② ［美］小罗伯特·E. 卢卡斯：《经济发展讲座》第五章“工业革命：过去与未来”，罗汉、应洪基译，南京：江苏人民出版社，2003年，第113—179页。

必然有农业人力资本投资回报率的提升。当人力资本农业投资回报率不小于其非农投资回报率，且不存在高素质劳动力的供给约束时，农业人力资本深化现象就会发生。在此背景下，高人力资本的新型农民将成为农业生产经营的基本主体。

与物质资本不同，人力资本引入现代农业生产函数并非通过替代劳动的路径实现[①]，而是物质资本深化型技术进步到技能偏态阶段而引发的对人力资本互补性需求的结果。引入人力资本的现代农业生产函数，其资源结构特征亦非人力资本对物质资本的替代，而是人力资本与物质资本的双重深化。

（三）工业化双重资源结构效应的关系及农业成长形态的演化序

虽然农业物质资本深化和农业人力资本深化均发生于工业化进程之中，但工业化的这两种资源结构效应之间的差异尚多。农业物质资本深化贯穿于整个工业化过程，而农业人力资本的深化仅与工业化的较高阶段相联系；前者源自农业劳动力由过剩资源向稀缺资源的改变，而后者则产生于物质资本深化型技术由非技能偏态向技能偏态的进步；满足一定条件，前一种效应成为后一种效应存在的前提，后一种效应的出现一定程度上又强化了前一种效应的存在。还需要注意的是，农业物质资本深化机制可获得新古典增长模型和二元经济发展理论的充分解释，而农业人力资本深化机制仅有内生增长理论间接涉及；同时，截至目前，无论是经济理论界还是经济实践部门，对后一种效应及其农业发展含义的认识远不及对前一种效应的认识充分。

工业化存在由初级阶段、中级阶段向高级阶段渐进演化的规律，工业化双重农业资源结构效应的生成也存在一个先后次序。农业物质资本深化肇始于劳动力大规模转移的工业化初中期，而离开工业化高级阶段人力资本回报率的显著提升，则难以有农业人力资本深化效应的产生。与两种效应出现的这样一种时序对应，形成由传统农业向工业化农业、再由工业化农业向现代农业分别过渡的演进律。

---

① 如果把全部农业劳动力区分为技能劳动力（人力资本）和非技能劳动力（劳动）两类，技能偏态型物质资本技术进步的结果是对技能劳动力需求的增加和对非技能劳动力需求的减少。在此意义上，人力资本对劳动亦存在着替代关系，不过这种替代是通过物质资本深化而间接发生的。因此，我们不认为人力资本对劳动存在直接的替代关系。

五、内生农业增长的模型结构与形成条件

若将式（5–8）现代农业人均产出模型改写为式（5–9），根据第二节和第四节的分析，则式（5–9）中的k_m、h_m和A_m均可视为工业化农业成长过程的内生变量。这样，具有内生增长特征的现代农业的模型结构可以表示为

$$
\begin{cases}
y_m = A_m k_m^{\alpha} h_m^{\beta} \quad (\alpha+\beta \geqslant 1) & (5\text{-}9) \\
k_m = k(\pi, s) & (5\text{-}10) \\
h_m = h(e, g_{A_i}) & (5\text{-}11) \\
A_m = A(k_m, h_m) & (5\text{-}12)
\end{cases}
$$

式（5-10）表明，现代农业中的人均物质资本装备水平（k_m），是工业化过程中农业劳动力转移率（π）所决定的农业劳动力规模，以及由储蓄率（s）决定的农业物质资本形成水平的函数，且k_m与π、s呈正相关。式（5-11）显示，现代农业中的人均人力资本水平（h_m），正向决定于起始于工业化较高阶段的农村人口人均教育投资率（e）和农业物质资本体现型技术进步率（g_{A_i}）。式（5-12）刻画了现代农业技术进步函数，其基本特征是现代农业技术被认为是要素（k_m和h_m）体现型。

需要强调的是，由于人力资本的加入，现代农业模型中的k_m和h_m的指数之和（$\alpha+\beta$）不小于1。它表明，现代农业不再存在传统农业和工业化农业中要素投入的规模报酬递减现象。同时，依据内生增长理论的“AK模型”，体现于现代农业要素（k_m和h_m）之中的现代农业技术（A_m）的边际产出，也被设定为或可以等于常数的正值。由此，现代农业产出增长路径就呈现为一条非凹的或持续上升的轨迹。

虽然仅有是否引入人力资本构成现代农业模型和工业化农业模型的基本区别，但人力资本作为农业生产要素，须依赖于一系列条件的存在。首先，当工业化推进到一定阶段时，农村居民家庭人口生产由千百年来的数量偏好开始转向质量偏好。经过数代更迭，农村劳动力素质普遍提升，最终实现与城镇劳动力人均人力资本水平大体均衡。这构成了现代农业存在的微观人口基础。其次，基于工业化的资源结构效应，农业资本—劳动比大幅度提高，且物质资本深化型技术呈现出技能偏态特征；农业生产经营向规模化、企业化转变，由此，人力资本农业投资收益率显著增长。它创造出人力资本进入农业生产的部门条件。

另外，随着农业技术进步加速和农业规模化及企业化经营的发展，二元经济结构强度开始弱化，包括人力资本在内的要素投资回报率在农业与非农部门之间收敛乃至趋同，其成为现代农业建成的宏观环境。

六、本章结论及其对中国农业发展的启示

基于工业化驱动的农业资源结构转变、农业组织制度变迁、农业技术类型升级以及农业人均收入与非农部门的趋同，构成了农业发展的基本含义。以工业化兴起和完成分别为界，存在传统农业、工业化农业和现代农业三种渐进演化的农业成长形态。人均土地规模的大小和劳动密集型技术的贡献，构成了传统农业的增长源泉；而人均物质资本规模和物质资本密集型技术、人均广义资本装备率及广义资本密集型技术，则分别是工业化农业和现代农业收入增长的主要动力。由于增长动力的差异，传统农业人均收入陷入一种难以突破生存陷阱的马尔萨斯稳态；进入工业化农业阶段，人均收入不但逃离了马尔萨斯陷阱，而且实现了快速增长；与工业化农业不同，因人力资本及内生技术变量的引入，现代农业人均收入增长呈现为一条持续和平稳上升路径。工业化农业劳动力转移和农业物质资本深化效应，引发了传统农业向工业化农业的过渡；工业化进程中的人口生产变迁和农业人力资本深化效应，则是促成工业化农业向现代农业转型的关键因素。工业化双重农业资源结构效应生成的先后时序，决定了传统农业向工业化农业进而向现代农业渐进过渡的成长律。

随着30多年来工业化的高速推进和农业劳动力的大规模转移，中国农业就业劳动力数量相对甚至绝对减少。第一产业劳动力的就业比重从1985年的62.4%下降到2012年的33.6%，就业人数从1985年的31 130万人减少为2012年的25 773万人。[①]农业物质资本投入大幅度增长。农用机械总动力、化肥施用量和农村用电量分别从1985年的20912.5万千瓦、1775.8万吨和508.9亿千瓦时，提高至2012年的102 559.0万千瓦、5838.8万吨和7508.5亿千瓦时。相比1985年，2012年分别增长3.9倍、2.3倍和13.8倍。[②]农村居民家庭人均出收入从1978年的133.6元提高到2012年的7916.6元[③]，农民生活完全摆脱了过去温饱不

① 中华人民共和国国家统计局：《中国统计年鉴2013》，北京：中国统计出版社，2013年，第123页。

② 中华人民共和国国家统计局：《中国统计年鉴2013》，北京：中国统计出版社，2013年，第441—442页。

③ 34年间名义收入增长超过58倍。中华人民共和国国家统计局：《中国统计年鉴2013》，北京：中国统计出版社，2013年，第378页。

足的状态。由此判断，中国已经完成了从传统农业向工业化农业的过渡。当前，关于中国农业生产新型主体的培育，农用土地流转和农业规模化、企业化经营，以及提高农民收入缩小城乡差距等种种举措的出台，表明现代农业建设已经成为中国经济发展的重要任务之一。鉴于农业成长阶段的变化，创造和强化人力资本进入农业生产的前述微观条件、部门条件及宏观条件，应当构成新时期中国农业发展政策调节的基本目标。

第六章
统一分析框架下的长期农业增长

一、中国现代农业建设提出的研究课题

如何建成现代农业，是历经 30 多年高速增长的中国农业深化发展面临的基本课题之一。求解该课题的答案时，无可避免地会涉及以下问题：建成现代农业的条件是否与超越传统农业的条件一致？或者说，驱动农业逃离过去长期存在的马尔萨斯[①]低收入陷阱的动力，是否仍将构成实现现代高收入农业的引擎？如果不同，二者各自是什么？这种不同发展阶段上的差异化动力又是怎样形成的？厘清此类问题，不仅具有扩充既有农业发展文献的理论价值，更具有提高新阶段中国农业发展政策选择现实针对性的实际意义。

经典发展理论未曾论及农业发展不同阶段的差异化动力，而且不同的经典作家给出的农业发展路径不同。刘易斯[②]、费景汉和拉尼斯[③]等人构建了一个工业化驱动农业发展的分析框架。传统农业的落后性被认为植根于由劳动过密化的资源禀赋结构而锁定的某种低技术均衡。工业化对农业过剩劳动力的吸收，首先缓解了农业部门来自马尔萨斯人口机制而产生的劳动压力；由劳动力转移引致的土地 / 资本—劳动比的上升，使得过密化配置劳动的传统技术失去比较优势，而资本密集型技术逐渐显现出经济合理性。如果说资本替代劳动的资源结构转变和技术变迁预示着农业现代性的成长，那么离开工业化这种变化是无法

---

① ［英］马尔萨斯：《人口原理》，朱泱、胡企林、朱和中译，北京：商务印书馆，1992 年。

② ［美］阿瑟 · 刘易斯：《二元经济论》，施炜等译，北京：北京经济学院出版社，1989 年。

③ ［美］费景汉、古斯塔夫 · 拉尼斯：《劳力剩余经济的发展》，王月、甘杏娣、吴立范译，北京：华夏出版社，1989 年；［美］费景汉、古斯塔夫 · 拉尼斯：《增长与发展：演进的观点》，洪银兴等译，北京：商务印书馆，2004 年。

解释的。在舒尔茨[①]看来，把停滞、贫穷和落后的传统农业改造成为具有高增长率和高收益率特征的现代产业，唯有用体现先进技术的现代农业要素替代已耗尽有利性的传统要素。在由高技术含量的物质投入品和成功使用这些投入品所需的技艺及能力组成的两类现代农业要素中，舒尔茨更加强调后者对于农业发展的关键性作用。“有能力的人民是现代经济丰裕的关键。”[②]“离开大量的人力投资，要取得现代化农业的成果和达到现代工业的富足程度是完全不可能的。”[③]速水佑次郎和弗农·拉坦[④]则把技术进步视为决定农业发展的关键。一个国家或地区农业增长受其资源条件的制约，但这种制约可以通过技术变迁来突破。初始资源相对稀缺程度和供给弹性的不同，在要素市场上表现为资源相对价格的差异。这种价格差异会诱导出节约相对稀缺且价格相对昂贵资源的技术变迁，以缓解瓶颈资源给农业发展带来的限制。

经典发展理论应用于当代中国农业发展实践尚待明确的问题是，第一，刘易斯—费景汉—拉尼斯路径、舒尔茨路径和速水佑次郎—弗农·拉坦路径之间存在何种关联，它们是各自独立的发展引擎，还是相互依赖的组合动力系统的不同侧面？第二，传统农业向现代农业过渡是一个漫长的历史过程。若该过程呈现阶段性差异，那么刘易斯—费景汉—弗农·拉尼斯路径和舒尔茨路径的发展价值是否因发展阶段的不同而相异？第三，速水佑次郎—弗农·拉坦节约禀赋性稀缺资源的诱致技术变迁，在刘易斯—费景汉—拉尼斯与舒尔茨不同发展路径中分别是如何体现的，它是否与刘易斯—费景汉—拉尼斯的物质资本深化技术和舒尔茨的人力资本深化技术分别兼容？本章在寻求这些问题答案的同时，试图对当前及今后中国农业发展的政策内容作出选择性设定。

二、农业发展阶段及其收入增长的稳态结构类型

依据第五章第三节，以工业化兴起和完成分别为界，农业发展过程可以区

---

① ［美］西奥多·W. 舒尔茨：《改造传统农业》，梁小民译，北京：商务印书馆，2006 年。

② ［美］西奥多·W. 舒尔茨：《经济增长与农业》，郭熙保、周开生译，北京：北京经济学院出版社，1992 年，第 92 页。

③ ［美］西奥多·W. 舒尔茨：《论人力资本投资》，吴珠华等译，北京：北京经济学院出版社，1990 年，第 16 页。

④ ［日］速水佑次郎、［美］弗农·拉坦：《农业发展的国际分析》，郭熙保、张进铭译，北京：中国社会科学出版社，2000 年。

分为特征明显的三个阶段，该三个阶段分别存在传统农业、工业化农业和现代农业三种农业成长形态。

相对于工业化农业和现代农业，传统农业的突出特征是其与现代工业不存在或很少存在交集。[①]劳动（L）和土地（X）此类禀赋性资源构成传统农业的基本投入，由于土地在总量上近似于常数（$\bar{X}$），传统农业的总量生产函数的一般形式可记为$Y=f(L,\bar{X})$；人均产出（收入）函数为$y=f\left(\frac{\bar{X}}{L}\right)=f(x)$。[②]虽然人均土地（$x$）是可变量，但因人口总量的增加其趋于变小，因此，传统农业人均产出（收入）增长的源泉只能依赖于土地节约型技术的发明和应用。在给定劳动和土地的资源结构时，土地节约型技术进步的适宜方向必然是在稀缺土地上密集使用丰裕且廉价的劳动（亦即采用劳动密集型技术）。

受收益递减规律的制约，传统农业的人均产出（收入）在劳动投入的边际产出等于零时达到均衡。由于如下两个方面的原因，这种均衡会形成一种长期的稳态结构：劳动密集型技术进步的空间狭小且效率较低，其难以推动人均产出（收入）持续和较大幅度增长；人口生产的马尔萨斯机制（生育率偏好）在不断稀释人均土地的同时，又吞噬了有限技术进步带来的人均产出增长。传统农业收入增长的稳态结构特征可以归纳为：第一，劳动的边际产出等于零。第二，人均产出（收入）在维持生存水平实现均衡并长期不变，即人均产出（收入）增长率（$\dot{y}/y$）等于零。第三，技术进步带来的产出增长仅转化为人口的增长，因此技术进步率（$\dot{A}/A$）等于人口增长率（n）。第四，农业总产出（收入）的长期增长率（$\dot{Y}/Y$）等于人口增长率（n），同时等于技术进步率（$\dot{A}/A$）。

工业化农业伴生于工业化进程之中，它是传统农业向现代农业的过渡形态。若市场是开放的，低工资率的农业劳动力存在着向高工资率的发达工业跨部门“套利”流动的自然倾向。当该种流动在现实中发生并持续到一定阶段时，劳动过密化的传统农业资源配置格局便退出历史舞台；农业劳动力在渐显稀缺性的同时，工业化进程中不断丰裕起来的新型要素——物质资本——开始大规模进入农业生产，并成为决定农业产出增长的关键性投入。由此，工业化农业生产

① 传统农业的典型形态是前工业社会的农业；它也可以存在于一种限制农业劳动力转移的特殊工业化阶段，比如中国计划经济时期的农业。

② 假设传统农业总量生产函数具有规模报酬不变性质。

函数的典型形式为$Y=f(L,K)$[①]。假设该生产函数具有Cobb-Douglas生产函数性质，其人均产出（收入）函数可记为$y=f\left(\frac{K}{L}\right)=f(k)$，即人均产出（收入）是人均资本装备水平的正函数。其他条件不变，该生产函数人均产出（收入）的最大值止于人均资本的边际报酬等于零时。若无技术进步发生，此时的人均产出（收入）将形成一种稳态均衡。

不同于传统农业，由于资本—劳动比的变化，工业化农业人均产出（收入）高于维持生存水平；同时，其人均产出（收入）的增长并不必然与人口增长率呈正相关[②]，也可能与人力资本积累率呈正相关而与生育率呈负相关。[③]由于物质资本的边际报酬同样服从递减规律，因此人均资本（k）无法成为人均产出（y）持续增长的源泉。在长期条件下，人均产出（收入）的稳态增长率取决于技术进步率（$\dot{A}/A$）。工业化农业收入增长的稳态结构特征包括：（1）人均资本增长率（$\dot{k}/k$）等于零。[④]（2）人均产出（收入）长期增长率（$\dot{y}/y$）等于技术进步率（$\dot{A}/A$）。（3）在无技术进步条件下，农业总产出（收入）增长率（$\dot{Y}/Y$）等于人口增长率（n）[⑤]；在有技术进步条件下，农业总产出（收入）增长率（$\dot{Y}/Y$）等于人口增长率（n）与技术进步率（$\dot{A}/A$）之和。

先行工业化国家的经验表明，现代农业建成于工业化完成之时。其时，农业劳动力转移过程终结，由于现代要素的引入，农业资源结构与现代工业趋同，农业因此成为一个高收益率部门。现代农业资源结构的主要特征是，在高劳均土地装备率的基础上，资本—劳动比提高到接近甚至超过工业的水平；由于物质资本承载的技术复杂性对农业劳动力技能提出要求，农业生产条件的改善又带来农业劳动力技能投资回报率的上升，人力资本成为推动现代农业增长的关

---

① 该生产函数构建的现实基础是，在工业化农业阶段，决定农业生产增长的关键性有形要素是劳动和资本。由于总量既定，且在产出增长中贡献的相对重要性下降，土地要素在生产函数中未给出。

② 人均收入与人口生产数量—质量之间的关系，取决于生产技术是否具有技能偏态性质以及由其决定的人力资本投资回报率是否提高。正如在 Galor and Weil 模型中一样，人口生产类型独立于人均收水平。Galor O，Weil D N. Population, Technology, and Growth: from Malthusian Stagnation to the Demographic Transition and Beyond. The American Economic Review, 2000, Vol.90; No.4, pp.806-828.

③ Becker G S, Murphy K M,Tamura M M. Human Capital, Fertility, and Economic Growth. Journal of Political Economy, 1990, Vol.98, No.5, pp.734-754；［美］小罗伯特 · E. 卢卡斯：《经济发展讲座》，罗汉、应洪基译，南京：江苏人民出版社，2003 年；Galor O, Weil D N. Population, Technology, and Growth: From Malthusian Stagnation to the Demographic Transition and Beyond. The American Economic Review, 2000, Vol.90, No.4, pp.806-828.

④ 人均产出的短期非稳态增长率等于人均资本增长率。

⑤ 此时，总资本增长率等于人口增长率，人均资本装备水平不变。

键性要素。基于物质资本和人力资本的双重深化，现代农业技术进步的方向是实现此两类要素边际产出率及综合要素生产率的不断提升。现代农业生产函数的一般形式为$Y=f(K,H)$，其中$H=hL$表征总有效劳动或总人力资本；人均生产函数为$y=f\left(\frac{K}{L},h\right)$。若借鉴内生增长理论"AK模型"的相关思想，将物质资本K和人力资本H合并为广义资本Z，并用A来表示现代农业技术，现代农业总量生产函数可记为$Y=AZ$；人均产出（收入）函数即为$y=A\left(\frac{Z}{L}\right)=Az$。

在高技术产业中，人力资本的边际报酬被设定为递增，因此，广义资本z的边际报酬非递减。若技术度量的是资源的产出效率，那么在现代农业中，技术变量A取正值且显著大于传统农业和工业化农业之时。现代农业人均产出（收入）增长率（$\dot{y}/y$）既决定于广义资本的积累率（$\dot{z}/z$），同时与现代农业技术进步率（$\dot{A}/A$）呈正相关。由于广义资本收益路径的非凹性质，现代农业人均产出（收入）不存在短期均衡解。现代农业的稳态结构特征是：在技术不变时，人均产出（收入）增长率等于人均广义资本积累率[①]；在存在技术进步时，人均产出（收入）增长率等于人均广义资本积累率和技术进步率之和；在人口增长率不变时，农业总产出（收入）增长率等于人均产出（收入）增长率；考虑人口增长率的变化，农业总产出（收入）增长率等于人均产出（收入）增长率与人口变化率之和。

对照马尔萨斯模型、索洛模型和内生增长模型，将传统农业、工业化农业和现代农业的稳态类型分别概括为马尔萨斯稳态、索洛稳态和现代持续增长稳态并无不妥。据此，传统农业经由工业化农业向现代农业的发展过程，等价于马尔萨斯稳态经索洛稳态向现代持续增长稳态的过渡。

三、工业化与马尔萨斯稳态向索洛稳态的过渡

（一）工业化与马尔萨斯稳态的突破

传统农业产出（收入）增长的马尔萨斯稳态是一种超稳定型结构，没有强有力的外部冲击，该种稳态难以打破。发达国家的历史经验和发展中国家的发展实践表明，推动传统农业逃离马尔萨斯陷阱的外部力量是工业革命。

马尔萨斯稳态形成的基础是传统农业劳动过密化配置的特殊资源结构。现

① 不考虑广义资本的折旧。

代工业的兴起，不仅为劳动力开辟了新的就业领域，而且为其创造了高工资率的升迁机会。因此，工业化过程成为劳动力在传统农业部门和现代工业部门之间的再配置过程，更确切地说，是传统农业劳动力向现代工业的跨部门转移过程。当不断扩张的现代工业部门对农业转移劳动力的吸收率大于人口（劳动）增长率时，劳动过密化的传统农业资源格局终将被逆转，建立在该种资源结构基础上的马尔萨斯贫困陷阱也将失去其存在的根基。

当工业化对转移劳动力的吸收率大于人口（劳动）增长率时，农业人均土地规模扩大，此时农业人均产出（收入）可以由人均土地的增加而增长；同时，当工业化对转移劳动力的吸收率大于人口（劳动）增长率时，边际生产力为零的农业过剩劳动力被消除，农业人均产出（收入）可以由劳动边际产出的提高而增长；随着工业化的持续推进，农业劳动力逐渐由过剩变为稀缺，劳动过密化配置的传统农业技术体系随之演进到资本替代劳动的工业化农业技术体系，农业人均产出（收入）又能够由于提高劳动生产率的技术进步而增长。基于工业化带来的农业资源结构改变和技术体系升级，人均产出（收入）获得了超越维持生存水平增长的契机，从而有条件实现对马尔萨斯低收入稳态的逃离。

（二）工业化与索洛稳态的形成

工业化不仅是劳动力转移引致的传统农业生产函数的淘汰过程，继之又是物质资本大规模进入农业生产的新型农业生产函数的建立过程。当工业化扩张对转移劳动力的吸收规模超过边际生产力等于零的农业过剩劳动力数量时，若无替代劳动的技术进步发生，劳动力的进一步转移①将导致农业总产出的减少。此时，无论是维持粮食安全的宏观目标还是增加农业收入的微观动机，都会产生对节约劳动的物质资本要素投入的需求；随着劳动力转移的持续和劳动稀缺性的提高，对物质资本的需求渐甚。然而工业化过程又恰恰是农业物质资本供给增长的过程——劳动力转移及其土地—劳动比的提高带来人均农业剩余的增长，增长的人均农业剩余是农业资本的来源之一；劳动力的非农就业产生非农收入，非农收入无疑也可以成为农业资本积累的源泉；当工业化推进到一定阶段，转移部分工业剩余积累农业资本的反哺农业政策成为一种现实选择；在农业生产规模扩大和技术装备水平提升的基础上，农业投资出现有利性增长，农业资本投入的金融支持机会亦将随之增加。当物质资本取代劳动成为农业生产

① 此时，农业劳动力的边际产量大于零。

的主要投入时，农业发展便由传统农业提升至工业化农业阶段。

基于资源结构的改变，工业化农业的增长源泉不同于传统农业。[①] 因为工业化进程中农业劳动投入趋于减少，工业化农业的产出增长显然无法由劳动投入作出解释；而物质资本投入与农业产出增长呈正相关，因此物质资本成为驱动工业化农业增长的主要动力。工业化农业相对于传统农业资源结构的改变，同时意味着资本密集投入替代劳动集约化配置的农业生产技术体系的转换。与劳动过密化资源结构和劳动集约化技术相比，高资本—劳动比基础上的资本密集型技术的运用，无疑能够大幅度提高农业劳动生产率和人均农业收入。这种人均收入水平是传统农业的维持生存收入不能相及的。

在短期或技术既定条件下，工业化农业人均产出（收入）的增长路径决定于物质资本边际产出的一阶条件和二阶条件。一阶条件大于零时，人均产出（收入）随物质资本投入的增长而增长；二阶条件小于零时，人均产出（收入）在物质资本边际产出等于零时达于均衡（即形成索洛稳态）。二阶条件为负虽然刻画了短期人均农业产出（收入）增长的上界，但正的一阶条件还是为工业化农业人均产出（收入）增长提供了足够的空间。它表明，在索洛稳态形成之前，资本—劳动比提高或物质资本深化构成了人均农业产出（收入）增长的源泉。阿罗（K.J.Arrow）[②]、罗默[③]和阿吉翁和霍依特[④]等人的若干研究成果显示，资本积累并非资本要素数量的单纯增长，同时也是由资本投入所体现的技术进步过程。考虑到工业化农业中物质资本的持续增长和技术进步的不断发生，与马尔萨斯稳态相异，索洛稳态不具有不变人均收入的超稳定结构特征。长期来看或在技术外生变化的背景下，索洛稳态下的人均收曲线呈现为一种沿着技术进步阶梯不断攀升的梯度形状。

---

① 设土地规模不变。事实上，在工业化过程中，农业土地规模可能减少。此处设土地规模不变，是出于简化分析的需要。

② 阿罗模型假定，技术进步或生产率提高是资本积累的副产品。Arrow K J. The Economic Implications of Learning by Doing. Review of Economic Studies, 1962,No.6, pp.155-173.

③ 罗默认为，专业化生产知识的积累随着资本积累的增加而增加。Romer P M. Increasing Return and Long-run Growth. Journal of Political Economy, 1986, No.94, pp.1002-1037.

④ 阿吉翁和霍依特强调，“资本积累和创新不应当被认为是增长过程中的两个不同的驱动因素，而是同一过程的两个方面。因为新技术几乎总是要体现在新的物质资本和人力资本形式中，而如果要使用这些新技术，就必须积累这些资本”。[美]菲利普·阿吉翁、彼得·霍依特：《内生增长理论》，陶然等译，北京：北京大学出版社，2004 年，第 78 页。

（三）马尔萨斯稳态转向索洛稳态的临界条件

传统农业的人（劳）均产出（收入）函数如式（6-1）。其中，y_t^c 为人（劳）均农业产出（收入），A_t^c 为传统农业的技术变量，L_t 代表劳动力，$\bar{X}_t$ 代表土地，α 为度量人（劳）均土地的产出弹性。

$$y_t^c = f(\frac{\bar{X}_t}{L_t}) = A_t^c(\frac{\bar{X}_t}{L_t})^{\alpha} \tag{6-1}$$

假定工业化农业规模报酬不变的 Cobb-Douglas 生产函数的集约形式为式（6-2）。式中，y_t^i 表示该种农业人（劳）均农业产出（收入），A_t^i 为其技术变量，β 反映人（劳）均物质资本的产出弹性。

$$y_t^i = A_t^i(\frac{K_t}{L_t})^{\beta} \tag{6-2}$$

基于人（劳）均产出最大化原则选择农业成长形态，即

$$y_t = \max[A_t^c(\frac{\bar{X}_t}{L_t})^{\alpha}, A_t^i(\frac{K_t}{L_t})^{\beta}] \tag{6-3}$$

由于物质资本积累可导致传统农业向工业化农业的转变，这一物质资本的临界水平为

$$K_t^* = (\frac{A_t^c}{A_t^i})^{\frac{1}{\beta}} \bar{X}_t^{\frac{\alpha}{\beta}} L_t^{1-\frac{\alpha}{\beta}} \tag{6-4}$$

此处所关注的是物质资本积累率与劳动力变化率对从传统农业向工业化农业转变的影响。对式（6-4）两边取对数，并求出关于时间的一阶导数可得式（6-5）。式（6-5）中，g_c 和 g_i 分别为两种农业形态下的技术进步率，η 为人（劳）均土地变化率，劳动力变化率 $l = n - \pi$，其中 n 为农业劳动力增长率，π 为劳动力转移率。

$$\frac{\dot{K}_t^*}{K_t^*} = \frac{1}{\beta}[(g_c - g_i) + \frac{\alpha}{\beta}\eta + (1-\frac{\alpha}{\beta})l] \tag{6-5}$$

若存在物质资本的深化，需使物质资本积累率大于劳动力增长率 l；限于技术和资源等条件，假定物质资本的积累率低于参数 δ_1。由此，临界物质资本积累率应满足

$$n - \pi \leqslant \frac{\dot{K}_t^*}{K_t^*} \equiv \frac{1}{\beta}[(g_c - g_i) + \frac{\alpha}{\beta}\eta + (1-\frac{\alpha}{\beta})(n - \pi)] \leqslant \delta_1 \tag{6-6}$$

设人口增长率n不变[①]，求解劳动力转移率π

$$n+\frac{\alpha\eta}{\beta-\alpha}+\frac{g_c-g_i}{\alpha}\leqslant\pi\leqslant n+\eta+\frac{g_c-g_i-\beta\delta_1}{\beta-\alpha} \quad (6\text{-}7)$$

结合式（6-6）、式（6-7），若劳动力转移率π的范围为$[n+\frac{\alpha\eta}{\beta-\alpha}+\frac{g_c-g_n}{\alpha}, n+\eta+\frac{g_c-g_n-\beta\delta_1}{\beta-\alpha}]$，物质资本积累率将在$[l,\delta_1]$区间内。此时，就会随着劳动力转移与物质资本积累，实现从传统农业的马尔萨斯稳态向工业化农业的索洛稳态过渡。

四、工业化进程中人口生产量质偏好的转型

工业化对农业发展影响的资源结构效应并不限于因劳动力转移和物质资本积累而引致的农业资本—劳动比提高，工业化也改变着农村居民家庭人口生产的数量—质量偏好结构。[②]人口数量和质量都是资源，人口生产量质偏好结构的转型，自然也是工业化不可忽略的农业资源结构转变效应之一。[③]

人口生产由数量偏好向质量偏好的转变，首先可以为先行工业化国家的历史经验所证实。1920—1930年和1960—1972年，美国妇女的生育率分别降低24个和38个百分点[④]；1970年美国家庭户均人口3.33人，1980年减少为2.76人，2003年进一步减少至2.57人。[⑤]与生育率变化相反，以受教育程度衡量的人口质量显著改善。1920年，美国完成高中和4年及其以上大学教育人数的百分比分别是16.4%和3.3%；到1960年，这两项数据变为41%和7.7%，2003年则分

① 此处人口增长率n设为既定，一是出于简化分析的考虑，再是相对于劳动力转移概率而言，人口增长率的变化较小且较慢。

② 家庭人口生产包括数量方面和质量方面。家庭人口生产的数量一般由生育率度量，其质量的度量尺度是人力资本。历史地看，传统社会家庭人口生产主要表现为一种数量偏好结构，而在现代社会则主要表现为质量偏好结构。经验事实和相关理论文献表明，家庭人口生产数量偏好向质量偏好的转变，发生于工业化进程之中。

③ 相对于工业化的农业物质资本深化效应，工业化的人口生产转型效应或者说人力资本深化效应，未受到足够的重视。

④ [美]加里·斯坦利·贝克尔：《家庭论》，王献生、王宇译，北京：商务印书馆，2005年，第177—180页。

⑤ 陈奕平：《人口变迁与当代美国社会》，北京：世界知识出版社，2006年，第102页。

别高达 84.6%、27.2%。[①] 工业化进程中生育率下降和人口质量提升的逆向变化，也可以在世界各国的截面数据中观察到。1980—1990 年，低工业化的巴基斯坦、津巴布韦、肯尼亚和卢旺达，平均人口增长率达 29‰—37‰；而他们的人口均受教育年限在 1985 年仅为 0.8—3.1 年。对应时期，美国、英国、法国和日本这些已完成工业化的发达国家，平均人口增长率的区间是 2‰—9‰，人均受教育年限则为 6.5—11.8 年。工业化水平介于前述两类国家的韩国和中国台湾地区，同期的人口增长率和人均受教育年数也介于两类国家之间。[②] 发达国家的现状大体显示了发展中国家的未来，工业化过程中人口生产的量质转型应是一条普适性规律。[③]

市场化改革以来，随着工业化和城市化的急速推进，中国农村居民家庭正在经历着发达国家曾经经历的人口生产转型过程。1950—1980 年，中国农村妇女总和生育率维持在 6.51—4.97 的高位，即每个妇女终身平均生育 5—6 个孩子[④]，20 世纪 80 年代特别是 90 年代之后，中国农村妇女总和生育率显著下降，1980—1985 年降低至 2.83[⑤]，2000—2010 年，仅维持在 1.73—1.43 的水平。[⑥] 与此同时，中国农村居民家庭子女的受教育程度随生育率的下降而显著提升。根据《中国综合社会调查 2008》（CGSS2008）[⑦] 的数据，比较 1949—1970 年出生的农村居民，1971—1990 年出生的农村男性和女性的平均受教育年数，分别由 7.47 年和 5.52 年提高到 9.92 年和 8.54 年[⑧]；后一代相对于前一代大致扩展了一个

---

① 陈奕平：《人口变迁与当代美国社会》，北京：世界知识出版社，2006 年，第 301 页附表 10。

② ［美］查尔斯・I. 琼斯：《经济增长导论》附录B“经济增长数据”，舒元译，北京：北京大学出版社，2002 年，第 176—179 页附表 10。

③ 人口生产转型的国际经验参见第一章。

④ D. 盖尔・约翰逊：《经济发展中的农业、农村、农民问题》，林毅夫、赵耀辉译，北京：商务印书馆，2004 年，第 172 页。

⑤ D. 盖尔・约翰逊：《经济发展中的农业、农村、农民问题》，林毅夫、赵耀辉译，北京：商务印书馆，2004 年，第 172 页。

⑥ 郝娟、邱长溶：《2000 年以来中国城乡生育水平的比较分析》，《南方人口》2011 年第 5 期，第 27—33 页。

⑦ 该数据是中国人民大学社会学系等单位所发起的一项废除农业税费制度的法治思考全国范围内的大型的抽样调查项目。本项调查根据随机抽样的方法，在全国 28 个省市抽取家庭户，然后在每个被选中的居民户中按一定规则随机选取 1 人作为被访者。调查数据记录了被访者的教育年限以及家庭特征等信息。

⑧ CGSS2008 数据调查最年轻的被访问者是 1990 年出生。1990 年以后出生农村子女，许多仍处于在学阶段，尚无法确定其最终受教育年数。不难预期，1990 年后出生的农村子女的受教育程度将更高。

初中教育层次。[①]

对于人口生产的量质转型，贝克尔[②]的新家庭经济学提供了有益的分析框架。在由父母和子女组成的家庭中，家庭效用不仅取决于父母的消费，而且取决于子女的数量和子女的效用[③]，子女的效用被认为与其成人时获得的收入进而与其人力资本（或质量）有关，因此，家庭效用又可以表示为父母的消费、子女数量和子女人力资本的函数。受家庭收入和父母时间禀赋既定的约束，家庭效用函数的最优解必然涉及子女数量和子女质量之间的权衡。权衡的结果是偏好于子女的数量还是其质量，决定于单位投入在二者之间收益率的对比；而两者之间的收益率差异内生于不同经济发展阶段或不同资源结构基础上技术体系的差别。

Komlos 指出，"工业革命只是诞生在一个使用拥有更高生产力机器的社会里"[④]。换言之，相对于传统农业不变资本—劳动比的马尔萨斯技术类型而言，工业化经济体所拥有的则是一种物质资本处于不断深化之中的索洛技术体系。与马尔萨斯技术不同，索洛技术是不断成长型技术。依据技术和使用技术的技能（人力资本）之间的关系，索洛技术的成长可以区分为非技能偏态技术进步和技能偏态技术进步两个阶段。非技能偏态技术，是指新技术的应用并未对劳动者的技能提出更高要求，依靠劳动者的原有技能或简单学习能力便可操作该技术。索洛非技能偏态技术是工业化初期的典型化技术，它与资本装备率较低的低端产业相联系。如果新技术的采用要求比现有技术更高的能力，或者只有承担重新学习的成本才能掌握该项新技术，那么这种技术就属于技能偏态类型。索洛技能偏态技术产生的基础是高资本—劳动比体现的技术复杂性，此种技术存在于高级产业形态和较高工业化阶段。在马尔萨斯技术和索洛非技能偏态技术环境下，因为产出增长未对人的能力（人力资本）形成依赖，人力资本投资回报率低于人口数量投资的回报率，因而人口生产呈现为高生育率和低人力资本积累率的数量偏好结构。当索洛技能偏态技术成为经济体的主导甚至主体技术时，鉴于技能对产出增长的决定性作用，人力资本投资回报率显著增加，人均人力资本水平由之大幅度提高；在家庭时间禀赋既定，以及由于人力资本回报率上升引致的时间成本增加的前提下，人力资本提高的同时对应着生育率的下降。

---

① 中国农村人口生产转型分析参见第二章、第三章和第四章。

② ［美］加里·斯坦利·贝克尔：《家庭论》，王献生、王宇译，北京：商务印书馆，2005 年。

③ 基于家庭内的利他主义假设，后代消费的效用以贴现可加的形式进入当前决策者的效用。

④ Komlos J. The Industrial Revolution as the Escape from the Malthusian Trap, Working Paper, University Munich, 2003.

因此，在索洛技能偏态技术环境中，家庭人口生产便过渡到低生育率和高人力资本积累率的质量偏好类型。先哲有言，人是环境的产物，工业化进程中人口生产转型的事实证明，斯言可信。

对于工业化的人口生产转型机制，现有文献提供了多视角的解释。贝克尔强调，人均收入的快速增长和由其决定的时间价值的增加，既使生育率因受到成本约束而下降①，又导致对劳动质量的投资因人力资本收益率的提高而加速。②卢卡斯直接将工业化过程中人力资本收益率的提高视作人口转型的原因，“人口变迁必须包含人力资本积累的收益率提高以作为新要素”③，“要解释人口变迁中的生育行为，我们需要强调由积累的私人收益率激发的内生人力资本积累的作用”④。在Galor和Weil看来，人均收入的增加和人力资本收益率的提高，均为技术进步的结果，由此他们将技术进步因素作为工业化进程中人口变迁的基本解释变量。⑤还应当注意到，现代工业建立在高度分工的基础之上，分工经济既依赖于个人的专业化能力，也对个人的专业化技能投资形成激励。类同于卢卡斯机制，新兴古典经济学⑥的分工理论也是理解人口转型的可用分析工具。无论是收入增长、人力资本收益率提高、技术变迁还是分工扩展，都是工业化经济的不同侧面，因此，把人口生产转型和工业化相联系是现有文献的一种共识。本章所注意到的是，人口生产转型并非与全部工业化过程重叠，而仅与工业化的较高阶段（索洛技能偏态技术进步阶段）相关联。

---

① “当资本装备率以及人均收入增加之时，子女赡养费用将会增加，因为工资水平和花在子女身上的父母时间的价值将随着资本装备率的提高而提高。如果收入增加对出生率的积极影响弱于子女赡养费用增加引起的消极影响，出生率就将下降。”［美］加里·斯坦利·贝克尔：《家庭经济学和宏观行为（上）》，《现代外国哲学社会科学文摘》1994年第12期，第18—21页；［美］加里·斯坦利·贝克尔：《家庭经济学和宏观行为（下）》，《现代外国哲学社会科学文摘》1995年第1期，第10—12页。

② “经济发展影响生育率和孩子的质量，这不仅是因为收入增加了，而且也是教育和其他人力资本投资收益率提高的结果。”［美］加里·斯坦利·贝克尔：《家庭论》，王献生、王宇译，北京：商务印书馆，2005年，第184页。

③ ［美］小罗伯特·E. 卢卡斯：《经济发展讲座》，罗汉、应洪基译，南京：江苏人民出版社，2003年，第164页。

④ ［美］小罗伯特·E. 卢卡斯：《经济发展讲座》，罗汉、应洪基译，南京：江苏人民出版社，2003年，第161页。

⑤ “在我们的模型中，父母关注点也从数量向质量转变，但这不是对收入水平变化的反应，而是对技术进步作出的反应。技术进步所带来的‘不平衡’引发的人力资本回报率，从而诱使质量替代数量。”Galor O，Weil D N. Population, Technology, and Growth: From Malthusian Stagnation to the Demographic Transition and Beyond. The American Economic Review, 2000, Vol.90 ,No.4, pp.806—828.

⑥ 杨小凯、黄有光：《专业化与经济组织：一个新兴古典微观经济学框架》，北京：经济科学出版社，2000年；杨小凯：《经济学：新兴古典与新古典框架》，北京：社会科学文献出版社，2003年。

如果说人口生产转型是工业化推进到较高阶段才出现的典型化事实，那么人口质量偏好带来的资源结构升级，同时意味着农业发展一个新的更高阶段的来临。

五、人口生产转型与索洛稳态向现代持续增长的演进

（一）人口生产转型与农业人力资本的动态深化

工业化背景下人口生产的转型，意味着农村劳动力人力资本的动态提升，其突出表现是农村劳动力质量①的代际优化。但是，在劳动力市场开放的二元经济中，人口生产的质量偏好同时提高了农村劳动力的非农转移概率。考虑到劳动力转移及其择优性特征，人口转型并不必然导致农业从业劳动力的人力资本深化。理论上，若劳动力转移带来的平均人力资本流失率②大于人口转型产生的平均人力资本增长率③时，未转移劳动力的平均素质会降低；只有在前述关系逆转的条件下，农业从业者的人力资本深化才会成为事实。人均人力资本投资增长率大于人均人力资本流失率，只是农业劳动力素质优化的理论条件；现实中，仅当人力资本农业投资的收益率不低于甚至高于其非农用途的收益率时，人力资本的农业用途相对于其非农用途才具有竞争优势，农业人力资本的深化才可能由此渐行渐近。

正如人口转型是工业化演进到一定阶段的结果一样，人力资本农业投资收益率的提高也是工业化发展阶段提升的函数。当工业化推进到较高阶段时，由于生育率下降和持续性劳动力转移，与工业部门类似，农业劳动力也转变为稀缺性资源。另外，物质资本则随工业化的发展逐渐丰裕起来。这时，物资资本替代劳动的农业技术进步不仅具有现实可能性，而且由于劳动工资相对于资本价格的上升显现出经济合理性。如前所述，物资资本深化型技术的成长存在一个质变点。在劳均物质资本装备水平提高到一定程度时，物质资本承载技术的复杂性，不但对使用该技术的劳动者技能提出要求，也将使技能成为影响农业技术效率的决定性因素。当该类技术在农业生产中普遍应用时，由人口转型所形成的高素质劳动力将成为农业生产的基本主体。

---

① 指农村户籍劳动力，包括农村户籍的农业劳动力和农村户籍的非农劳动力。

② 劳动力转移引致的平均人力资本流失率=转移前的劳均人力资本－转移后的劳均人力资本/转移前的劳均人力资本。

③ 人口转型的平均人力资本增长率=（转型后的劳均人力资本－转型前的劳均人力资本）/转型前的劳均人力资本。

（二）人力资本深化与现代农业的持续增长

农业部门的人力资本深化一旦发生，农业资源结构由此进一步改变，工业化农业的索洛稳态亦将由这种资源结构的改变而逐渐驱离。第一，在卢卡斯看来，人力资本也是最终产品生产的基本投入，和其他要素一样，人力资本投入的增加也将推动产出（收入）的增长。[①] 与索洛型增长相比，人力资本显然为产出（收入）增长添加了新的解释变量。第二，更为重要的是，人力资本不同于其他常规要素，其投资收益率与其存量规模呈正相关。[②] 这一特殊性质不但使人力资本成为产出（收入）持续增长的动力，而且能够带来物质资本和人力资本组合的广义资本的边际报酬非递减。这样，索洛模型中由物质资本边际报酬二阶导数为负形成的人均产出（收入）的最大化点，将因人力资本的投入不复存在，技术不变下的人均收入线也将不再是一条水平线。第三，索洛模型技术进步是给定的、偶发的和非连续的，稳态条件下人均收入长期增长的路径因技术进步的这一性质呈现为阶梯式跃升。新增长理论的重要贡献之一，是在引入人力资本的基础上构建了技术进步函数，由此将索洛模型中的外生技术变量内生化。在引入人力资本的增长模型中，技术进步是人力资本投资理性选择的结果。此时的技术进步不仅是可解释的或必然的，而且是持续演进的。不同于索洛稳态增长路径，由内生技术进步推动的人均收入的长期增长更具平稳性和可持续性。

在索洛技能偏态技术基础上引入人力资本，农业资源结构将向人力资本和物质资本的双重深化方向演进，农业技术体系亦将由单一物质资本深化的“索洛型技术”转向双重资本深化的“AK”型技术[③]。“AK”型技术中的 K 和 A 都具有非负的边际产出，因此，“AK”型技术驱动下的长期人均农业产出（收入）增长曲线，不会是马尔萨斯稳态下的水平线，也不是索洛稳态下的梯度曲线，而是一条平滑的正斜率曲线，农业发展由此过渡到现代持续增长阶段。

---

① 卢卡斯给出的包含人力资本的最终产品生产函数的一般形式为：$Y_{it}=A_{it}K_{it}^{\alpha}L_{it}^{\beta}H_{it}^{\gamma}$。Lucas R E. On the Mechanics of Economic Development. Journal of Monetary Economics, 1998,No.22,pp.3-42.

② “从前积累的投资越多，教育投资的效果就越大。换句话说，过去知识和能力的积累使现在易于补充知识……这种生产工艺意味着人力资本投资的产出率可以不仅不减少，而且甚至可以随着人力资本蓄积增加而提高。”［美］加里·斯坦利·贝克尔：《家庭经济学和宏观行为（上）》，《现代外国哲学社会科学文摘》1994年第12期，第18—21页；［美］加里·斯坦利·贝克尔：《家庭经济学和宏观行为（下）》，《现代外国哲学社会科学文摘》1995年第1期，第10—12页。

③ 此处的“AK”型技术是借用内生增长理论的相关概念。在本章第二部分中，为区别物质资本K，将广义资本标记为Z，“AK”技术相应地写为“AZ”技术。本章中的“AZ”技术与内生增长理论的“AK”技术同义。

（三）索洛稳态过渡到现代持续增长的临界条件

假定现代农业生产函数的集约形式如式（6-8），式中的 y_t^m 为现代农业的人（劳）均产出，A_t^m 衡量其技术进步，h_t 表示人力资本，θ 为物质资本的产出弹性，γ 反映人力资本的外部效应。由于人力资本的参与，此时物质资本的效率改善。因此，将工业化农业和现代农业物质资本的效率差异处理为各自产出弹性的区别。

$$y_t^m=[\frac{A_t^i}{A_t^m}(\frac{K_t}{L_t})^{\beta-\theta}]^{1/(1-\theta+\gamma)} \tag{6-8}$$

处在工业化农业向现代农业过渡期，对于农业成长形态的选择，同样基于人（劳）均产出最大化原则

$$y_t=\max[A_t^i(\frac{K_t}{L_t})^{\beta},A_t^m(\frac{K_t}{L_t})^{\theta}h_t^{1-\theta+\gamma}] \tag{6-9}$$

在人力资本较低的情况下，选择工业化农业形态；拥有较高人力资本水平时，则采用现代农业形态。由于人力资本的积累，导致了工业化农业向现代农业转变。这一转变的人力资本临界水平为

$$h_t^*=[\frac{A_t^i}{A_t^m}(\frac{K_t}{L_t})^{\beta-\theta}]^{1/(1-\theta+\gamma)} \tag{6-10}$$

此处所关注的是人力资本积累率与劳动力变化率对农业成长形态选择的影响。对式（6-10）两边取对数，并求出关于时间的一阶导数，得

$$\frac{\dot{h}_t^*}{h_t^*}=\frac{1}{1-\theta+\gamma}[(g_i-g_m)+(\beta-\theta)(\kappa-l)] \tag{6-11}$$

式（6-11）中，g_i 和 g_m 分别表示工业化农业和现代农业的技术进步率，κ 为物质资本增长率，l 仍为劳动力变化率（$l=n-\pi$）。假定现代农业沿用卢卡斯人力资本积累技术：$\frac{\dot{h}_t^*}{h_t^*}=\delta(1-\mu)$ ①，其中 $1-\mu$ 为人力资本积累时间。令 $\delta(1-\mu)=\delta_2$，由此得临界人力资本积累率应满足

$$0\leqslant\frac{\dot{h}_t^*}{h_t^*}\equiv\frac{1}{1-\theta+\gamma}[(g_i-g_m)+(\beta-\theta)(\kappa-l)]\leqslant\delta_2 \tag{6-12}$$

---

① Lucas R E. On the Mechanics of Economic Development. Journal of Monetary Economics, 1988,No.22,pp.3—42.

仍设人口增长率n不变[①]，求解劳动力转移概率π，得

$$\frac{g_m - g_i}{\beta - \theta} - \kappa + n \leqslant \pi \leqslant \frac{\delta_2(1-\theta+\gamma) + g_m - g_i}{\beta - \theta} - \kappa + n \quad (6\text{-}13)$$

结合式（6-12）和式（6-13），只要劳动力转移概率π的范围为$\left[\frac{g_m - g_i}{\beta - \theta} - \kappa + n, \frac{\delta_2(1-\theta+\gamma) + g_m - g_i}{\beta - \theta} - \kappa + n\right]$，人力资本积累率将在$[0, \delta_2]$区间内，农业就会随着人力资本积累和劳动力转移，从工业化农业成长为现代持续增长农业。

六、本章结论与当前中国农业发展政策选择

传统农业、工业化农业和现代农业分别存在马尔萨斯稳态、索洛稳态和现代持续增长稳态三种不同产出（收入）增长结构。传统农业经由工业化农业向现代农业的发展，亦即马尔萨斯稳态经索洛稳态向现代持续增长稳态的渐进过渡。本章研究表明，两个过渡阶段的资源结构、技术进步类型、人均收入和发展方式不同。马尔萨斯稳态转向索洛稳态是劳动力转移基础上农业物质资本深化的结果，而人力资本深化或农民素质的普遍提升，则是建成现代持续增长农业的主因。与前一种稳态过渡相联系，是索洛物质资本深化型技术对马尔萨斯停滞型技术的替代；后一过渡阶段则是索洛型技术向“AK”型技术的演进。由于动力系统产出“排量”和技术进步类型的差异，后一稳态过渡阶段人均农业产出（收入）增长率高于前一阶段，且增长轨迹平滑。离开工业化的外部冲击，难以设想突破传统农业低技术均衡的前一种过渡；而人口生产转型则是工业化农业成长为现代农业的内生动力。

本章研究的主旨，是在准确判断中国农业成长阶段的基础上，对当前中国农业发展政策作出针对性选择。

在工业化和城市化的驱动下，中国农业劳动力投入不仅相对比重显著下降[②]，而且绝对数量开始减少[③]，以农用机械总动力等为代表的农业资本投入却大

---

① 理由同式（6-7）。

② 第一产业就业比重由1978年的70.5%下降到2012年的33.6%。中华人民共和国国家统计局：《中国统计年鉴2013》，北京：中国统计出版社，2013年，第123页。

③ 第一产业就业人数由1978年的2.83亿人增加到1991年3.91亿人后开始减少，到2012年减少至2.58亿人。中华人民共和国国家统计局：《中国统计年鉴2013》，北京：中国统计出版社，2013年，第123页。

幅度增加。[①] 与此同时，农林牧渔业总产值由1978年的1397.0亿元增长到2012年的89 453.0亿元，农村居民家庭人均纯收入从1978年的133.6元增长到2012年的7916.6元。以1978年居民消费价格为定基价格计算，二者分别增长10.1倍和9.3倍。[②] 计量分析结果显示，1978—2010年，中国农业产出的年均增长率为6.199%，农业机械动力、化肥施用量、农作物播种面积和农业劳动力的年均增长率分别是6.694%、6.017%、0.218%和−0.111%[③]，前述各要素的贡献率范围分别为30.76%—34.77%、20.69%—30.69%、0.75%—0.78%、0.08%—0.31%，人力资本的贡献率为5.18%—7.04%。[④] 事实表明，以劳动和土地为主驱动力的传统农业形态已成为中国的历史，物质资本贡献率显著的工业化农业是当前中国农业发展的典型形态，但人力资本和技能偏态技术广泛运用的现代农业特征尚未显现。换言之，中国农业发展的成就主要表现为工业化农业对传统农业的超越，农业增长仍处于马尔萨斯稳态向索洛稳态的过渡期，现代持续增长农业的建设尚属未来之任务。

在中国农业发展的现阶段，农业发展政策的首要任务是继续完成马尔萨斯稳态向索洛稳态的过渡。为此，需要在新型工业化和城镇化战略的带动下，实现农业劳动力的进一步转移；在农业部门资本—劳动比不断提高的同时，更大程度地获取物质资本对农业产出（收入）增长的红利；借助物质资本深化型技术进步，把农民收入增长纳入索洛稳态增长路径。此外，当前的农业发展政策还应当前瞻性地为人力资本引入农业生产进而实现向现代农业转变创设条件。一方面，倾斜性地增加面向农村居民的教育、培训和非农就业机会，助推农村人口生产进一步转型，通过代际优化最终实现城乡劳动力素质的趋同。另一方面，在农业劳动力转移的基础上，适时调整现行农村土地配置方式，扩大农业经营规模，并推进索洛非技能偏态技术向技能偏态技术进步，创造人力资本农业投资的高收益率机会。

---

① 农用机械总动力和农村用电量分别由1978年的11 749.9万千瓦、253.1亿千瓦时提高到2012年的102 559.0万千瓦和7508.5亿千瓦时，分别增长7.7倍和28.7倍。中华人民共和国国家统计局：《中国统计年鉴2012》，北京：中国统计出版社，2013年，第441、442页。

② 中华人民共和国国家统计局：《中国统计年鉴2012》，北京：中国统计出版社，2012年，第440、378页。

③ 各变量的计算为年均增长率的算术平均数。

④ 郭剑雄、李志俊：《劳动力选择性转移下的农业发展》第三章，北京：中国社会科学出版社，2012年，第42—58页。

第七章

人口生产转型与农业发展动力的内生化

一、讨论农业发展动力文献存在的问题

在刘易斯[①]、费景汉和拉尼斯[②]的二元经济理论中，农业部门与工业部门工资决定机制的趋同，即工资率的决定由古典经济学的制度因素转变为新古典经济学的边际生产力方程，被视为农业完成现代化改造的基本标志。农业与工业工资决定机制趋同的前提是，农业剩余劳动力被不断扩张的工业部门所吸收。那时，农业部门的工资率将沿着它的边际生产力曲线提高，经济的二元结构不复存在，农业成为现代经济的组成部分。在这一模型中，“农业部门……现代化的动力产生于工业部门”[③]。

根据投入要素的类型，舒尔茨[④]区分了传统农业与现代农业。传统农业“完全以农民世代使用的各种生产要素为基础”，而现代农业则由“装在被称为‘技术变化’的大盒子里”的新要素所装备。[⑤]农业发展的基本问题，即实现由现代要素对传统要素的替代。[⑥]高效率的现代农业要素是可再生资源，这些资源由高技术含量的现代物质投入品和成功地使用这些投入品所需要的技艺与能力两方面组成。就前一方面而言，它们不可能产生于农业内部，只能由现代工业部门供给；

---

① ［美］阿瑟·刘易斯：《二元经济论》，施炜等译，北京：北京经济学院出版社，1989 年。

② ［美］费景汉、古斯塔夫·拉尼斯：《劳力剩余经济的发展》，王月、甘杏娣、关立范译，北京：华夏出版社，1989 年；［美］费景汉、古斯塔夫·拉尼斯：《增长与发展：演进观点》，洪银兴等译，北京：商务印书馆，2004 年。

③ ［美］费景汉、古斯塔夫·拉尼斯：《增长与发展：演进观点》，洪银兴等译，北京：商务印书馆，2004 年，第 143 页。

④ ［美］西奥多·W. 舒尔茨：《改造传统农业》，梁小民译，北京：商务印书馆，1987年，第4—7页。

⑤ ［美］西奥多·W. 舒尔茨：《改造传统农业》，梁小民译，北京：商务印书馆，1987年，第4、79页。

⑥ ［美］西奥多·W. 舒尔茨：《改造传统农业》，梁小民译，北京：商务印书馆，1987年，第109页。

而农村人口人力资本水平的提高，很大程度上取决于政府教育政策的设计。

速水佑次郎和弗农·拉坦[①]的诱致技术变迁模型，一方面把技术进步视为农业发展的关键；另一方面又对技术变迁作出一种内生化解释：农业技术进步，首先是对摆脱随着农产品需求增长和农业初始资源相对稀缺程度变化而形成的发展瓶颈的反映；同时是对现代农业要素价格下降使其成为相对廉价的增长源泉的反映。在速水佑次郎和弗农·拉坦的模型中，技术进步的决定因素包括：一是初始农业资源禀赋，它形成对不同技术进步类型的需求；二是现代农业要素的相对价格，它决定了农业技术进步类型的供给条件。其中，现代农业要素的相对价格由工业部门的生产效率决定。

或许是由于长期推行计划经济体制形成的一种思维惯性，也可能与特殊的政治体制有关，破解中国农业发展种种障碍的任务，人们更愿意或更自然地交给政府。在加大政府财政支农投入[②]、减免农业税费[③]、实施反哺农业[④]等惠农政策的主张中，离开了政府，似乎很难看到农业部门的发展还有哪些出路和希望。

前述若干理论和观点代表了20世纪50年代以来农业发展动力研究最具影响力的认识。这类理论成果的主要特征是，均直接或间接地把农业发展的驱动力归结为独立于农业部门之外的一些因素：主要是非农产业的扩张和政府相关政策的调整。如果把农业部门作为一个独立的发展系统，这些理论则将该系统的“引擎”外置于其他部门。依据此类理论，给发展中国家农业发展开出的最有效“处方”，是工业化、城市化以及有利于推进这一进程的政策设计。

经典农业发展理论的经验基础是欧美等先行工业化国家的农业成长之路；

---

① 参见[日]速水佑次郎、[美]弗农·拉坦：《农业发展的国际分析》第四章，郭熙保、张进铭译，北京：中国社会科学出版社，2000年，第89—138页。

② 侯石安：《中国财政农业投入政策研究》，武汉：华中农业大学博士学位论文，2004年；阳晓昀：《我国财政支农支出问题研究》，大连：东北财经大学硕士学位论文，2007年；朱晶：《农业公共投资、竞争力与粮食安全》，《经济研究》2003年第1期，第13—20页；王敏、潘勇辉：《财政农业投入与农民纯收入关系研究》，《农业经济问题》2007年第5期，第99—105页；李琴、熊启泉、李大胜：《中国财政农业投入的结构分析》，《中国农村经济》2006年第8期，第10—16页。

③ 农业投入总课题组：《农业保护：现状、依据和政策建议》，《中国社会科学》1996年第1期，第56—71页；张元红：《论中国农业税制改革》，《中国农村经济》1997年第12期，第4—11页；刘书明：《统一城乡税制与调整分配政策：减轻农民负担新论》，《经济研究》2001年第2期，第43—49、60页。

④ 蔡昉：《“工业反哺农业、城市支持农村”的经济学分析》，《中国农村经济》2006年第1期，第11—17页；洪银兴：《工业和城市反哺农业、农村的路径研究——长三角地区实践的理论思考》，《经济研究》2007年第8期，第13—20页。

不难设想，发展中国家也无法绕开通过工业化、城市化实现农业的现代化。也不能否认，政府在农业发展过程中的重要作用。问题在于，当一国经济发展进入到工业化中后期阶段时，工业化、城市化及政府支持政策是否是农业发展的充分必要条件？此时，倘若农民的文化水平和技术能力没有显著改善，二元经济结构必然内生出分割的要素市场，农业过剩劳动力就无法与现代部门的资本有效对接，从而形成劳动与资本的双重过剩[①]；或者，进城农民工只能跻身于工资低廉、工作条件差和就业不稳定的次级劳动力市场[②]，使城市化与“城市病”相伴；更为重要的是，在农业内部，劳动替代型技术由于缺乏互补性条件难以大规模形成，农业技术进步带来生产能力的增长不能补偿劳动力转移造成生产能力的损失，使国家粮食安全压力凸显。这说明没有农业部门自身的适应性变化，外部条件不可能有效地完成农业的现代化。

本章试图阐明，农业发展离不开工业化、城市化以及政府政策等外部条件的支持，更需要内部发展因素积累形成的内在动力系统来推动。在进入工业化中后期阶段时，最关键的内部发展因素是农业人口人均人力资本水平的提高和有利于这一变化的农民家庭生育决策的改变。这一观点的形成，得益于内生增长理论的若干重要思想，主要是：（1）把人力资本确立为现代经济增长最重要源泉的卢卡斯模型[③]。（2）可用来说明人力资本形成机制的代际效用函数[④]。（3）把生育率和人力资本同时整合在一个增长模型中来描述经济发展不同均衡态的贝克尔—墨菲—田村模型。[⑤]本章的研究思路是，将内生增长理论提供的相关分析工具运用于农业发展问题研究，建立起农村部门人力资本、生育率与农业发展间的相关关系，获得农村生育率下降带来的人力资本积累率的提高和人力资本存量的增加，是进入工业化中后期阶段驱动农业发展根本动力的结论。

---

① 参见王俭贵：《劳动与资本双重过剩下的经济发展》第三章，北京、上海：生活·读书·新知三联书店、上海人民出版社，2002 年，第 59—96 页。

② 郭继强：《中国城市次级劳动力市场中民工劳动供给分析——兼论向右下方倾斜的劳动供给曲线》，《中国社会科学》2005 年第 5 期，第 16—26 页。

③ Lucas R E. On the Mechanics of Economic Development. Journal of Monetary Economics, 1988, No.22, pp.3-42.

④ Barro R J, Becker G S, Tomes N. Human capital and the rise and fall of families. Joumal of Labor Economics, 1986, Vol.4, No.3, Part 2(July)；Becker G S,Barro R J. A Reformulation of the Economic Theory Offertility. Quarterly Journal of Economics, 1988, Vol.103,No. 1, pp.1-25.

⑤ Becker G S, Muphy K M, Tamura M M. Human Capital, Fertility and Economic Growth. Journal of Political Econamy, 1990, Vol.98,No.5, pp.734-754.

二、农业发展即农业生产函数的转变

本章的分析对象是典型劳动力过剩且具有二元结构特征的发展中经济。在该类型经济中，存在着刘易斯模型给出的一般特征：农业与非农产业部门之间的发展程度存在显著差异；非农产业部门的工资水平明显高于农业部门的人均产出；农业发展面临着一个高劳动/土地比率和边际上日益增长的人口压力的不利资源禀赋，从而农业部门不存在出清的劳动力市场。与刘易斯模型不同，我们放弃了劳动力的同质性假设，通过人力资本的引入将农村劳动力视为是异质的。本章的分析结论，不适应于已经完成二元经济改造的发达经济类型，也不适合相对于土地而言劳动力短缺的其他发展中经济。

假定具有如上二元经济特征的发展中经济，已发展到工业化中后期阶段。相对于工业化初期，该阶段农业部门的重要变化有：虽然过剩劳动力依然存在，但由于持续和大规模的非农转移，农业劳动力数量绝对减少，长期紧张的人地比例关系开始缓解；节约劳动的农业机械投入大幅度增加，农业劳动生产率提高；基于国家粮食安全压力，工业反哺、财政支农等惠农政策普遍实施；非农就业的选择性向农民昭示了人力资本高收益机会的存在，由此诱发了农村居民家庭人口生产数量偏好向质量偏好的转变。

同时，本章的分析以市场经济体制为基本制度背景。无论在现代非农产业部门或仍具有某些传统特征的农业部门还是两部门之间，市场机制都是配置资源的基础性手段。资源在部门之间的流动，假设不存在制度性障碍①，但技术性障碍不排除。

从技术角度看，传统农业是主要依赖劳动和土地这类初始资源获取产出的经济类型②，其生产函数可记为：$Q_T = f(L,N)$，其中，L 为劳动，N 代表土地。在宏观和短期，土地为不变量，因此，农业生产函数又可简化为：$Q_T = f(L)$。由于传统农业中技术长期不变，生产函数的典型形式为静态函数。现代农业是以资本和高素质劳动力等现代投入为主要特征的经济形式，并且，随着时间的推移，技术水平在不断提高，其生产函数获得了与现代工业相同的形式：$Q_M = f(K,hL,t)$。K 代表物质资本，h 表示农业劳动力的平均人力资本水平，t

---

① 该假设与中国截至目前的现实不符。在非农产业部门中剔出城市正规部门，该假设近似成立。

② 刘易斯认为，传统农业是“不使用再生产性资本”的经济部门。[美]阿瑟·刘易斯：《二元经济论》，施炜等译，北京：北京经济学院出版社，1989年，第8页。

用来刻画随时间而发生的技术进步。在静态条件下，可将现代农业生产函数近似地表示为：$Q_M = f(K,H)$ ①，这里的 H 表示农业部门的人力资本存量。

农业发展一般被界定为从传统农业向现代农业的转型。②依据两类不同生产函数的假设，可以把农业发展定义为农业生产函数的改变，即由传统农业生产函数过渡到现代农业生产函数，或实现农业部门与工业部门生产函数的趋同。③从生产函数转变的角度看，农业发展的基本内容可以概括为：（1）农业劳动力的转移及农业的小部门化。以劳动为基本投入的传统农业资源配置格局的改变，依赖于农业劳动力大规模的非农转移。这一转移的结果，是以劳动力比重衡量农业部门的日渐式微和非农部门的不断扩张。（2）现代投入品大规模进入或生成于农业部门并对传统要素形成替代。在边际生产力低下的过剩劳动力消除之后，农业生产的有利性提高，物质资本和使用新型投入品的技艺与能力替代劳动成为农业生产的基本要素，农业部门发生现代化转变。（3）农业人均产出的增长。产出依赖于创造产出的源泉。生产函数的转变，将通过物质资本和人力资本的深化和技术效率的改进提高单位劳动的产出率。

三、人口生产转型与农业生产函数转变

（一）人力资本与农业生产函数的转变

在发展经济学和经济增长理论的相关文献中，农业劳动力转移被认为是农业与非农产业之间工资差距的函数。④像资本从低报酬率的地方流向高报酬率的地方一样，劳动力也趋向于从低工资率和其他不利特征的乡村流向高工资率与优良生活环境的非农部门和城市。刘易斯注意到，大约 30% 的城乡工资差

---

① $H=hL$。

② 费景汉和拉尼斯指出："把发展视为在两大时代，即农业时代和现代增长时代之间的转型，不仅有助于思考发展问题，而且抓住了发展问题的本质。"［美］费景汉、古斯塔夫·拉尼斯：《增长与发展：演进观点》，洪银兴等译，北京：商务印书馆，2004 年，第 5 页。

③ 发展即生产函数转变的观点，张培刚对工业化的定义中涉及这一问题。张培刚：《农业与工业化（上卷）》，武汉：华中工学院出版社，1984 年。

④ 托达罗给出的人口迁移函数是：$S=f_s(d)$，d 为预期的城乡工资差距。巴罗和萨拉伊马丁的城乡人口迁移模型为：$\dot{u}/u=b(w_I-w_A)/w_A$。其中，$\dot{u}/u$ 表示人口迁移率，w_I 和 w_A 分别表示城市和乡村的工资率。［美］罗伯特·J. 巴罗、哈维尔·萨拉伊马丁：《经济增长》，何晖、刘明兴译，北京：中国社会科学出版社，2000 年，第 312 页。

距就足以把农村劳动力吸引到工业部门。[①] 罗伯特·J. 巴罗和哈维尔·萨拉伊马丁（X.Sala-I-Martin）等人使用来自美国各州、日本各地区和 5 个欧洲国家的数据，估计了一国内部迁移对人均收入差异的敏感性，得出净迁移速度对初始人均收入的对数回归系数平均每年为 0.012。[②] 在托达罗（M.P.Todalo）[③] 看来，农村对城市的劳动力供给，同时是城市就业机会的函数：$S=f_s(w\pi-r)$。式中的 w 为城市实际工资，r 是平均农村工资，π 表示在城市获得工作的概率。显然，在其他条件既定时，就业概率与劳动力转移率呈正相关。如果农村劳动力存在着由于人力资本水平差异而产生的质量阶梯，那么哪一类劳动力更易于向城市转移？结论是不言而喻的。城市现代产业对从业人员的文化、技术水平有着较高的要求，受教育越多的人，获得就业机会的概率越大，向城市转移的可能性越大。米凯·吉瑟发现，乡村地区的教育水平提高 10%，会多诱使 6%—7% 的农民迁出农业。[④] 博尔哈斯（G.J.Borjas）、布罗纳尔斯（S.G.Bronars）和特雷霍（S.J.Trejo）[⑤] 对 1986 年美国男性青年所作的计量分析表明，移民的学校教育年限要比他们母州当地人的平均受教育年限高出 2%。

持续的资本深化是现代经济增长的一个程式化事实。发达国家的历史经验表明，迅速的资本积累和资本深化不仅发生在工业部门，而且同时出现在农业的现代化进程中。根据内生增长理论的有关研究，物质资本投入并不是单独的增长要素，它必须有相适应的人力资本作为互补条件。当一项承载新技术的物质资本操作需要新技能时，其实施速度取决于对所需技能的投资速度。尼尔森（R.Nelson）和菲尔普斯（E.Phelps）的研究表明，新技术扩散的范围和速度与一个经济体的人力资本存量相关。在其他条件既定时，人力资本存量越大，技术扩散的范围越广，技术扩散的速度也越快。[⑥] 劳动力技能与引进的高技术性能的物质资本之间不匹配，是阻碍发展中经济技术进步速度和追赶能力的重要原

---

① ［美］阿瑟·刘易斯：《二元经济论》，施炜等译，北京：北京经济学院出版社，1989 年，第 10 页。

② ［美］罗伯特·J. 巴罗、哈维尔·萨拉伊马丁：《经济增长》，何晖、刘明兴译，北京：中国社会科学出版社，2000 年，第 276 页。

③ ［美］托达罗：《第三世界的经济发展》，于同申等译，北京：中国人民大学出版社，1988 年。

④ ［美］西奥多·W. 舒尔茨：《经济增长与农业》，郭熙保、周开生译，北京：北京经济学院出版社，1992 年，第 123 页。

⑤ Borjas G J, Bronars S G, Trejo S J. Self-selection and Internal Migration in the United States. Journal of Urban Economics, 1992, Vol.32，pp.159-185.

⑥ Nelson R,Phelps E. Investment in Humans, Technological Diffusion, and Economic Growth. American Economic Review, 1966,Vol. 61, pp.69-75.

因。所以，人力资本存量的高低被认为是生产中引入更先进、更复杂生产技术的先决条件。物质资本投入中同时存在人力资本投资增长的激励机制。一项隐含新技术的物质资本的出现，使与该技术相联系的专门知识或技能的报酬率提高，这会刺激劳动者对新知识和新技术的学习。①尽管现代化进程中各新要素的引入需要同时考虑，但人力资本被认为是比物质资本更重要的增长源和发展动力。在罗伯特·J.巴罗和哈维尔·萨拉伊马丁看来，物质资本与人力资本间的两类不平衡，对经济增长率会产生不同影响：如果人力资本相对丰裕，对于一个广义产出概念而言的增长率，仍会随着物质资本与人力资本之间的不平衡变大而增加；相反，增长率则会随着二者不平衡的增大而下降。②

人力资本引入农业生产函数，农业人均产出会源于以下三种机制而获得提高：（1）刘易斯人口流动机制。农业部门的劳动力份额同该部门的劳动生产率呈负相关。农业劳动力文化、技术水平的提高在增强农业劳动力转移能力的同时，改善了滞留在农业部门劳动力的土地装备率，从而使单位劳动的产出水平提高。（2）索洛资本深化机制。劳动力转移与农业部门的资本替代往往是同时发生的，农业部门的资本深化是这两种进程的结果；在索洛增长模型中，人均资本装备率的变化将改变人均产出水平。人力资本作为这两种进程的加速因子，必然会对人均产出水平产生影响。（3）卢卡斯人力资本增长机制。在以技术进步为主要动力的现代经济中，技术创新资源的丰裕程度成为决定增长的关键。在卢卡斯看来，技术进步是由人力资本推动的。技术进步率被认为取决于人力资本建设部门拥有的人力资本存量和从事人力资本建设的时间。人力资本投入的增加，还能够提高物质资本的产出弹性，使物质资本边际收益下降的临界点推后，边际收益下降速度减缓。更为重要的是，人力资本投资中存在着规模经济，已有投资越多，新投资的回报率越高。这种递增的收益源于人力资本投资的外部性：构成人力资本核心内容的技术与知识是一种公共品，在其使用中存在着非排他性；而且，知识存量能够直接参与新知识的创造。人力资本形成的这种扩散性和累积性，使得以其为动力的经济增长呈现为一种自我强化的持续过程。

（二）生育率与农业生产函数的转变

在人力资本做为农业发展的关键因素确立之后，如何加速农业部门人力资

---

① 内生增长理论的“干中学”模型，就是对这一机制的形式化描述。

② ［美］罗伯特·J.巴罗、哈维尔·萨拉伊马丁：《经济增长》，何晖、刘明兴译，北京：中国社会科学出版社，2000年，第157—158页。

本的积累，就成为需要进一步讨论的问题。在说明人力资本积累的微观机制时，生育率成为不得不涉及的分析变量。

关于生育率变迁与人力资本积累间的关系，第一篇提供了相关的理论解释和经验证据。此处，我们给出二者间逆向变动关系的更为简洁的证明如下：

假设：家庭收入由人力资本决定，人力资本规模报酬递增；人力资本积累是上期人力资本的函数：$h_{t+1}=\gamma h_t$；成人拥有单位时间。

家庭效用函数为：$v(h)=Bh=W(c,n,u')$。其中，B 为正常数，表示家庭效用是人力资本的增函数。c 是父母的消费，n 表示子女的数量，u' 是子女的效用。

设父母的消费：$c\leqslant h[1-(r+k)n]$。其中，k 用于子女物质产品消费的时间比例；r 用于子女人力资本消费的时间比例；$1-(r+k)n$ 表示父母用在自己消费上的时间比例。设子女的效用为：$u'=v[h\varphi(r)]$。

第 t 代人的代际效用函数为

$$v(h)=\max_{n,r}W\{h[1-(r+k)n],n,v[h\varphi(r)]\} \tag{7-1}$$

假设，β，η 独立于 h

考虑，$W(c,n,u')=(cn^{\eta}u'^{\beta})^{1/(1+\beta)}$

因为，$v(h)=Bh$

则 B 满足：$B=\max_{n,r}W[1-(r+k)n,n,B\varphi(r)]$

解：$\max\{[1-(r+k)n]n^{\eta}B\varphi(r)^{\beta}\}$

求得花在子女上的总时间为：$(r+k)n=\eta/(1+\eta)$。

设$\varphi(r)=pr^{\varepsilon}$，其中 p 为常数，ε 人力资本的回报率。

代入家庭效用函数解得

$$n=\frac{\eta-\beta\varepsilon}{k(1+\eta)};\qquad r=\frac{\beta\varepsilon k}{\eta-\beta\varepsilon} \tag{7-2}$$

显然，在人力资本收益率提高的背景下，家庭决策的最优化过程，是生育率下降和人力资本投资提高。换言之，“在增长理论中引入生育决策能够使我们更清楚地思考那些对收入增长至关重要的人力资本增长”①；同样，在农业发展动力的形成机制中引入生育决策，有助于我们更好地理解农业部门的现代化转变。

① ［美］小罗伯特·E. 卢卡斯：《经济发展讲座》，罗汉、应洪基译，南京：江苏人民出版社，2003年，第175页。

对于农业生产函数的转变，生育率不仅通过与人力资本的关联而存在间接影响，而且还具有直接效应。第一，生育率的下降减少了在一定时期内向农村剩余劳动力“蓄水池”的注入量，减轻了农业人口非农转移的压力。费景汉和拉尼斯认为，在劳动力过剩的二元经济中，当人口增长率大于农业劳动力转移率时，经济发展是失败的；在二者相等时，经济发展处于停滞状态；只有后者大于前者时，经济发展才是成功的。[①] 从这一意义上说，生育率下降与农业人口转移率的提高对农业发展具有相同的意义。第二，在索洛模型中，人口增长率 n 的下降有着和储蓄率 $sf(k)$ 提高相类似的效应——导致资本深化。如图 7-1 所示，在农业产出和其他条件既定时，当人口增长率由 n 降为 n'，有效折旧率曲线 $(n+\delta)k$ 由于斜率变小而下旋至 $(u'+\delta)k$。这时，人均稳态储蓄水平由 s 提高到 s'，人均资本装备水平由 k 增加至 k'。

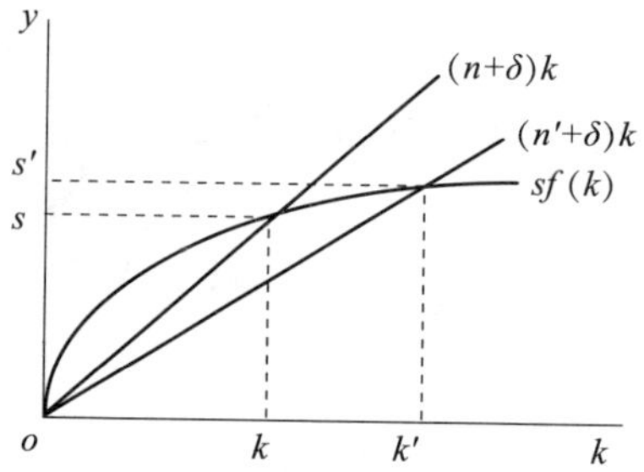

图 7-1　人口增长率下降对人均储蓄率的影响

（三）人口生产转型与传统农业向现代农业的过渡

传统农业是仅仅依靠人的天赋能力提供简单劳动来推动农业发展的经济形式，通过教育、培训和健康投资而形成更高能力的人在这种经济中基本没有体现。因此，在这种经济中，既不会产生出对人力资本投资的需求，也缺乏对人力资本供给的激励。人力资本的低存量水平，决定了向其投资的收益率小于该项投资未来消费的贴现率。这时，收入增长不会与人力资本呈正相关而只能产生提高生育率的收入效应，从而形成高生育率、低人力资本积累率和低产出率的“马尔萨斯稳态”[②]。

① ［美］费景汉、古斯塔夫·拉尼斯：《增长与发展：演进观点》，洪银兴等译，北京：商务印书馆，2004 年，第 287 页。

② 郭剑雄：《人力资本的稳态转变与农业发展》，《西北大学学报》（哲学社会科学版）2005 年第 1 期，第 55—59 页。

与传统农业相反，人力资本则被用来作为解释现代农业增长的主要变量。舒尔茨认为，“有能力的人民是现代经济丰裕的关键”①。离开大量的人力资本投资，要取得现代农业的成果和达到现代工业的富足程度是不可能的。速水佑次郎和弗农·拉坦也认识到，以有知识、有创新精神的农民，称职的科学家和技术人员，有远见的公共行政管理人员和企业家形式表现出来的人力资本的改善，是农业生产率能否持续增长的关键。②人力资本的较高存量及在此基础上对其投资的收益递增，会导致人口生产的一种量质权衡的逆转，出现高人力资本积累率、低生育率和高产出率的“发达稳态”。传统农业与现代农业分属于两种完全不同的经济均衡类型。前者由于缺乏增长的动力而陷入贫困陷阱，而后者不仅获得了高速增长的源泉，而且存在着增长动力持续生成的机制。

农业发展最具实质性意义的问题是，如何突破“低水平均衡陷阱”实现农业的“起飞”。依据卢卡斯的有关理论，人力资本存量达到进入现代经济增长的临界水平，是传统农业走出停滞状态的根本条件。如果农业部门的初始人力资本缺乏或达不到发展稳态所需要的水平，农业发展就难以启动，或者最终又会复归到落后的稳态。根据贝克尔、墨菲、田村③的观点，人力资本投资可以创造出低生育率的有利发展环境。当人力资本存量足够大时，人口生产的替代效应会超过收入效应，导致生育率下降。当人力资本存量的增加超过进入增长轨迹的临界水平时，生育率的下降将降低未来消费的贴现率，并提高人力资本投资的收益率。只要人力资本存量水平在不断提高，生育率就会进一步降低，这个发展进程就会持续下去。因此，低生育率和高人力资本积累率，是传统农业过渡到现代农业不可或缺的重要条件。

四、人口生产转型作为农业发展动力的条件

农民向提高人口质量进行的投资，不是随机配置的，而是理性选择的结果。人力资本作为一种新型经济资源可以为投资者带来收入，但获得它也需要付出

---

① ［美］西奥多·W.舒尔茨：《经济增长与农业》，郭熙保、周开生译，北京：北京经济学院出版社，1992年，第92页。

② ［日］速水佑次郎、［美］弗农·拉坦：《农业发展的国际分析》，郭熙保、张进铭译，北京：中国社会科学出版社，2000年，第165页。

③ Becker G S, Muphy K M, Tamura M M.Human Capital, Fertility and Economic Growth. Journal of Political Econamy, 1990, Vol.98, No.5, pp.734-754.

成本。只有当人力资本投资的收益率大于该项投资未来消费的贴现率时，向人的质量投资才会被选择。[①]也就是说，人力资本投资是对这种投资面对的高收益率经济机会的反映。那么，这种机会是在什么条件下出现的呢？

经验事实表明，人力资本投资高收益率的机会，没有出现在传统农业的生产活动中。在传统农业生产中，由于物质资本的简单性和技术的落后性，人力资本投资的边际产出近乎于零。正如舒尔茨所指出的，"采用并有效地播种和收割甘蔗看来并不取决于那些在地里干活的人的教育水平。在锄棉中与教育相关的能力也没有任何经济价值"[②]。当可再生性资源和现代技术在农业部门被日渐广泛地采用时，产生了物质资本与劳动力素质之间的巨大不平衡，此时提高劳动者技艺和能力的投资，不仅成为提高物质资本产出弹性的需要，而且能够显著改善农业劳动生产率。也就是说，只有在显现技能偏态特征的现代农业技术广泛应用的背景下，农业生产中向人投资的经济合理性才会显现。罗森斯坦·罗丹（P.N.Rosenstein-Rodan）[③]曾在研究中发现，人力资本的回报以及工人和企业投资于培训的激励，对经济中技术变化的反映非常敏感，并指出在一个技术迅速变化的环境中，教育和培训的回报往往特别高。

在内生增长理论中，人力资本投资的收益率被视为人力资本存量的函数。当人力资本存量达到经济持续增长的临界水平时，人力资本投资借助外部效应可获得递增收益，向人投资的有利性才充分显示，人力资本才可能成为经济增长与发展的主要动力。图 7-2 中的 U 和 L 分别是传统农业和现代农业中人力资本处于稳定状态的点。当人力资本的存量水平 $H < H^1$ 时，由于对人力资本投资的收益小于该项投资未来消费的贴现值，所以人

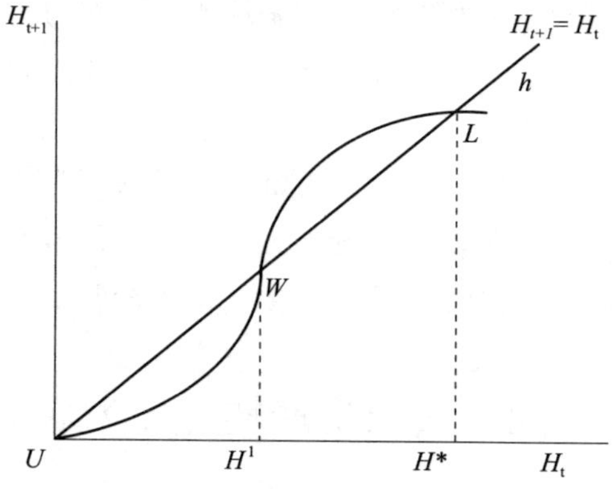

图 7-2 人力资本的不同均衡类型

注：横轴 H_t 表示当期人力资本，纵轴 H_{t+1} 表示下一期人力资本水平。h 表示人力资本投资曲线

① 由于人力资本外部性不能给其拥有者带来收益，个人在进行人力资本投资决策时，不会考虑人力资本外部性对其生产率的影响。

② ［美］西奥多·W.舒尔茨：《改造传统农业》，梁小民译，北京：商务印书馆，1987年，第141页。

③ Rosenstein-Rodan P N. Problems of Industrialization of Eastern and South-Eastern Europe. The Economic Journal,1943,Vol.53, pp.6-9.

力资本的均衡水平总是向 U 点靠近。但是，当 $H > H^1$ 时，由于人力资本存量达到了一定程度，向人力资本投资会因其高收益率而持续增加，人力资本投资将在满足收益等于成本的条件下达到新的均衡。这一理论工具表明，人力资本存量达到经济持续增长的临界水平，是人力资本投资收益率大于其未来消费贴现率的必要条件。欲使人力资本成为农业发展的动力，农业部门就必须通过积累使人力资本存量达到上述临界值。根据贝克尔等人①的观点，人力资本的较高存量以及在此基础上对其投资的收益递增，又会通过家庭效用函数导致人口生产出现一种量质权衡，出现高人力资本积累率、低生育率和高产出率的“发达稳态”。

在农业部门，无论是现代要素或现代技术的广泛使用，还是人力资本达到某一临界值的存量，均依赖于工业化较高程度的发展。首先，由于人力资本投资的低收益率，在传统农业体系内，人力资本存量的上述临界值不可能内生地形成，而只能产生于某些外生因素的影响。事实上，传统农业社会中的人力资本存量也在缓慢地增长。促成其增长的主要因素是：（1）工业化、城市化引致的农业人口流动。当接受较好的教育成为农民跳出“农门”的途径时，向人的教育投资就会受到激励。这种投资或多或少会在农业部门形成积淀。（2）普及教育的政府计划。在来自城市工业经济和其他非农经济的税源不断增长的条件下，重点面向农村的不同层次的普及教育计划就会被实施。其次，在工业化程度不断提高时，工业部门能够以日益低廉的价格向农业提供现代要素，致使农业部门向现代要素投资变得有利可图，同时又产生出对人力资本投资的巨大需求。当工业化、城市化推进到较高阶段时，农业部门人力资本存量水平就会达到某一临界值，向人投资的有利性就会显现。

当一个国家的经济发展进入到工业化中后期阶段以后，人力资本水平的提高以及有利于这一条件形成的生育率下降，对于农业发展的意义日益突出。因为这一阶段农业发展的主要问题成为：第一，如何使农业转移劳动力与技术层次不断提升的城市现代产业创造的就业机会有效对接。第二，如何在农业劳动力大规模转移的条件下，通过现代要素和现代技术的大量投入，实现农业生产能力不降低甚至提高，以保障农业剩余的不断增长和国家的粮食安全。先行工业化国家的发展经验表明，工业化中期阶段的到来，意味着工业化和城市化进入加速发展期。

① Becker G S, Murphy K M, Tamura M M. Human Capital, Fertility, and Economic Growth. Journal of Political Economy, 1990, Vol.98, No. 5, pp.734-754.

这时，农业发展的关键已非是否工业化、城市化，而是依赖何种条件保证工业化和城市化的成功推进。农业部门人力资本的提高和生育率决策的改变，正是这一阶段工业化、城市化发展及农业现代化转变的重要支撑条件。

五、本章结论

与现行发展理论把农业发展的主要动力视为城市部门和政府部门不同，本章通过对贝克尔和罗伯特·J. 巴罗等人关于人力资本和生育率内生决定理论的引入，阐明了农民家庭生育率下降以及与此相关的人力资本积累率的提高，是农业部门摆脱“马尔萨斯稳态”进入持续增长阶段的关键条件。农业劳动力人力资本的改善，将通过提高非农就业概率，加速城市现代经济规模的扩张和农业的小部门化进程；将打破传统部门资源配置的低效率均衡，加速传统部门现代要素的引进和生成速度；将提高农业投入的产出弹性，促进部门间的收入均衡。在人力资本投资收益递增时，农业部门生育率的下降，为人力资本的提高创造出有支付能力的需求，因而成为农业发展的依赖条件。在工业化和城市化的加速发展时期，人力资本、生育率的变化成为影响农业发展的重要因素。这样就把农业发展的动力设置由现行农业发展理论的外部世界转入农业内部，农业部门由此成为一个自主的发展系统。在既有农业发展理论中，工业化、城市化以及政府的相关政策，对于农业部门的发展作用而言，是外生给定的；在本章提出的农业发展观中，人力资本不仅是农业发展的解释变量，同时是农村家庭代际效用函数以及生育率的被解释变量[①]。也就是说，我们不仅把农业发展的动力置于农业内部，而且将这一动力处理为农业发展的内生变量[②]。

在现代化实现之前，农业部门始终存在着人力资本私人投资的不足。这既是农业落后的表现，也是制约农业发展的原因。在经济发展进入工业化中期阶段以后，加速农业发展的政府努力的一个不可或缺的方面，应当是借助于适当的政策，增加面向农村的教育和培训机会的供给，满足农民家庭生育率下降而产生对人力资本不断增长的投资需求，实现农村地区人力资本积累率的提高和人力资本存量的增长。

---

① 参见本书第一章。

② 本章提出的观点与现行农业发展理论并非排斥、替代关系。事实上，工业化、城市化是农业发展的必要条件，而农村地区生育率下降和人力资本的提高是进入工业化中期阶段后农业发展的充分条件。二者同为农业现代化不可或缺的因素。

第三篇

人口生产转型影响农业发展的国际经验

第八章

人口质量红利与发达国家的农业增长

——来自21个高水平工业化国家的经验

一、如何解释发达国家的农业增长？

高水平工业化国家在其工业化历史过程中伴随有两个明显的人口学现象：其一，人口生育率持续下降直至维持低水平生育状态。美国、德国、英国、荷兰、法国五国1820年每100人出生率依次为5.52%、3.99%、3.03%、3.50%和3.17%，到1900年分别降至3.23%、3.56%、2.87%、3.16%和2.13%[①]，20世纪中叶之后其妇女总和生育率均保持在2.1的更替水平之下。正如卢卡斯[②]所言：工业革命不可避免地与被称为人口变迁的生育率降低联系在一起。其二，人口质量显著提高。[③]法国、荷兰和英国1820年的平均预期寿命分别是40岁、32岁和39岁，1900年增至47岁、52岁和51岁，2011年上述三国的预期寿命均延长至81岁；1900年美国和德国的人口平均预期寿命均为47岁，2011年分别达到81岁和79岁。[④]根据麦迪森（A.Maddison）的测算，美国和英国1820年的人均受教育年数为1.57年和2年，1992年达到18.04年和14.09年；法国、荷兰和德国的这一指标在1913年分别为6.99年、6.42年和8.37年，1992年分别增至15.96年、13.34年和12.17

---

① ［英］安格斯·麦迪森：《世界经济二百年回顾》，李德伟、盖建玲译，北京：改革出版社，1997年，第7页。

② ［美］小罗伯特·E.卢卡斯：《经济发展讲座》第五章，罗汉、应洪基译，南京：江苏人民出版社，2003年，第113—179页。

③ 人口质量提高主要体现在预期寿命延长和受教育程度提高两个方面。

④ 2011年数据来源于世界银行数据库，其他数据来源于［英］安格斯·麦迪森：《世界经济二百年回顾》，李德伟、盖建玲译，北京：改革出版社，1997年，第7页。

年。[①]Barro 和 Jong-Wha 测算了 146 个国家 1950—2010 年 15 岁和 25 岁以上的人口平均受教育程度，2010 年上述五国的人均受教育年数均达到 11 年以上。[②]

同时，值得注意的是，先行工业化国家或当今高水平工业化国家在其工业化过程中发生了农业增长源泉的变化。由于工业和服务业的扩张，农业从业者人数和农业耕地面积减少，20 世纪 80 代以来物质资本投入也维持规模不变甚至在个别国家出现了下降。在此背景下，大多数高水平工业化国家的农业产出非但没有缩减反而保持增长之势。产出增长是要素投入增加和生产率提高的结果。显然，从土地、劳动和资本这些常规生产要素投入角度已难以解释这些国家的农业增长，需从新的投入及其引发的技术进步视角来揭示高水平工业化国家的农业增长动力。联系工业化进程中的人口生产数量和质量的变化，从人口量质结构转型探索农业增长的源泉构成了本章研究的出发点。

现有文献关于促进农业增长动力的研究可以归纳为以下几个方面：一是剩余劳动力转移及其引致的农业资本—劳动比提高。刘易斯[③]认为，工业化对农业剩余劳动力的吸收，可以极大地改善农业劳动力的土地装备率和资本装备率，农业劳动生产率和农业人均收入可由此大幅度增长。在此意义上，农业逃离“马尔萨斯陷阱”的增长与工业化相关。张培刚[④]指出，工业化从技术和组织两个方面对农业增长产生重要推动作用，工业化与农业发展可以形成良性互动循环。二是常规生产要素投入的增加。诸多文献以劳动力、土地和资本等农业生产要素作为农业增长的基本解释变量，并利用计量方法估计各种要素对农业增长的贡献。结果表明，劳动力、土地和资本要素投入的增加促成农业产出的增长。[⑤]三是人力资本的引入。舒尔茨[⑥]认为改造传统农业的出路是引入现代生产要素，他特别强调人力资本在农业生产中的作用。人力资本可以促进新技术的扩散，提高农民采用

---

① 麦迪森在计算人均受教育年数时，分别赋予初等教育、中等教育和高等教育 1、1.4 和 2 的权重。[英] 安格斯·麦迪森：《世界经济二百年回顾》，李德伟、盖建玲译，北京：改革出版社，1997 年，第 15 页。

② Barro 和 Jong-Wha 测算的人均受教育年数未加权。Barro R J，Lee J W. A New Data Set of Educational Attainment in the World, 1950–2010. Journal of Development Economics, 2013,No.104, pp. 184–198.

③ [美] 阿瑟·刘易斯：《二元经济论》，施炜等译，北京：北京经济学院出版社 ,1989 年。

④ 张培刚：《农业与工业化》，武汉：华中工学院出版社 ,1988 年。

⑤ 张浩、陈昭：《中国农业经济增长的要素贡献度研究——基于分省非稳定面板的实证分析》,《南方经济》2008 年第 1 期，第 61—75 页；闫俊强、李大胜：《我国广义农业经济增长的要素贡献研究——基于面板数据模型的实证分析》,《经济问题》2009 年第 3 期，第 60—62 页。

⑥ [美] 西奥多·W. 舒尔茨：《改造传统农业》，梁小民译，北京：商务印书馆 ,1987 年,。

和发明新技术的概率。[①]林毅夫和陈昕[②]采用中国的微观数据证实了农民受教育程度与新技术使用的正相关性。但也有实证研究发现，人力资本对农业增长的作用不显著，出现所谓的农村人力资本陷阱问题。[③]四是农业技术进步。有研究者主张技术变化是过去100多年来农业发展的主要力量之一。[④]速水佑次郎和弗农·拉坦[⑤]建立的诱致技术变迁模型把技术进步作为农业增长的主要解释变量，并认为技术进步的路径是借助市场机制实现廉价的丰裕要素对昂贵的稀缺要素的替代。此种替代能够突破稀缺要素形成的农业增长瓶颈。五是相关制度和农业政策的实施。基于农业自身的特征，许多学者把农业增长寄托于政府的保护政策和有关农业制度的改革。农产品价格保护是国内外惯用的惠农政策[⑥]，减免农业税费、增加财政支农投入和扶持农村金融被认为是推动农业增长的重要措施[⑦]；制度变革特别是土地制度的变迁也被认为是农业增长的动力之一[⑧]。

虽有文献涉及人口在农业增长中的作用，但其仅论及人口的某一方面，如与人口数量相关的剩余劳动力转移或者与人口质量相关的人力资本，他们均未把人口数量和质量一同整合在农业增长理论框架内；同时，对于农业部门人力资本是如何进行积累并没有给予充分的解释。另外，国内外研究者对高水平工业化国家近年来农业增长的关注较少，经验型研究文献更不多见。本章把农业人口数量和质量[⑨]变化同时纳入农业增长分析框架，从农业人口变迁即农业人口数量向质量

---

① Wozniak G. Joint Information Acquisition and New Technology Adoption: Later Versus Early Adoption. Review of Economics and Statistics, 1993,Vol.75,No.3, pp. 438-445.

② 林毅夫、陈昕：《制度、技术与中国农业发展》，上海：格致出版社、生活·读书·新知三联书店、上海人民出版社，2005年。

③ 李勋来、李国平、李福柱：《农村人力资本陷阱：对中国农村的验证与分析》，《中国农村观察》2005年第5期，第17—22页。

④ Cochrane S H. Fertility and Education. Baltimore: Johns Hopkins University Press, 1979.

⑤ [日]速水佑次郎、[美]弗农·拉坦：《农业发展：国际前景》，吴伟东等译，北京：商务印书馆，1993年。

⑥ Chavas. J P. Structural Change in Agricultural Production: Economics, Technology and Policy, Handbook of Agricultural Economics, 2001, 1A；李国祥：《完善农业支持制度，平衡稳定农产品价格》，《中国经贸导刊》2010年第6期，第44页。

⑦ 刘铮：《取消农业税——一项还富于民的制度安排》，《经济纵横》2004年第12期，第35—37页；曹协和：《农业经济增长与农村金融发展关系分析》，《农业经济问题》2008年第11期，第49—54页；范柏乃、段忠贤：《财政农业支出与农业经济发展的关系》，《理论探索》2011年第1期，第66—70页；Xie R P, Sun F L. Reduction in Agricultural Tax and the Income Growth of Rural Residents: an Empirical Study.Computer and Computing Technologies in Agriculture, 2008, pp. 179-186.

⑧ Temple J. The New Growth Evidence.Journal of Economic Literature, 1999, Vol.37, No.1, pp. 112-156.

⑨ 由于数据的局限性，本文中的人口质量仅指受教育程度。受教育程度是衡量人力资本水平的主要指标。

转变的角度探索高水平工业化国家农业增长的内在动力。前工业社会和工业化初期的高生育率及劳动年龄人口的抚养负担减轻为农业生产带来充足的劳动力数量供给，有利于农业产出增长，这是通常意义上的“人口红利”，我们称之为人口数量红利。随着工业化的推进，人口生育率显著下降和以人口受教育程度、预期寿命及健康状况衡量人口质量的提高，把人口数量红利转化为人口质量红利。将一般意义上的人口红利扩展为人口数量红利和人口质量红利是否能够解释高水平工业化国家农业增长的事实？人口质量红利是否已经替代人口数量红利成为这些国家农业增长的主要源泉？这是本章试图予以回答的问题。

二、人力资本引入农业增长分析的方法论

从方法论角度看，分析人口量质结构转型对农业增长的影响，可以在一个包含劳动数量和劳动质量在内的农业增长方程中进行。只要劳动质量或人力资本取代劳动数量和其他要素成为农业增长的主要解释变量，就可以完成本书预设的研究任务。借鉴新古典增长理论和新增长理论，设定一个内含劳动数量和人力资本的农业增长方程并不困难。但需要注意的问题是，在将人力资本引入农业增长方程时存在一定条件的约束。

第一，人力资本作为农业增长要素存在门槛条件。经验事实表明，人力资本并未构成传统农业的增长源泉。正如舒尔茨所言：“采用并有效地播种和收割甘蔗看来并不取决于那些在地里干活的人的教育水平。在锄棉中与教育相关的能力也没有任何经济价值”[①]。这是因为传统农业中不存在与人力资本相匹配的技术体系。工业革命的兴起，引致了农业部门资本替代劳动的资源结构改变，农业技术类型相应地由传统农业节约土地的劳动密集型技术逐渐过渡到节约劳动的资本密集型技术。资本密集型技术的成长，表现出非技能偏态和技能偏态两个差异化阶段。起初，由于资本—劳动比较低，资本体现型技术较为简单，该技术的应用未对使用者的技能形成依赖；同时，由于非农部门相对于农业部门较高的工资率，该阶段人力资本的配置呈现出非农化特征。因而人力资本也不构成低资本—劳动比阶段农业生产的基本要素。当工业化推进到较高阶段，农业资本—劳动比大幅度提升，资本体现型技术的复杂性使普通劳动力无法成为其运用主体时，人力资本农业投资的收益率由此增长。当这种收益率增长到不小于它非农就业的收益率时，

---

① ［美］西奥多·W.舒尔茨：《改造传统农业》，梁小民译，北京：商务印书馆，1987年，第141页。

人力资本即进入农业生产，并成为农业增长的动力源。

第二，人力资本进入农业增长方程将改变农业稳态增长路径。限于资源的特定禀赋，传统农业增长只能在既定土地上通过密集投入劳动来实现。由于收益递减规律的存在，传统农业人均收入的增长在劳动边际产出等于零时形成均衡。此时偶发的技术进步虽有可能暂时提高人均收入，但人口生产的马尔萨斯机制会最终吞噬这种技术进步所带来的人均收入的增长。因此，传统农业人均收入仅在维持生存水平之时实现稳态增长。资本替代劳动的资源结构变化改变了农业稳态增长路径。在短期内，资本—劳动比的提高无疑可以提高农业人均收入水平，这种收入增长的最大值存在于资本的边际产出为零之时。若无技术进步发生，此时即呈现增长稳态。长期来看，每有一次技术进步，便有人均收入的一次增长，相应地会在一个更高水平上形成稳态增长路径。新增长理论的重要贡献之一是对人力资本作为增长源泉不同于其他要素特征的发现。人力资本投资的规模报酬是递增的，人力资本与物质资本组合而成的广义资本其边际产出亦被认为非递减。在引入人力资本的增长方程中，人均收入不再存在短期均衡解。若广义资本积累率不变，以及由人力资本内生的技术进步率不变，将导致农业人均收入在持续上升路径上保持稳态增长。

第三，人力资本作为主要增长源泉仅与现代农业相关联。由于技术的简单性和原始性，传统农业是仅仅依靠人的禀赋能力提供简单劳动推动的经济形式，通过教育、培训和健康等投资形成更高能力的人在这种经济中基本没有体现。相反，人力资本被用来作为现代农业增长的主要解释变量。舒尔茨认为，“有能力的人民是现代经济丰裕的关键”[①]，离开大量的人力投资，要取得现代化农业的成果和达到现代工业的富足程度是完全不可能的。其中的原因是，在农业成长的较高阶段，技术类型的技能偏态性质在对农业人力资本投入产生需求的同时，人力资本农业投资高收益率机会的出现又对人力资本农业用途的供给形成激励。人力资本的高水平均衡构成了现代农业的显著特征之一。据此，在将人力资本或人口质量红利引入农业增长分析时，必须考虑农业发展所处的阶段。

本章选取的研究对象是当今世界已经完成农业现代化改造或农业现代化水平较高的若干高水平工业化国家，因此，在对其农业增长源泉的分析中引入人力资本是适当的。鉴于土地对于农业生产的特殊性，采用柯布—道格拉斯生产

① ［美］西奥多·W. 舒尔茨：《经济增长与农业》，郭熙保、周开生译，北京：北京经济学院出版社，1992年，第92页。

函数形式，可以把高水平工业化国家的农业生产函数的一般形式设定为

$$Y = AT^{\alpha}(hL)^{\beta}K^{\theta} \tag{8-1}$$

其中，Y代表农业产出，A、L、T、K和h分别表示技术、劳动、土地、物质资本和人均人力资本。

三、人力资本与发达国家农业增长的统计描述

（一）样本国家、变量选取与数据来源

首先把样本锁定在经济合作与发展组织（OECD）34个成员国，然后根据各国的农业生产数据统计相对完整性，筛选得到21个OECD国家作为分析的横截面个体，具体包括美国、英国、法国、荷兰、丹麦、德国、加拿大、澳大利亚、西班牙、日本、以色列、爱尔兰、意大利、韩国、奥地利、匈牙利、新西兰、波兰、希腊、葡萄牙和瑞士。

根据研究目的，选取代表农业总产出、土地、劳动力、物质资本和人力资本的相关指标，其中农业总产值、土地、劳动力和物质资本的指标均选自联合国粮农组织数据库（FAOSTAT）。农业总产出是以2004—2006年不变美元价格计算的实际农业总产值，土地以农业用地面积作为替代变量，劳动力对应FAOSTAT中的农业经济活动人数，物质资本是以2005年不变美元价格计算的资本存量。根据Lau等学者[①]提出的使用人均受教育年数作为人力资本水平的衡量指标，本章借用Barro和Jong–Wha[②]所估计的世界各国的人均受教育年数，并借鉴Reimers和Stephan[③]计算农村人口受教育年限的办法，分别计算样本国家农村人口平均受教育年数以代替人力资本水平。由于该数据库中各国有关变量的数据统计年限起止时间不一致，为了得到整齐的数据，采用统计学方法补齐变量的缺失值[④]，所有变量取值时间段为1980—2011年。

---

① Lau L J, Jamison D T, Liu Shu-Cheung. Education and Economic Growth: Some Cross-Sectional Evidence from Brazil. Journal of Development Economics,1993, Vol.41,No.1 pp. 45-70.

② Barro R J，Wha L J. A New Data Set of Educational Attainment in the World, 1950–2010. Journal of Development Economics, 2013,No.104, pp.184-198.

③ Reimers M, Stephan K. Revisiting the Role of Education for Agricultural Productivity.American Journal. of Agricultural Economics, 2013, Vol.95,No.1, pp.131-152.

④ 2011年农村劳动力受教育年数和2008—2011年物质资本存量数据均采用趋势外推统计方法补齐。

（二）描述性统计分析

农业总产值是表征农业增长的一个主要综合性指标，以样本国家的实际农业总产值之和及其劳均农业产值反映农业增长状况。

图 8-1 显示，21 个样本国家的农业产值之和自 1980 年以来处于螺旋式上升态势，由 1980 年的 5944 亿美元增加到 2011 年的 6908 亿美元，年均增长速度为 0.5%。劳均农业产值增长非常明显，2011 年的劳均农业产值是 1980 年的 3 倍，年均增长 3.6%（图 8-2）。农业总产值和劳均农业产值均表明发达国家农业产出规模总体呈现出扩大趋势。

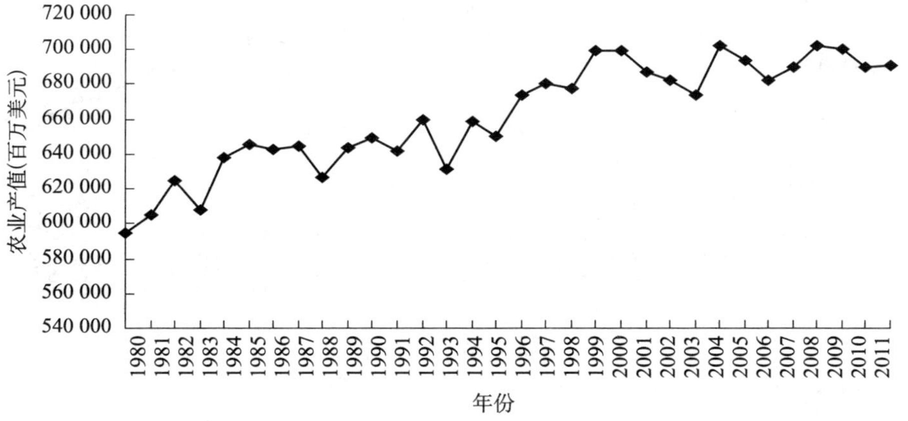

图 8-1　农业总产值

数据来源：FAOSTAT 数据库

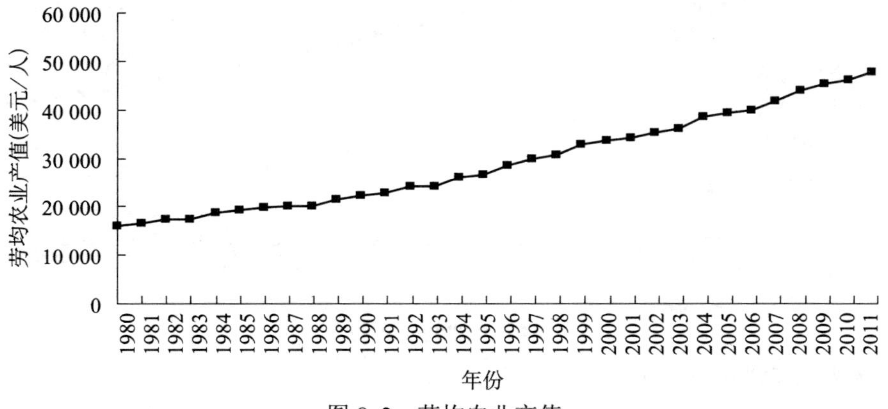

图 8-2　劳均农业产值

资料来源：FAOSTAT 数据库

自20世纪80年代以来，上述21个国家农业用地面积和农业经济活动人口始终处于直线下降趋势，二者分别以年均0.4%和3%的速度递减（图8-3和图8-4）。资本存量变化呈现先递增再递减，进入21世纪基本保持平稳状态，年均增长速度仅为0.05%（图8-5）。农村人均受教育年数变化趋势与农业用地面积和农业经济活动人口变化相反，一直保持递增状态，以年均1.1%的速度增长（图8-6）。2011年21个样本国家农村人均受教育年数达到11年，其中美国、加拿大、爱尔兰和新西兰等国已达到或超过12年。

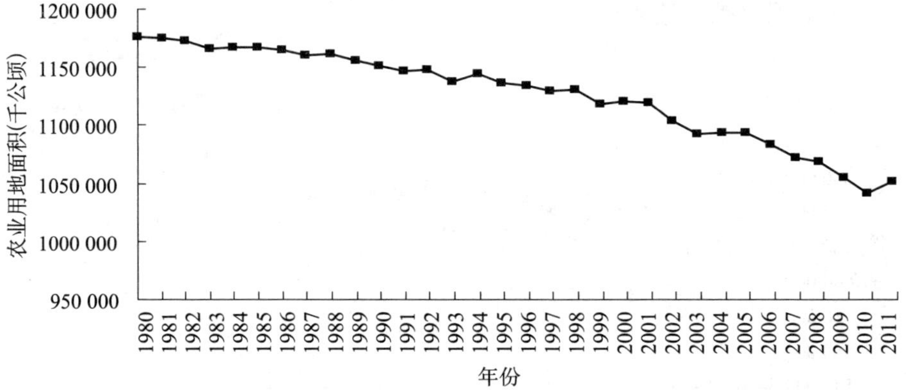

图8-3　农业用地面积

资料来源：FAOSTAT数据库

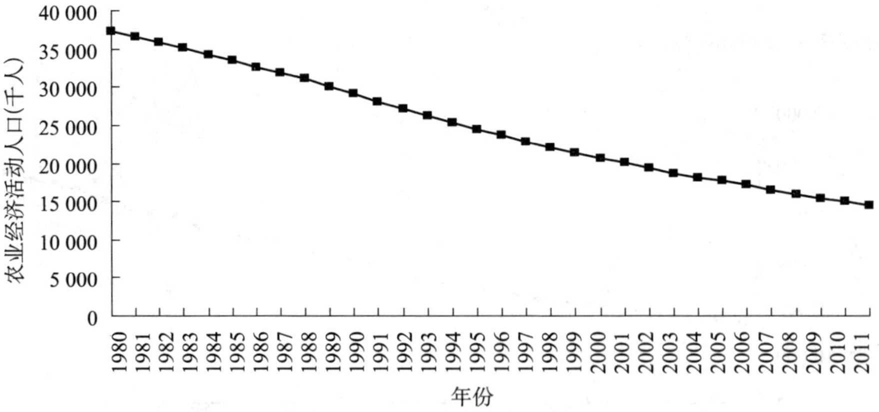

图8-4　农业经济活动人口

资料来源：FAOSTAT数据库

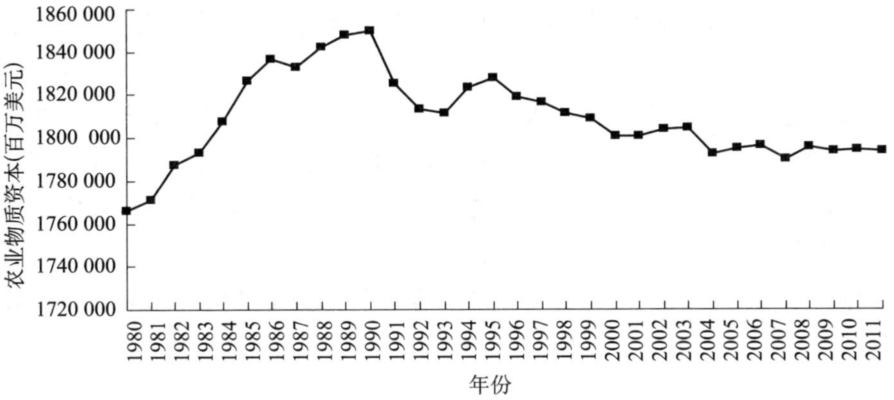

图 8-5 农业资本存量

资料来源：FAOSTAT 数据库

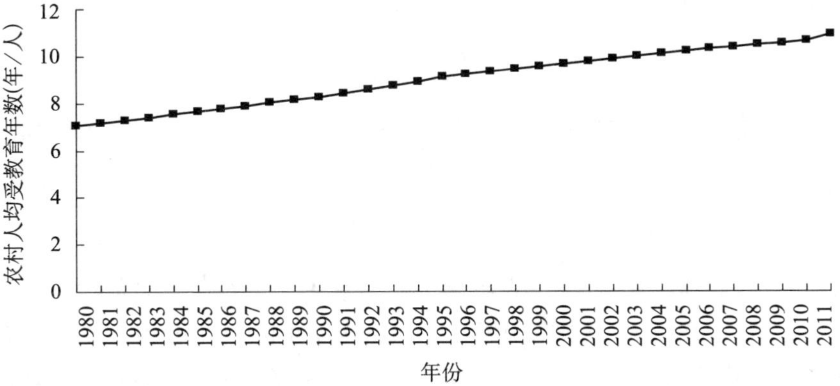

图 8-6 农村人均受教育年数

资料来源：根据 Barro-Lee Educational Attainment Dataset 数据经过计算得到。

（三）统计分析结论

1980 年以来，高水平工业化国家农业产出规模总体保持不断扩大，而各个投入要素的数量变化方向各异。土地和劳动力投入逐年减少，特别是劳动力数量急剧下降；物质资本投入以非常低的速度在增长，可以认为基本保持恒定；人力资本是唯一呈现明显增加趋势的投入要素。据此可作出的推断，推动高水平工业化国家农业增长的主要要素已不是土地、劳动力，而是物质资本和人力资本，其中人力资本是最主要的引擎。换言之，农业增长主要来源于人口质量红利。

四、人力资本与发达国家农业增长的回归分析

为了证实各生产要素在高水平工业化国家农业增长中的重要性，在描述性统计分析的基础上建立面板数据模型[①]进一步检验上述推断。由于无法获取发达国家农业人力资本总存量数据，只能得到人均人力资本存量，即人均受教育年数。下面采取两个步骤建模分析，首先估计包含土地、劳动力和物质资本的农业总量生产函数；其次估计包含物质资本和人力资本的劳均农业生产函数，检验并比较物质资本和人力资本的产出效应。

（一）三要素农业总量生产函数估计

采用柯布—道格拉斯生产函数形式建立包括土地、劳动力和物质资本的三要素农业总量生产函数

$$Y = AT^{\alpha} L^{\beta} K^{\theta} \tag{8-2}$$

将式（8-2）两边取对数线性化并用面板数据模型表达方式表示待估计模型如下

$$\ln Y_{it} = \ln A + \alpha \ln T_{it} + \beta \ln L_{it} + \theta \ln K_{it} + \mu \tag{8-3}$$

式（8-3）中被解释变量 Y_{it} 表示第 i 个国家第 t 年的农业总产值，A 为技术进步参数，L_{it}、T_{it}、K_{it} 分别表示第 i 个国家第 t 年的农业劳动力数量、农业土地面积和农业物质资本存量，μ 为随机误差项。α、β、θ 为各要素产出弹性，是模型的待估参数。各变量数据取值时间和来源与描述性统计所使用的数据相同。

为了保证样本数据的质量和完整性，列出包含劳均农业产值、劳均物资资本和劳均人力资本在内的各变量取自然对数后观测值的数字特征，见表 8-1。

表 8-1　变量特征描述

变量	观测值个数	均值	标准差	最小值	最大值
$\ln Y$	672	9.767 566	1.057 827	7.714 361	12.340 74
$\ln K$	672	10.544 84	1.288 355	7.760 292	13.366 49
$\ln L$	672	6.428 984	1.197 294	3.912 023	8.724 532
$\ln T$	672	9.253 755	1.658 467	6.232 055	13.087 62

① 采用面板数据估计模型具有诸多优点，诸如显著增加自由度使得统计推断更加有效、降低变量之间的共线性使得参数估计更有效、减少模型估计偏差等。李子奈、叶阿忠：《高级应用计量经济学》，北京：清华大学出版社，2012 年，第 175 页。

续表

变量	观测值个数	均值	标准差	最小值	最大值
ln*y*	672	3.338 583	0.765 762	1.148 795	4.665 039
ln*k*	672	4.115 853	1.045 628	0.141 708	6.004 623
ln*h*	672	2.191 199	0.253 738	1.217 165	2.574 805
		t=32	*n*=21		

注：*y*、*k*、*h* 分别表示劳均农业产值、劳均物资资本和劳均受教育程度

各个变量的观测值个数均为 672 个，则该面板数据为平衡面板数据。各变量观测值取自然对数后没有出现异常值。由于面板的时间长度 t=32，横截面个体 n=21，$t > n$, 故该面板又属于长面板。①

为了克服长面板数据存在的组内自相关和组间相关问题，采用同时处理组内和组间相关的可行的广义二乘估计方法（FGLS）。首先分别以固定效应（FE）和随机效应（RE）估计参数，再进行 Hausman 检验以确定最终选择的估计结果。本章应用 Stata12.0 作为估计软件，对应的命令为 xtgls，并附加扰动项同期相关而方差不同和允许每个面板有自己的自回归系数的命令选项，估计结果见表 8-2。

表 8-2 估计结果

	FE		RE	
ln*K*	0. 449*** (13.94)		0. 206 ***(21.47)	
ln*L*	−0.029***(−3.58)		0.214*** (9.18)	
ln*T*	−0.002(−0.08)		0.029* (2.21)	
C	9.662*** (25.43)		3.322*** (21.90)	
n	21		21	
t	32		32	
Waldchi2(22)=109529.22	Prob > chi2=0.0000		Waldchi2(21)= 2347.88	Prob > chi2=0.0000
	Hausman Test：chi2(4) =49.33		Prob > chi2 =0.0000	
		r=0.63		

注：括号内数值为 Z 值，*p < 0.05,**p** < 0.01,***p < 0.001

Hausman 检验结果强烈拒绝原假设，故应采用固定效应模型较为合适。固定效应估计结果显示，物质资本和劳动力两个生产要素的系数在 1% 显著水平下均通过检验，而土地的系数无法通过 5% 显著性水平检验。由于 xtgls 估计程式无法得到 R^2 以及调整的 R^2，故本章参考万广华等学者②的方法，给出观测值与

① 明确面板数据的类型有助于选择适当的估计方法。

② 万广华、张茵：《中国沿海与内地贫困差异之解析：基于回归的分解方法》,《经济研究》2008 年第 12 期，第 75—84 页。

因变量的预测值的相关系数 r 值。

土地的产出弹性未通过显著性检验表明，该要素在高水平工业化国家农业增长中的效应已经殆尽，其农业增长已经突破了自然禀赋的“瓶颈”约束。劳动力产出弹性系数虽然通过显著性检验，但是弹性系数仅为 -0.029，显示农业劳动力数量投入在拉动产出增长方面的效应可以忽略，其已不再是农业增长的重要影响因素，即人口数量红利在高水平工业化国家的农业生产中已经消失。物质资本的产出弹性为正，说明其对高水平工业化国家农业生产具有重要的正效应，因此该要素将在估计这些国家劳均农业生产函数时继续保留。

（二）两要素劳均农业生产函数估计

在规模报酬不变和劳动力齐质性假设下，采用柯布 - 道格拉斯生产函数形式得农业劳均生产函数如下

$$y = Ak^{\sigma}h^{1-\sigma} \tag{8-4}$$

将式（8-4）两边取对数线性化并用面板数据模型表达方式

$$\ln y_{it} = \ln A + \sigma \ln k_{it} + (1-\sigma) \ln h_{it} + \mu \tag{8-5}$$

式（8-5）中 y 、k 、h 分别表示劳均农业产值、劳均物质资本和劳均人力资本，σ、$1-\sigma$ 分别是 k 和 h 的产出弹性，其他符号与各变量数据取值范围和来源、估计方法与式（8-3）相同。估计结果见表 8-3。

表 8-3 估计结果

	FE		RE	
ln$k$	0.652***(45.74)		0.484*** (24.10)	
ln$h$	0.596***(15.55)		0.629*** (10.00)	
C	−0.867***(−9.29)		−0.061 (−0.50)	
n	21		21	
t	32		32	
Wald chi2(22)= 15265.38	Prob ＞ chi2=0.0000	Waldchi2(21)= 1241.90	Prob ＞ chi2=0.0000	
	Hausman Test：chi2(4) = 5.32	Prob ＞ chi2 = 0.1500		
		r=0.91		

注：括号内数值为 Z 值，$*p < 0.05$，$**p < 0.01$，$***p < 0.001$

Hausman 检验在 10% 水平上不能拒绝原假设，故应采用随机效应模型较为合适。随机效应估计结果显示劳均物质资本和劳均人力资本弹性系数在 1% 显著水平上均通过检验，r =0.91 说明模型拟合效果较好。物质资本的产出弹性显著为正，再次表明了其对农业增长的重要性。高水平工业化国家人口偏好结构转变完成后导致农业劳动力数量大幅度减少，农业劳动力的物质资本装备得以深

化，农业部门的资本有机构成大都已经超过工业。[①] 例如，美国在 20 世纪 70 年代，每个农业工人拥有的机械设备达 1.5 万美元，比制造业工人拥有的机械装备率高 22%；加拿大平均每个牧业劳动力拥有 8 万加元的机械设备；法国和德国每个农业工人拥有的固定资本在 2000 美元以上。[②] 然而从图 8-5 显示的农业物质资本存量总体变化趋势来看，高水平工业化国家的农业物质资本存量近年来趋于恒定，个别国家甚至逐年下降。所以，虽然物质资本的产出弹性为正，但由于数量基本保持原有规模甚至减少，且具有边际报酬递减性质，则其对农业增长的贡献将趋于收敛。劳均人力资本产出弹性大于劳均物质资本，达到 0.63，反映出农业产出增长变化对人力资本变化非常敏感。从图 8-6 中显示的高水平工业化国家农村人口受教育程度不断提高的趋势可以推测，人力资本成为农业增长的主要推动力，这些国家已经进入人口质量红利型现代农业增长阶段。

五、本章结论及其借鉴意义

人口生产数量偏好向质量偏好的转变是工业化进程中的一般性规律。人口生产量质偏好结构转变对于农业增长的意义在于，一方面，在农业劳动力供给压力减少的同时，带来人均农业物质资本的深化；另一方面又为现代农业造就了高素质的劳动力。人力资本进入农业生产，实现了传统边际报酬递减型技术向现代递增型技术的转换，从而使其成为现代农业持续增长的源泉。高水平工业化国家的人力资本积累达到相当高的水平，人力资本在农业增长中已居于主导地位，农业生产函数转变为现代形式。对高水平工业化国家农业增长的相关经验数据分析表明，人力资本超越土地、劳动力、物质资本已成为农业增长的主驱动力，农业增长的人口质量红利取代了人口数量红利。

高水平工业化国家的人口生产转型、人口红利结构转变与农业增长的关系，可以为发展中国家特别是当前中国的农业发展提供参考和启示。

首先，人口生产偏好结构转变是工业化的必然结果。工业化提高了劳动力抚养子女的机会成本，孩子成为家庭的“奢侈品”，追求效用最大化家庭的理性选择是减少生育的数量、注重孩子的质量。工业部门对农村转移劳动力的择优

① 张进选：《家庭经营制：农业生产制度长期的必然选择》，《农业经济问题》2003 年第 5 期，第 46—51 页。

② 《发达国家农业机械化发展情况》，《东方城乡报》2013 年 4 月 25 日，第 6 版。

性筛选，一定程度上昭示了农村人力资本投资的有利性，这激发了农村家庭将更多资源投资于子女质量方面。中国在20世纪90年代之前曾出现人口生育率提高和人口膨胀现象，它引致了严格的人口控制政策。但在进入工业化中期阶段的20世纪90年代之后，中国的人口生产压力开始缓解。对人口生产数量偏好的主要抑制力量由人口控制政策逐渐转向经济发展因素，与此同时，家庭人口生产的质量偏好特征开始凸显。

其次，人口生产量质结构转型带来农业增长的人口红利结构转变。当人口生产倾向于数量偏好时，农业增长依赖人口数量红利；人口生产偏好开始向质量偏好转变，生育率下降导致人均物质资本深化，农业增长则依赖物质资本红利；当人口生产质量偏好进一步强化，人力资本成为农业生产的主要投入要素之一时，人口质量红利就将出现。中国目前尚处于工业化中期阶段，人口生产偏好正处于转变时期，人口数量红利随着生育率的下降和劳动力非农转移趋于消失，人均物质资本存量有所增加，物质资本红利是此时期农业增长的基本力量。随着工业化的推进，人口质量偏好将增强，劳动力受教育水平随之不断提高，由此将形成人口质量红利对物质资本红利的替代。可以预想，工业化阶段提升引致人口生产的进一步转型，将使中国农业增长逐渐过渡到人口质量红利阶段。

再次，人力资本是现代农业增长的发动机。当今高水平工业化国家农业增长的经验表明，人力资本开始在农业生产中发挥主要驱动作用，是这些国家人口生产偏好转变的结果。由于物质资本的边际报酬递减性质终将会缓减农业增长速度，要保持或者提高农业增长速度，必须利用人力资本所特有的边际报酬递增效应抵消物质资本的递减效应，以支撑农业的可持续增长。中国农业增长不能停留在目前的劳动力数量红利和物质资本红利阶段，其出路只能是在充分利用物质资本红利的同时加快人力资本的积累，以应对劳动力数量红利消失的消极影响，并将农业增长推进到以人力资本为主动力的现代农业阶段。

最后，政府的相关政策可以催生人口质量红利的尽早到来。虽然人力资本积累发生于家庭内部，但如果政府能为农村劳动力人力资本积累提供更优越的环境和条件，那么人力资本积累速度会进一步提高，人口质量红利在农业生产中将更早地出现。在农业劳动力素质相对较高的美国、澳大利亚等发达国家，政府要求农业从业者必须具有高中以上的文化程度，并且在高中毕业后再接受3—4年的专门农业技术教育；在从事农业劳动之前，还要受到更加严格的农业职业技能培训；由于从业门槛较高，经过一系列农业教育和培训的人员，一旦进入农业领域，对农业机械、农业管理、农业经营等都能处理得得心应手。[①] 借鉴此类经验，中国政府应在农村教育方面实施相应的倾斜政策，鼓励和帮助农村子女接受更优质的高层次教育，同时重视对农业劳动力的职业技术培训，加速农村人力资本积累，以使中国农业发展也能享有人口质量红利。

① 张存生：《发达国家农业特点及启示》，《农村农业农民》2005年第10期，第32页。

第九章
进入工业化中后期国家的经验证据

根据本书所设定的分析框架，一个国家经济发展进入到工业化中期阶段以后，人力资本日益成为推动农业发展的关键性要素，而生育率下降又为人力资本这一重要发展要素的积累创造出有利的环境。因此，可以将生育率和人力资本作为一个国家或地区进入工业化中期阶段以后农业发展的基本解释变量。那么，这一分析结论能否获得经验事实的广泛支持呢?

本章试图开展的工作是，以历史上或现实中进入到工业化中期阶段的国家为分析样本，选取这些样本中人力资本、生育率和农业发展的相关衡量指标，建立起人力资本、生育率与农业发展相关关系的分析模型。利用多国经验考察的结论，对本书提出假说的可靠性给予验证。

一、二元反差指数：农业发展的间接测度指标

由于纳入分析范围的国家数较多，难以获得度量这些国家农业发展水平的统一数据集。为此，从数据可得性角度出发，本章用二元结构反差指数作为农业发展的间接测度指标。

人们通常从农业与非农产业的角度来形成二元经济结构的分析架构。其中一元为乡村农业（以下称农业部门），另一元为由城市和乡村二、三产业共同组成的非农产业（以下称非农业部门）。按照三次产业的划分，通常将第一产业归为一元，而将第二、三产业合并后归为另一元。

根据二元经济理论，在未完成现代化改造的国家，一般均程度不同地存在着二元经济结构。在二元经济部门之间，又存在着技术状态和发展水平间的显著差异。二元反差指数就是用来描述一个经济体二元结构特征的一种指标。二元反差指数是指两部门产值（或收入）比重与劳动力比重之差的绝对数平均值。

其计算公式是

$$R=\frac{1}{2}\left(|y_1-l_1|+|y_2-l_2|\right) \tag{9-1}$$

式（9-1）中，y_1，l_1 为农业部门产值比重和劳动力比重，y_2，l_2 为非农部门产值与劳动力比重。

如果二元反差指数较小，说明农业部门与非农部门之间的发展差距较小，亦即农业部门较发达；反之，二元反差指数较大，则表明农业发展水平较低，农业部门较落后。经验事实也显示，已经完成农业现代化改造的国家，其二元反差指数均很小；相反，在发展中国家，二元反差指数则要大得多。比如，在2001年，美国、加拿大、德国和澳大利亚的二元反差指数分别仅为1.33、1.02、1.44和1.36；同年，巴西、印度尼西亚、埃及与巴基斯坦等发展中国家的二元反差指数分别高达15.64、29.53、25.76和20.65（表9-1）。

表9-1 1995年、2001年部分发达国家和发展中国家的二元反差指数

发达国家	二元反差指数		发展中国家	二元反差指数	
	1995年	2001年		1995年	2001年
美国	1.27	1.33	马来西亚	7.02	6.56
日本	3.72	3.80	巴西	16.12	15.64
加拿大	1.08	1.02	南非	7.49	8.19
德国	1.96	1.44	印度尼西亚	29.71	29.53
意大利	3.28	2.48	埃及	30.69	25.76
澳大利亚	1.55	1.36	巴基斯坦	22.29	20.65

资料来源：劳动力比重数据来自国家统计局人口和社会科技统计司、劳动和社会保障部规划财务司编:《中国劳动统计年鉴20004》，北京：中国统计出版社，2004年，第633、635页；农业比重数据来自http://www.worldbank.org.cn [2014-11-27]

二、人口生产转型与二元反差指数变化：美国和日本的经验证据

（一）美国和日本工业化中期阶段的确定

本节以资源富裕型国家美国和资源短缺型国家日本作为先行工业化国家的例子，考察这两个国家在进入到工业化中期阶段以后，各自的人力资本和生育率的变化对其二元结构反差指数变化的影响。

关于一国工业化阶段的划分，目前尚无统一的标准。为了简化工业化中期

阶段的界定，本章把一个国家从工业产值超过农业产值到重工业占优势之前这段时期看作工业化初期阶段，把重工业占优势向服务社会过渡这段时期看作工业化中期阶段，而把进入服务社会以后的时期视作工业化后期阶段。依据这一标准，1900 年美国工业结构实现重工业化，到 20 世纪 50 年代中期，零售业占有重要地位。因此，大体可以认为 1900—1960 年是美国的工业化中期阶段。同样，根据产业结构和就业结构的变动，日本的工业化中期阶段可确立为 1936—1972 年。①

（二）指标选取与数据来源

出生率是最基本的生育率度量指标之一，它能较准确地反映生育对人口总数增长的影响。基于数据的可得性，我们采用人口出生率来衡量美国、日本工业化中期阶段的生育率。

教育投资是人力资本投资的主要部分，所以也可以把人力资本投资视为教育投资问题；而人力资本投资形成的存量，一般用平均受教育年限来衡量。② 由于资料收集的限制，我们利用各年份每万人大学生人数和人均国家教育经费作为衡量相应时期人力资本的指标。对于少量缺失数据依据插值法进行修补。③

基于本章第一部分的限定，用二元反差指数的变化来衡量农业部门的发展。

各项数据均取自中国社会科学院世界经济与政治研究所综合统计研究室《苏联和主要资本主义国家经济历史统计集（1800—1982）》（北京：人民出版社，1989 年）。

---

① 1936年日本建立了以重工业为主的工业体系。至1972年，日本第三产业的劳动力和国民收入构成比例达到 49.4%，超过第二产业的 35.7%。

② Barro 用平均受教育年限作为人力资本RJ的间接度量。这种方法否定了教育的质的差别，并假定接受过不同教育水平的劳动者是完全可替代的。Barro R J.Economic Growth in Across Section of Countries. Quarterly Journal of Economics, 1991,Vol.106, No.2, pp.407-433.

③ 由于统计期较长，而且口径一致，所以利用插值法所得数据的可信度也很高。

（三）人力资本、生育率与二元反差指数的变化趋势

美国工业化中期阶段的人力资本、人口出生率与二元反差指数变化情况见图 9-1。

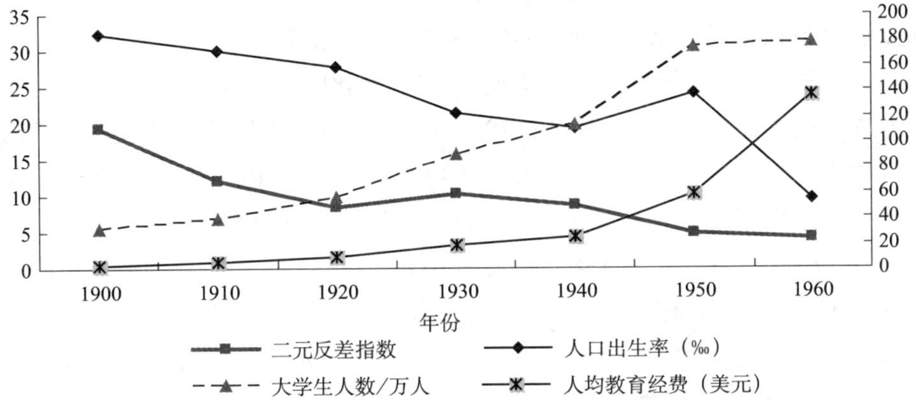

图 9-1 美国工业化中期阶段的人力资本、人口出生率与二元反差指数变化情况

从图 9-1 中可以看到，在美国的工业化中期阶段，其人口出生率呈现出下降趋势，从 32.3‰ 降低至 9.5‰。人均教育经费呈现出指数增长的态势，从工业化中期阶段开始的 2.8 美元，上升到 1960 年的 136.7 美元；每万人大学生人数，从工业化中期开始的 31.3 人大幅度上升到工业化中期末段的 178 人。在此期间，二元经济反差指数总体上趋于下降，从 1900 年的 16.36 下降到 1960 年的 4.00。

日本工业化中期阶段的人力资本、人口出生率与二元反差指数变化情况见图 9-2。

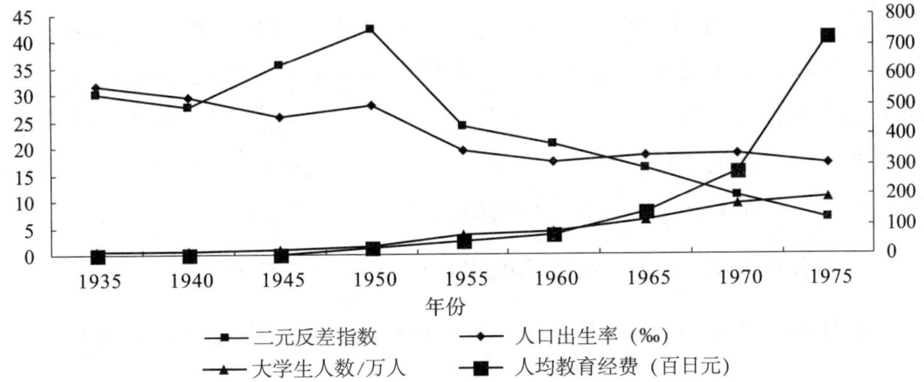

图 9-2 日本工业化中期阶段的人力资本、出生率与二元反差指数变化

从图 9-2 中可知，1935 年日本的二元反差指数是 30.25，到工业化中期阶段

结束时，这一指数降为 6.70。需要说明的是，日本在 1945—1946 年连续两次进行土地改革。土地改革的结果令 95% 的农民获得耕地，农业经济随之好转，农业生产水平获得提高。由于战争期间日本的工业衰落，战后初期国民经济和生产能力严重下降，此期间的生产总额仅达 1934—1936 年平均产量的 27.6%。[①]因此，此特殊阶段的经济和就业结构出现了较大幅度变化。

在日本的工业化中期阶段，人口出生率从工业化中期开始的 31.6‰ 下降为工业化中期末段的 17.1‰；在战后恢复的 1945 年到 1950 年期间，人口出生率同样也出现了小幅上升。人均国家教育经费在此期间持续增加，尤其是 1960 年到 1975 年的 15 年间，人均教育经费增长了 16.4 倍；同时，每万人口的大学生人数也持续线性增加，到 1970 年，全国大学生人数增长到 166.97 万人，是 1945 年的近 17 倍。

从先行工业化国家美国和日本的情况来看，自工业化中期阶段以后，人口出生率与二元反差指数同向变化，用每万人大学生人数、人均教育经费衡量的人力资本与二元反差指数反向变动，这些变量之间可能存在相互作用的内在机制。

（四）人力资本、生育率与二元反差指数的 Granger 检验——以日本为例

生育率（人口出生率）、人力资本（每万人大学生人数 H_1 和人均教育经费 H_2）与二元反差指数之间可能互为因果关系。我们通过对日本工业化中期阶段（1936—1975 年）的各相关指标作 Granger 检验，来判断它们之间存在的逻辑因果关系。按照现代计量经济思想，高度相关的两个变量并不意味着它们之间就存在因果关系。一般使用最小二乘法进行因果检验。我们知道，在使用该方法时，如果样本容量大且时间序列都服从单位根过程（即是非平稳的），即使它们之间不存在任何相关性，以一个时间序列对另一个时间序列回归也总能得到显著的参数，这就是所谓的“伪回归”问题。为了避免这种“伪回归”，根据计量方法的要求，在作 Granger 检验之前对数据进行平稳性检验。[②]

1. 工业化中期阶段日本各指标的平稳性分析与协整检验

首先对各序列采用 ADF 方法进行单位根检验，考察各序列是否为稳态。结

① 《战后经济恢复：1945—1955》，http://web.cenet.org.cn/upfile/［2014-11-15］。

② 本章采用计量经济软件 Eviews5.0 进行各项检验及回归。

果如表 9-2 所示，其中，ADF 检验是根据具有最小 Akaike 信息准则（AIC）滞后期的检验值。

表 9-2 ADF 单位根检验

变量	ADF-*t* 检验值	滞后	AIC	DW 值	*R*2
index	–9.814 749	2	3.776	2.056	0.809
birth	–11.653 27	2	4.747	2.349	0.804
*H*1	–5.701 061	2	5.178	1.984	0.468
*H*2	–7.773 717	2	17.665	1.282	0.798

注：单位根检验的显著性水平为 5%

从表 9-2 结果可以看到，所有序列经过二阶差分后都拒绝单位根假设，其中大部分都在 0.01 的显著性上拒绝零假设。这说明各变量的时间序列均为 I(2)，可以进行下一步检验。

在单位根检验的基础上进行 Johansen 协整检验。通过建立迹统计量和最大特征值似然比统计量来确定各变量之间的协整关系。二元反差指数等各变量的检验结果见表 9-3。

表 9-3 Johansen 协整检验结果

协整方程个数假定	特征根	迹统计量	5% 的临界值	P 值
0	0.781 6	82.557 6	55.245 8	0.000 0
至多 1 个	0.599 7	46.047 3	35.010 9	0.002 3
至多 2 个	0.473 6	24.074 4	18.397 7	0.007 2
至多 3 个	0.303 4	8.675 89	3.841 47	0.003 2

据表 9-3 可以看到，迹检验和最大特征值检验表明，在 5% 的显著性水平上，人口出生率、每万人大学生人数、人均国家教育经费和二元反差指数之间存在 3 个协整方程。由 Johansen 协整检验的模型分析可知，二元反差指数与其他变量的协整关系均与理论预期相吻合，表明前述分析框架是有效的。

2. Granger 因果关系检验

基于以上两个检验，Granger 因果关系检验采用二阶差分后的数据（在表 9-4 中仍然使用原序列表示），通过对日本工业化中期阶段的人口出生率、表征人力资本的相关变量（H_1 和 H_2）与二元反差指数进行 Granger 因果关系检验，以考察生育率、人力资本与农业发展的相互作用机制。由于某些变量样本数的限制，根据 AIC 或者 SC 最小准则，选取不同的滞后阶数。

表 9-4 Granger 因果关系检验

原假设	样本数	F 统计量	P 值	结论
Birth does not Granger Cause Index	25	3.504 56	0.074 55	拒绝
H1 does not Granger Cause Index	25	56.093 6	1.7E-07	拒绝
H2 does not Granger Cause Index	25	10.671 0	0.003 53	拒绝
H1 does not Granger Cause Birth	38	3.873 66	0.057 01	拒绝
Birth does not Granger Cause H1	32	4.109 01	0.011 75	拒绝
H2 does not Granger Cause Birth	34	0.314 79	0.578 79	接受
Birth does not Granger Cause H2	30	2.477 35	0.086 78	拒绝

注：以上检验中的结论是在 10% 的显著性水平上作出的

由表 9-4 的 Granger 因果关系检验结果可知，人口出生率、每万人大学生人数和人均教育经费均可以作为二元反差指数变动的 Granger 原因，证明日本工业化中期阶段二元经济转化和农业发展的内生性。更进一步，每万人大学生人数与人口出生率是互为 Granger 成因，说明此阶段日本的人力资本与生育率处于良性变动状态。但人均教育经费并非人口出生率的 Granger 成因，而人口出生率却是人均教育经费的 Granger 成因。对此，可能的解释是人均教育经费的增加，在短期内无法形成人力资本，从而无法对生育率产生影响。

三、人口生产转型与二元结构转变：多国经验的实证结果

（一）样本的扩展

为了进一步验证人力资本与生育率变化是农业发展或二元结构转变的原因，本部分将样本国家扩大到世界范围内 1960 年以来进入到工业化中期阶段及 2005 年已经基本进入工业化后期阶段的中、高收入国家。

城市化是工业化进程中的伴生现象，一般情况下，工业化与城市化呈高度正相关关系，因而城市化水平常被用来反映工业化发展阶段。城市化水平一般用城市人口占总人口的比例来衡量。当城市人口占总人口比例在 20% 以下时，被认为是非城市化阶段，此时经济大体处于工业化初期阶段；当该比例超过 50% 时，被认为基本实现城市化，此时经济大体处于工业化中后期阶段；当此比例超过 70% 时，被称作高度城市化阶段，此时经济大体处于后工业化阶段。

据此，将1960年城市化率在30%—50%、1990年城市化率提升到55%—70%，进而到2005年基本进入工业化中后期阶段或已完成工业化的国家作为样本。① 样本国家城市化率的数据取自世界银行：《世界发展指标2002》，具体数据详见本章附录。

（二）数据来源及性质

对于二元经济结构特征的变化，因缺乏各产业劳动力比重的数据，因此，改用农业产值比重（G）来衡量。② 本部分使用总和生育率（F）来表征生育率。总和生育率指一定时期（如某一年）各年龄组妇女生育率的合计数。这一指标不受育龄妇女年龄构成的影响，反映了随时间推移由于各种因素的影响总和生育率的年变化情况。人力资本是体现在人身上的体能、技能、知识和经验的总和，因此可以利用出生时预期寿命（L）和初等教育完成率（P）来衡量各经济体的人力资本。

本部分数据均取自世界银行网站（http://www.worldbank.org.cn/）公布的世界发展指标（WorldDevelopmentIndicators）数据库。

表9-5给出了各变量的基本统计量。③ 由PanelA的中等收入国家与PanelB的高收入国家比较可以看到，高收入国家的二元结构特征明显弱于中等收入国家，而且波动幅度也较小；其他变量的特征亦是如此。这说明人力资本的迅速增加与生育率的下降与二元经济转化过程相伴随。

---

① 在研究中，分析样本根据1960年世界银行以人均国民收入为标准对世界各国进行分类（包括低收入国家、中等收入国家和高收入国家），包括1个低收入国家：埃及；32个中等收入国家（地区）：玻利维亚、摩洛哥、多米尼加、厄瓜多尔、刚果、萨尔瓦多、巴拉圭、秘鲁、哥伦比亚、突尼斯、土耳其、罗马尼亚、波兰、巴拿马、哥斯达黎加、阿尔及利亚、保加利亚、马来西亚、黎巴嫩、蒙古、尼加拉瓜、墨西哥、南非、巴西、匈牙利、捷克、特立尼达和多巴哥、韩国、希腊、沙特阿拉伯、伊拉克、利比亚；5个高收入国家：爱尔兰、奥地利、阿拉伯联合酋长国、芬兰、瑞士。

② 二元经济向一元经济转化的过程中，二元反差指数会趋于降低，同时，农业在国民经济的比重也是趋于降低，但是，二元经济的转化过程并非仅仅是农业比重的降低，还包括其他产业、城市经济等诸多问题，在此，由于资料收集的限制，只是利用农业比重来代替二元经济指数趋于下降的趋势。

③ 在实证分析的过程中，将低收入国家埃及与中等收入国家合并为Panel A，高收入国家合并为Panel B。

表 9-5 各变量的描述性统计

项目	农业比重（G）		总和生育率（F）		预期寿命（L）		初等教育完成率（P）	
	Panel A	Panel B	Panel A	Panel B	Panel A	Panel B	Panel A	Panel B
平均值	10.24	3.00	2.36	1.90	71.01	77.73	90.54	91.82
标准差	6.04	1.27	0.98	0.64	5.05	1.79	12.80	14.04
最大值	39.00	6.34	5.89	4.26	79.41	81.24	119.57	106.20
最小值	0.68	1.29	1.08	1.34	44.61	73.2	44.50	51.69
观测数	232	46	232	46	232	46	232	46

（三）面板数据的平稳性与 Granger 关系检验

由于分析的是各个国家（地区）的时间序列数据，为防止出现谬误回归，先对数据进行平方根检验。[①]

对于农业产值比重这一变量的检验，忽略样本不足的国家，根据对各国相关变量序列的平稳性检验可知，除了萨尔瓦多、秘鲁、罗马尼亚、尼加拉瓜外，其余国家都是一阶单整的，即 I(1)；妇女总和生育率变量，除了摩洛哥是二阶单整，玻利维亚、厄瓜多尔、萨尔瓦多、保加利亚、墨西哥、特立尼达和多巴哥、伊拉克是水平平稳外，其余国家也同样是一阶单整；出生时预期寿命、初等教育完成率除少数国家（厄瓜多尔、萨尔瓦多等）外，均为一阶单整。需要指出的是，初等教育完成率不像其他变量检验结果显著。这主要是因为在我们收集的数据中，大部分国家的初等教育完成率数据年份不长，大都是从 1985 年以后统计的。

进一步对各变量进行 Granger 因果关系检验，以考察各国人力资本、生育率与二元经济转化的因果关系（表 9-6）。

表 9-6 各国生育率、人力资本与农业比重序列的单位根检验及 Granger 检验结果

国家	单位根检验				Granger 因果检验				
	G	F	L	P	F 和 G	L 和 G	P 和 G	F 和 L	F 和 P
埃及	I(1)***	不足	I(1)**	I(1)***	样本不足	$L \to G$**	$P \longleftrightarrow G$**	$L \to F$*	$P \to F$*
玻利维亚	I(1)***	I(0)***	不足	I(1)***	$F \to G$**	$L \to G$*	$P \to G$	样本不足	样本不足
多米尼加	I(1)***	I(1)***	I(1)***	I(0)***	$F \to G$	相互独立	$P \longleftrightarrow G$*	$F \longleftrightarrow L$*	$F \longleftrightarrow P$*
摩洛哥	I(1)***	I(2)**	I(1)***	不足	相互独立	$L \to G$**	样本不足	样本不足	P $\to F$**
厄瓜多尔	I(1)***	I(0)***	I(2)***	I(0)*	相互独立	$L \to G$	$P \to G$	$F \longleftrightarrow L$	$F \longleftrightarrow P$*
刚果	I(1)***	不足	I(1)***	I(1)***	$F \to G$*	相互独立	样本不足	$L \longleftrightarrow F$*	样本不足

① 本节仍然使用软件 Eviews5.0 提供的 ADF 检验法，先根据基本时序图确定截距项和时间趋势是否存在，再根据 AIC 和 SC 准则确定滞后阶数，最后比对 Σ 统计量和临界值判定是否平稳。

续表

国家	单位根检验				Granger 因果检验				
	G	F	L	P	F 和 G	L 和 G	P 和 G	F 和 L	F 和 P
萨尔瓦多	$I(0)^{***}$	$I(0)^{***}$	$I(1)^{**}$	$I(2)^{*}$	$F\rightarrow G^{**}$	$L\rightarrow G^{**}$	$P\rightarrow G^{***}$	样本不足	$F\longleftrightarrow P^{*}$
巴拉圭	$I(1)^{***}$	$I(1)^{**}$	$I(1)^{***}$	$I(1)^{***}$	$F\rightarrow G^{***}$	$L\rightarrow G^{***}$	$P\rightarrow G^{**}$	$F\longleftrightarrow L^{**}$	$P\rightarrow F^{*}$
秘鲁	$I(0)^{***}$	$I(1)^{***}$	$I(0)^{***}$	$I(1)^{**}$	相互独立	$L\rightarrow G^{*}$	$P\longleftrightarrow G^{*}$	$F\rightarrow L^{**}$	相互独立
哥伦比亚	$I(1)^{***}$	$I(1)^{***}$	$I(1)^{**}$	$I(1)$	$F\rightarrow G^{*}$	$L\rightarrow G$	$P\rightarrow G^{**}$	$F\rightarrow L^{***}$	$F\longleftrightarrow P^{*}$
突尼斯	$I(1)^{***}$	不足	$I(1)^{***}$	不足	$F\rightarrow G^{**}$	$L\rightarrow G^{**}$	样本不足	相互独立	相互独立
土耳其	$I(1)^{***}$	$I(1)$	$I(1)^{***}$	$I(0)^{***}$	相互独立	相互独立	$P\rightarrow G^{***}$	$L\rightarrow F^{*}$	$F\longleftrightarrow P^{*}$
罗马尼亚	$I(0)^{***}$	$I(1)^{***}$	$I(1)^{***}$	$I(1)^{***}$	$F\rightarrow G^{*}$	$G\rightarrow L^{**}$	$P\rightarrow G$	$F\longleftrightarrow L^{**}$	相互独立
波兰	$I(1)^{***}$	$I(1)^{***}$	$I(1)^{***}$	$I(1)^{*}$	$F\rightarrow G^{**}$	$L\rightarrow G^{*}$	$P\longleftrightarrow G^{*}$	$F\rightarrow L^{***}$	$P\rightarrow F^{**}$
巴拿马	$I(1)^{***}$	$I(1)^{***}$	$I(1)^{**}$	不足	相互独立	$L\rightarrow G^{*}$	样本不足	相互独立	样本不足
哥斯达黎加	$I(1)^{***}$	不足	$I(0)^{***}$	$I(1)^{*}$	$F\rightarrow G^{*}$	相互独立	$G\rightarrow P^{*}$	$L\rightarrow F^{*}$	样本不足
阿尔及利亚	$I(1)^{***}$	$I(1)$	$I(1)^{**}$	$I(1)^{*}$	$F\rightarrow G^{**}$	$L\rightarrow G^{*}$	$P\rightarrow G^{**}$	相互独立	$P\rightarrow F^{*}$
保加利亚	$I(1)^{***}$	$I(0)^{***}$	$I(1)$	$I(1)^{*}$	$F\rightarrow G^{**}$	$L\rightarrow G^{***}$	$P\longleftrightarrow G^{*}$	$F\longleftrightarrow L^{*}$	$F\longleftrightarrow P^{**}$
马来西亚	$I(1)^{***}$	$I(0)^{***}$	$I(1)^{***}$	$I(1)^{**}$	相互独立	$L\rightarrow G^{***}$	$P\longleftrightarrow G^{**}$	$L\rightarrow F^{*}$	样本不足
黎巴嫩	$I(1)^{*}$	$I(1)^{***}$	$I(1)^{**}$	$I(1)^{**}$	$F\rightarrow G^{*}$	$L\rightarrow G^{**}$	$P\rightarrow G^{*}$	$F\longleftrightarrow L$	$F\longleftrightarrow P^{*}$
蒙古	$I(1)^{***}$	$I(1)^{***}$	不足	$I(1)$	相互独立	$L\rightarrow G$	样本不足	$L\rightarrow F^{*}$	样本不足
尼加拉瓜	$I(0)^{*}$	$I(1)^{***}$	$I(1)^{***}$	$I(1)^{**}$	$F\rightarrow G^{***}$	$L\rightarrow G^{**}$	$P\longleftrightarrow G^{*}$	相互独立	$F\longleftrightarrow P^{*}$
墨西哥	$I(1)^{***}$	$I(0)^{***}$	$I(1)^{***}$	$I(1)^{***}$	$F\rightarrow G^{**}$	$L\rightarrow G^{**}$	$G\rightarrow P^{*}$	$F\rightarrow L^{**}$	$P\rightarrow F^{*}$
南非	$I(1)^{***}$	不足	$I(1)^{***}$	$I(1)^{*}$	相互独立	$L\rightarrow G$	$P\longleftrightarrow G^{**}$	$F\longleftrightarrow L^{*}$	样本不足
巴西	$I(1)^{***}$	$I(1)^{***}$	$I(1)^{***}$	$I(1)^{**}$	$F\rightarrow G^{*}$	$L\rightarrow G$	$P\rightarrow G^{*}$	$F\rightarrow L^{*}$	$F\longleftrightarrow P^{**}$
匈牙利	$I(1)^{***}$	$I(1)^{***}$	$I(0)^{***}$	$I(1)$	$G\rightarrow F^{**}$	$G\rightarrow L^{***}$	$P\longleftrightarrow G^{*}$	$F\longleftrightarrow L^{**}$	$F\longleftrightarrow P^{*}$
捷克	$I(1)^{***}$	$I(1)^{**}$	$I(1)^{***}$	$I(1)^{**}$	$G\rightarrow F^{**}$	$L\longleftrightarrow G^{**}$	相互独立	$L\rightarrow F^{***}$	相互独立
特立尼达和多巴哥	$I(1)^{**}$	$I(0)$	不足	不足	样本不足	样本不足	样本不足	$L\longleftrightarrow F^{*}$	$P\rightarrow F^{**}$
韩国	$I(1)^{***}$	$I(1)^{***}$	$I(1)^{**}$	$I(1)^{*}$	$F\rightarrow G^{***}$	$L\longleftrightarrow G^{**}$	$P\rightarrow G^{*}$	相互独立	相互独立
希腊	$I(1)^{***}$	$I(1)^{***}$	$I(1)^{***}$	不足	相互独立	$L\rightarrow G^{*}$	样本不足	$L\longleftrightarrow F^{**}$	$P\rightarrow F^{**}$
沙特阿拉伯	$I(1)^{***}$	$I(1)^{**}$	$I(1)^{**}$	$I(1)^{***}$	$F\rightarrow G^{*}$	样本不足	$P\rightarrow G^{**}$	$F\rightarrow L^{**}$	样本不足
伊 拉 克	$I(1)^{***}$	不足	$I(1)^{***}$	不足	样本不足	样本不足	样本不足	样本不足	样本不足
利 比 亚	$I(1)^{**}$	$I(1)^{**}$	不足	$I(1)^{**}$	$F\rightarrow G$	样本不足	$P\rightarrow G^{*}$	$F\rightarrow L^{*}$	$P\rightarrow F$
奥 地 利	$I(1)^{***}$	$I(1)^{*}$	$I(1)^{***}$	不足	相互独立	$L\longleftrightarrow G^{*}$	样本不足	$L\rightarrow F^{*}$	样本不足
阿 联 酋	$I(1)^{**}$	$I(1)^{*}$	不足	$I(1)^{**}$	样本不足	样本不足	相互独立	样本不足	样本不足
芬兰	$I(1)^{***}$	$I(1)^{***}$	$I(1)^{***}$	$I(1)^{***}$	$G\rightarrow F^{**}$	$L\rightarrow G^{*}$	相互独立	相互独立	$F\rightarrow P$
瑞士	$I(1)^{***}$	$I(1)^{***}$	$I(1)^{**}$	$I(1)$	$G\rightarrow F^{*}$	相互独立	相互独立	相互独立	$F\longleftrightarrow P^{*}$
爱尔兰	$I(1)^{***}$	$I(1)^{***}$	不足	$I(1)^{***}$	$F\longleftrightarrow G^{*}$	相互独立	相互独立	相互独立	相互独立

注：*表示单位根和 Granger 因果关系的检验显著性水平，***、**、*分别为 1%、5%、10% 的显著性水平，没有*表示显著性水平为 20%。$X\rightarrow Y$ 表示 X 是 Y 的 Granger 成因，$X\longleftrightarrow Y$ 表示 X 与 Y 互为 Granger 原因

检验结果表明，对于生育率与农业产业比重，埃及、特立尼达和多巴哥、伊拉克由于样本数据不足不能检验；摩洛哥、厄瓜多尔、秘鲁、土耳其、巴拿马、马来西亚、蒙古、南非生育率与农业产业比重间关系相互独立，说明这些国家二元经济的转化与生育率变动均处于外生状态；匈牙利和捷克的时序数据表明农业产值比重是生育率的 Granger 原因，证明这两个国家人口转变伴随着二元经济的转化过程；其余国家的检验结果均显示生育率是农业产值比重的 Granger 原因，说明大部分国家生育率下降与二元经济的结构转化具有较强的相关性。

出生时预期寿命与农业产值比重之间相互独立的只有多米尼加、刚果、土耳其和哥斯达黎加，说明这四个国家用预期寿命表征人力资本的提升与二元经济的转化均来自外部作用；除罗马尼亚和匈牙利外，其余国家的检验结果表明预期寿命是农业产值下降的 Granger 原因，证明这些国家偏向于二元经济的转化的内生状态。

另一个表征人力资本的初等教育完成率，忽略样本不足的国家后，只有捷克的结果显示两者相互独立；墨西哥和哥斯达黎加的结果显示农业产值比重是初等教育完成率的 Granger 原因；其余近 1/3 的国家，检验结果显示初等教育完成率与农业产值比重互为因果，二者之间有较强的相关性，证明这些人力资本与二元经济的转化处于良性循环中。

总之，20 世纪 60 年代以来，样本中大多数国家的发展历程显示出二元经济转化的内生性，而妇女总和生育率、人口出生时预期寿命、初等教育完成情况和二元经济的转化有着明显的关联性。

（四）计量模型及其分析结果

采用一国农业产值比重（G）作为被解释变量来分析生育率（F）和人力资本（L 和 P）对各国二元经济转化的影响。计量模型设定如下

$$G_{it} = \alpha + \beta_1 F_{it} + \beta_2 L_{it} + \beta_3 P_{it} + \varepsilon_{it} \tag{9-2}$$

其中，i 表示截面变量，t 为时间序列，ε 为扰动项，α 和 β 为待估系数。

基于面板数据特征，为了减少由于截面数据造成的异方差影响，执行可行的广义最小二乘法（GLS）对各国 1960—2007 年的相关数据进行估计。分别采用面板数据的截面固定效应模型（模型 1）、成分变异系数 Swamy-Arora 截面随机效应模型（模型 2）和成分变异系数 Wansbeek-Kapteyn 截面随机效应模型（模型 3）进行估计。模型拟合结果见表 9-7。

表 9-7　中等收入国家与高收入国家 1960—2007 年二元经济转化模型

项目	Panel A			Panel B		
	模型 1	模型 2	模型 3	模型 1	模型 2	模型 3
C	50.1828***	36.4093***	37.4571**	52.2754***	56.9445***	55.8135***
	(4.6859)	(2.7831)	(2.8779)	(9.0353)	(11.2149)	(7.8970)
$\ln F$	1.1923**	1.4694**	1.5342**	−2.3207***	−1.0449**	−2.4267***
	(2.0892)	(2.2374)	(2.3633)	(−5.0604)	(−2.5276)	(−5.5676)
$\ln L$	−0.5502***	−0.3099**	−0.3303*	−0.5795***	−0.6841***	−0.6208***
	(−2.3404)	(−2.3788)	(−2.5809)	(8.7381)	(−10.9062)	(−7.1430)
$\ln P$	−0.0407***	−0.0930***	−0.0907***	−0.0020	−0.0133**	−0.0005***
	(−4.2766)	(−4.2611)	(−4.2774)	(−5.2866)	(−2.0930)	(−0.0075)
ADR2	0.9879	0.2901	0.3073	0.9211	0.6413	0.7398
DW	0.7804	0.5263	0.5478	0.5103	0.0808	0.3010
F 值	570.8374	32.4628	33.7111	76.0292	21.8173	43.647
P 值	0.0000	0.0000	0.0000	0.0000	0.0000	0.0000

注：括号内是系数估计的 T 统计量。* 表示在 10% 水平上显著，** 表示在 5% 水平上显著，*** 表示在 1% 水平上显著

从模型的分析结果来看，中等收入国家的生育率在截面固定效应模型（模型 1）与截面随机效应模型（模型 2、模型 3）都是在 5% 水平上显著为正，而且系数分别是 1.1923、1.4694、1.5342，这与我们预期的结果和相关的经验研究是一致的。20 世纪 60 年代以来，总和生育率在中等收入国家总体趋于下降，这对二元经济的转化具有很强的积极作用。但是，对于高收入国家而言，三个模型的估计结果均显示总和生育率与农业产值比重呈负相关，且通过 1% 显著性水平的检验，也即总和生育率的下降，会导致农业产值比重的上升。对这一结果的可能性解释如下：纳入我们分析的高收入国家的样本显示（表 9-5），总和生育率的平均值为 1.90，出生时预期寿命达到 77.7 岁，说明样本国家在估计期已经进入了后人口转变时期。① 在人口发展的低位静止（lowstationary）阶

① 判断人口转变完成的两个标准是：①妇女总和生育率下降至更替水平以下，即 TFR<2.1。②人口出生时的平均预期寿命达到或高于老年人口年龄下限，即 $e>65$ 岁。

段[①]，人力资本的作用更为明显和关键，因此，农业部门的劳动生产率会上升，造成比重很少的农业部门产出的增加，从而影响到农业比重的变化。

影响二元经济结构转化的另一个重要变量——人力资本的估计显示，无论是中等收入国家还是高收入国家，它与农业比重始终是负向关系，仅仅在高收入国家的截面固定效应模型（模型 1）中，初等教育的完成率检验结果在 10% 的水平上不显著，但这并不影响各模型总体结果。更进一步，人力资本（尤其是出生时预期寿命）估计系数（绝对值）也较大，说明人力资本水平越高，二元结构越不明显。而且，高收入国家的人力资本系数（绝对值）大于中等收入国家，反映出人力资本是现代（一元）经济发展的关键因素。

四、人力资本和生育率关系的进一步考察

基于前面关于日本工业化中期阶段人力资本与生育率 Granger 因果关系的检验（表 9-4），可以得到生育率是人力资本的 Granger 成因的结论，亦即人力资本内生于生育率的变动模式中。从 20 世纪 60 年代以来样本国家的妇女总和生育率与出生时预期寿命、初等教育完成率（表 9-6 中 F 和 L、F 和 P）的 Granger 检验结果来看，生育率与预期寿命相互独立的有 8 个国家，其中有 4 个是高收入国家；出生时预期寿命为生育率 Granger 成因的国家有 10 个，生育率是预期寿命的 Granger 成因的有 8 个国家，有 11 个国家的检验结果表明二者之间互为 Granger 成因；生育率与初等教育完成率间相互独立的有 6 个国家；初等教育完成率为生育率的 Granger 原因的有 9 个国家，二者互为 Granger 成因的共有 11 个国家。从所有样本国家的总体检验结果来看，人力资本是生育率内生变量的比例居多。

因高收入国家 PanelB 处于后人口转变时期，总和生育率变动非常小，所以，我们采用样本国家 PanelA 的人力资本（L 和 P）作为解释变量来分析人力资本对妇女总和生育率（F）的影响。计量模型设定如下

$$F_{it} = c + \theta_1 L_{it} + \theta_2 P_{it} + u_{it} \tag{9-3}$$

其中，i 表示截面变量，t 为时间序列，u 为扰动项，θ 为待估系数。由于前

① 关于人口转变的阶段，参考查理斯·布莱克（Charles Blacker）提出的人口发展五阶段论。李仲生：《中国的人口与经济发展》，北京：北京大学出版社，2004 年，第 1 页。

述二者间并非单一的因果关系，使用此模型进行估计，实际上我们仅仅需要判定待估系数 θ 的正负，就能验证二者的逆向变动关系。

仍然执行可行的广义最小二乘法对各国 1960—2007 年的人力资本与生育率数据进行估计，结果见表 9-8。其中，模型 1 为截面随机效应，模型 2 为截面固定效应，模型 3 为时期随机效应，模型 4 为时期固定效应，模型 5 为双向固定效应。

表 9-8 中等收入国家 1960—2005 年人力资本与生育率的估计模型

项目	模型1	模型2	模型3	模型4	模型5
C	10.242 7***	11.546 3***	9.852 536***	8.714 5***	5.261 2***
	(9.413 8)	(33.749 6)	(8.816 2)	(9.047 1)	(5.162 9)
$\ln L$	–0.082 4***	–0.114 9***	–0.058 002***	–0.055 1***	–0.032 70**
	(–5.517 2)	(–18.572 8)	(–3.593 3)	(–4.534 7)	(–2.392 7)
$\ln P$	–0.020 5***	–0.011 3***	–0.037 472***	–0.026 9***	–0.006 247**
	(–4.538 9)	(–7.979 1	(–5.657 7)	(–3.939 0)	(–2.104 1)
ADR^2	0.558 3	0.998 6	0.434 2	0.393 9	0.964 987
DW	0.240 6	0.406 1	0.079 9	0.547 8	0.430 9
F值	150.756 2	5112.155 0	91.953 5	9.108 1	134.304 8
p值	0.000 0	0.000 0	0.000 0	0.000 0	0.000 0

注：括号内是系数估计的 T 统计量。** 表示在 5% 水平上显著，*** 表示在 1% 水平上显著

从估计结果中可以看到，无论是采用截面固定（随机）效应模型或时期固定（随机）效应模型，还是双向固定效应模型，各系数的 t 检验值均在 5% 的水平上成立，估计系数均为负，充分验证了人力资本与生育率的逆向变动机制。

再追溯先行工业化国家的发展历程，一国较高的人力资本水平总是与较低的生育率相伴随。以美国为代表的时间序列数据（图 9-3）直观地显示了经济发展进程中人力资本与生育率的负向变化。在步入工业化中期阶段伊始，美国完成高中教育的人口比例为 13.5%，完成 4 年及以上大学的人口比例为 2.7%，到 1960 年工业化中期阶段结束时，这两个比例分别上升到 41% 和 7.7%。值得指出的是，美国女性教育程度的提高尤其突出。1940 年，仅 3.7% 的妇女完成 4 年

制大学，约 12.2% 的妇女仅仅接受不到 5 年的初级教育，到工业化中期阶段结束时，这两个指标分别为 5.8% 和 7.3%。[①] 同时，美国家庭户均人口数从 1947 年的 3.56 人下降至 1970 年的 3.14 人。

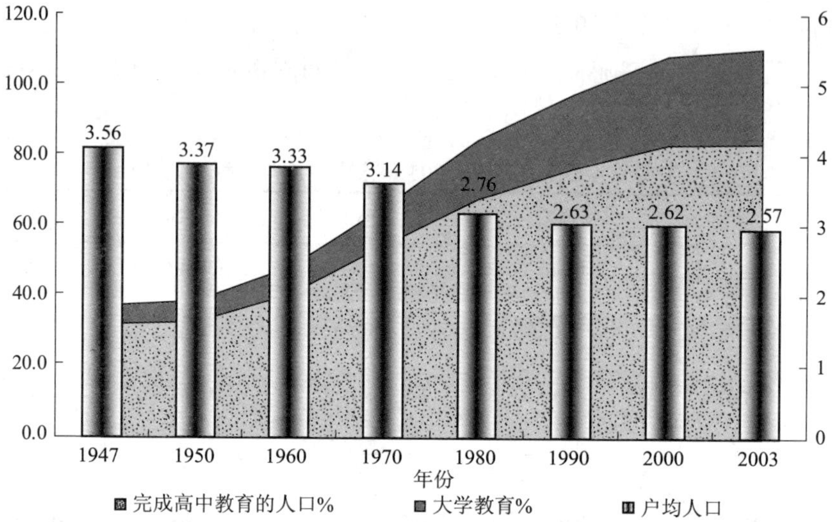

图 9-3 美国人口受教育情况与家庭户均人口数的变化情况（1947—2003）

资料来源：人口受教育情况参见陈奕平：《人口变迁与当代美国社会》，北京：世界知识出版社，2006 年，第 301—302 页；户均人口数参见该书第 102 页

五、本章结论

一个国家经济发展进入到工业化中期阶段以后，人力资本日益成为推动农业发展的关键性要素，而生育率下降又为人力资本的积累创造出有利环境。本章以历史上或现实中进入到工业化中期阶段的国家为分析样本，选取这些样本中的人力资本、生育率和间接测度农业发展的二元结构反差指数，建立人力资本、生育率与二元结构反差指数之间相互关系的分析模型，对前述假说的可靠性进行验证。

以资源富裕的美国和资源短缺的日本作为先行工业化国家例子的检验结果是，进入工业化中期阶段以后，人口出生率与二元反差指数同向变化，用每万人大学生人数、人均教育经费衡量的人力资本与二元反差指数反向变动。将样本国家扩大到世界范围内 1960 年以来进入到工业化中期阶段及 2005 年已经基

① 陈奕平：《人口变迁与当代美国社会》，北京：世界知识出版社，2006 年，第 301—302 页。

本进入工业化后期阶段的38个中、高收入国家时，检验结果也基本支持前述理论预设。具体结论是：无论是中等收入国家还是高收入国家，人力资本与二元结构反差指数均呈负相关，且估计系数的绝对值较大；生育率与二元结构反差指数之间，除少数高收入国家外，在中等收入国家呈正相关。

六、本章附录

表 9-9 样本国家 1960 年、1990 年、2005 年城市化率 （单位：%）

国家	城市化率			国家	城市化率		
	1960 年	1990 年	2005 年		1960 年	1990 年	2005 年
埃及	41	47	43	黎巴嫩	50	68	87
玻利维亚	40	51	64	蒙古	42	52	57
多米尼加	35	60	67	尼加拉瓜	43	60	59
摩洛哥	32	48	59	墨西哥	55	73	76
厄瓜多尔	37	56	63	南非	47	60	59
刚果	32	41	60	巴西	50	75	84
萨尔瓦多	39	44	60	匈牙利	43	61	66
巴拉圭	36	48	59	捷克	51	78	74
秘鲁	52	70	73	特立尼达和多巴哥	30	69	78
哥伦比亚	54	70	73	韩国	32	72	81
突尼斯	40	54	65	希腊	48	63	47
土耳其	34	61	67	沙特阿拉伯	39	77	81
罗马尼亚	38	53	54	伊拉克	51	71	70
波兰	50	62	62	利比亚	26	70	85
巴拿马	44	53	71	奥地利	51	58	66
哥斯达黎加	38	47	62	阿联酋	41	78	77
阿尔及利亚	38	52	63	芬兰	44	60	77
保加利亚	46	68	70	瑞士	53	60	75
马来西亚	26	43	67	爱尔兰	49	57	61

资料来源：世界银行：《世界发展指标 2002》，*2007 World Development Indicators*

第四篇

人口生产转型与中国农业发展：现状考察

第十章
人力资本、生育率对中国农业发展的影响

一、工业化中后期农业发展影响因素的变化

根据库兹涅茨（Kuznets）等人的工业化阶段理论和先行工业化国家的经验，大约到20世纪90年代，中国已经进入工业化中期阶段。① 国际经验表明，工业化中期阶段是工业化和城市化的加速推进期，也是农业发展的一个非常重要和十分关键的时期。发端于英国之后为所有西方发达国家所普遍采用、主流经济学竭力推荐的以工业化和高度城市化为突出标志的近现代经济发展模式，并非是无可争议的。② 当前中国农业发展的实践表明，农业发展离不开工业化、城市化、政府相关政策等外部条件的支持，更需要自身发展因素积累形成的内在动力的推动。本书强调，在进入工业化中期阶段以后，最重要、最关键的内部发展因素，是农业人口人力资本水平的普遍提高，以及有利于这一条件形成的农民家庭生育率决策的改变。

人力资本作为经济持续增长的动力已经是不争的事实③。在引入人力资本的

---

① 1993年，中国第一产业、第二产业和第三产业增加值占GDP的比重分别为19.7%、46.6%和33.7%，第一产业比重已经降到20%以下。国家统计局：《中国统计年鉴2013》，北京：中国统计出版社，2013年，第45页；郭克莎：《中国工业化的进程问题与出路》，《中国社会科学》2000年第3期，第60—71页；陈佳贵：《领导干部决策大参考：中国工业化进程报告》，北京：社会科学文献出版社，2008年，第33—54页。

② 朱乐尧、周淑景：《回归农业——中国经济超越工业化发展模式的现实选择（上）》，北京：中央编译出版社，2005年，第1页。

③ Schultz T. Reflections on Investment in Man, Journal of Political Economy, 1962, Vol. 70, pp.1-8；Becker G S. Human Capital for the National Bureau of Economic Research. New York: Columbia University Press, 1964；Mankiw G N, Romer D,Weil D N.A Contribution to the Empirics of Economic Growth.Quarterly Journal of Economics, 1992,Vol.107, pp. 407-437；Engel Brecht H J. International R&D Spillovers, Human Capital and Productivity in OECD Economies: An Empirical Investigation.European Economic Review,1997,Vol. 41, pp.1479-1488.

基础上，贝克尔等人[①]揭示了人力资本和生育率的逆向变动问题。人力资本积累和生育率的决定均与家庭有关，家庭决策的最优化过程决定了最优的人力资本水平和生育率水平。在一个有人口量质权衡的经济系统中，会出现高人力资本积累率、低生育率和高产出率的“发达稳态”。当工业化背景下人力资本高收益率特性逐渐显现时，农民及其家庭成员人力资本水平的选择成为其重要的决策变量。在很大程度上，农民是通过生育率的调整来促成家庭成员人力资本水平改善。在过去的研究中，作者曾将农业人口人力资本水平的不断提升乃至最终与城市居民人力资本的趋同，作为工业化和城市化背景下农业完成现代化改造的充分条件来考虑。[②]借鉴贝克尔等人的思想，本章同时把农民人力资本水平的提高处理为农民家庭生育决策的内生变量。

现有的一些文献用定量分析方法研究了人力资本对农业增长或农业发展的作用。周晓和朱农[③]、李勋来等[④]、孙敬水和董亚娟[⑤]测度了人力资本对农业增长的促进作用。尽管这些学者的研究结果都显示了人力资本对农业增长显著的正向作用，但所取时间段和测度方法存在分歧，且并未就人力资本的形成因素作进一步的分析和测度。本章以工业化和城市化加速发展为背景，试图将解释农业发展的关键因素由人力资本进一步扩展至生育率，利用中国1995—2005年的面板数据，进行人力资本、生育率和农业发展之间的Granger因果关系验证，建立面板数据模型，以期验证人力资本和生育率对中国农业发展的影响程度和作用机制。

二、样本、变量设置与数据来源

以进入工业化中期阶段作为起点，选取中国31个省份[⑥]11个年度（1995—

---

① Becker G S, Tomesi N. Human capital and fall of families.Journal of Labor Economics, 1986, Vol.4, No.3, Part 2, pp.S1-S39；Becker G S, Murphy K M, Tamura M M. Human capital, fertility and economic growth. Journal of Political Economy, 1990, Vol.98, No. 5, pp.734-754.

② 郭剑雄、李志俊：《劳动力选择性转移条件下的农业发展机制》，《经济研究》2009年第5期，第31—41、65页。

③ 周晓、朱农：《论人力资本对中国农村经济增长的作用》，《中国人口科学》2003年第6期，第17—24页。

④ 李勋来、李国平、李福柱：《农村人力资本陷阱：对中国农村的验证与分析》，《中国农村观察》2005年第5期，第17—22页。

⑤ 孙敬水、董亚娟：《人力资本与农业经济增长：基于中国农村的Panel data模型分析》，《农业经济问题》2006年第12期，第12—16页。

⑥ 缺少台湾、香港和澳门的数据。另外，1995年、1996年重庆的高中以上人口比例与农村家庭户均人数的数据缺失。

2005 年）的面板数据为样本。各变量描述性统计见表 10-1。

表 10-1 变量的描述性统计结果

变量	平均值	中位数	最大值	最小值	标准差	方差	观察值
Y	911.580	750.500	3 741.800	52.800	690.227	26.272	*N*=330 *n*=31
L	5 134.371	4 669.200	13 922.700	230.900	3 367.536	58.030	*N*=330 *n*=31
P	1 722.386	1 248.150	9 199.300	96.500	1 784.033	42.237	*N*=330 *n*=31
FE	139.818	112.275	518.100	3.000	112.300	10.597	*N*=330 *n*=31
H	9.800	8.073	41.330	1.500	5.884	2.426	*N*=330 *n*=31
FA	3.945	3.965	5.708	2.685	0.520	0.721	*N*=330 *n*=31

注：采用 Eviews5.0 计算

各变量说明如下：

（1）农业发展水平（*Y*）。该变量为模型的被解释变量，农业发展水平一般用农、林、牧、渔、副总产值来测度。数据来源于中国宏观经济数据库《区域经济》，单位为亿元。

（2）农作物播种总面积（*L*）。包括粮食播种面积、棉花播种面积及油料作物面积等。数据来源是中国宏观经济数据库《区域经济》，单位为千公顷。

（3）农业机械动力投入（*P*）。机械动力投入以农业机械总动力计算，为主要用于农、林、牧、渔业的各种动力机械的动力总和，包括耕作机械、排灌机械、收获机械、农用运输机械、植物保护机械、牧业机械、林业机械、渔业机械和其他农业机械；不包括专门用于乡镇、村组办工业、基本建设、非农业运输、科学实验和教学等非农业生产方面用的机械和作业机械。数据来源为中国宏观经济数据库《区域经济》，单位为万千瓦。

（4）化肥投入（*FE*）。化肥投入以各地区当年度实际用于农业生产的化肥折纯数量计算，包括氮肥、磷肥、钾肥和复合肥。数据来源为中国宏观经济数据库《区域经济》，单位为万吨。

（5）人力资本水平（*H*）。本章用各地区农村居民家庭成员中受教育为高中以上者的比例来衡量农业人力资本水平。1997—2005 年数据来源于 1998—2006 年《中国农村住户调查年鉴》，1995 年和 1996 年数据来源于 1996 年和 1998 年

《中国人口统计年鉴》。

（6）农村户均人口数（*FA*）。农村户均人口数从侧面反映了生育率水平。农村户均人数的计算方法为：*FA*= 各地区乡村人口数 / 各地区乡村户数。1995—2004 年数据来源于国家统计局农村社会经济调查司编：《中国农业统计资料汇编 1949—2004》（北京：中国统计出版社，2006 年，第 73—76 页）；2005 年数据来自国家统计局农村社会经济调查司编：《2005 中国农村住户调查年鉴》（北京：中国统计出版社，2005 年，第 13 页）。

三、人力资本、生育率与中国农业发展的 Granger 检验

（一）各省（自治区、直辖市）农业发展及其相关变量的平稳性检验

为了消除可能产生异方差的影响，我们对各变量序列均取对数。由于分析的样本为中国各地区的时间序列数据，为了防止谬误回归，先对数据进行平方根检验。采用计量经济软件 Eviews5.0 提供的 ADF 检验法，先根据各变量序列的基本时序图确定截距项和时间趋势是否存在，再根据 AIC 准则确定滞后阶数，最后对比 Σ 统计量和临界值判定各变量序列是否平稳，检验结果见表 10-2。

表 10-2 中国各省（自治区、直辖市）农村居民受教育程度、家庭规模与农业发展的单位根检验

地区	ln*Y*			ln*FA*			ln*H*		
	I	ADF 值	*p* 值	I	ADF 值	*p* 值	I	ADF 值	*p* 值
北京	2	6.118 8	0.046 9	2	8.460 6	0.014 5	1	9.665 5	0.008 0
天津	2	11.240 6	0.003 6	2	7.122 8	0.028 4	1	5.311 4	0.070 3
河北	2	9.990 7	0.006 8	1	5.970 7	0.050 5	1	9.106 3	0.010 5
山西	1	5.369 9	0.068 2	2	13.990 3	0.000 9	1	4.656 2	0.097 5
内蒙古	1	4.709 9	0.094 9	2	10.246 8	0.006 0	1	10.170 3	0.006 2
辽宁	2	4.790 0	0.091 2	1	7.840 8	0.019 8	1	8.020 9	0.018 1
吉林	1	7.334 7	0.025 5	1	5.972 6	0.050 5	1	7.826 1	0.020 0
黑龙江	1	7.117 0	0.028 5	1	18.420 7	0.000 1	1	7.789 3	0.020 4
上海	1	7.259 4	0.026 5	1	14.926 6	0.000 6	2	9.526 2	0.008 5
江苏	1	4.704 9	0.095 1	2	7.826 6	0.020 0	1	8.289 4	0.015 8

续表

地区	lnY			lnFA			lnH		
	I	ADF 值	p 值	I	ADF 值	p 值	I	ADF 值	p 值
浙江	1	8.843 8	0.012 0	2	12.557 7	0.001 9	1	5.237 8	0.072 9
安徽	1	16.201 2	0.000 3	1	4.503 5	0.105 2	1	11.796 1	0.002 7
福建	1	7.090 7	0.028 9	2	15.036 4	0.000 5	1	8.801 0	0.012 3
江西	1	6.803 3	0.033 3	1	5.542 4	0.062 6	1	9.026 5	0.011 0
山东	1	5.203 7	0.074 1	2	12.479 0	0.002 0	1	7.980 4	0.018 5
河南	1	7.294 5	0.026 1	1	18.420 7	0.000 1	1	10.233 8	0.006 0
湖北	1	5.910 3	0.052 1	1	5.132 0	0.076 8	1	11.502 0	0.003 2
湖南	1	5.641 4	0.059 6	2	14.443 2	0.000 7	1	7.781 4	0.020 4
广东	1	7.640 3	0.021 9	1	19.844 1	0.000 0	1	8.485 7	0.014 4
广西	1	5.381 9	0.067 8	2	14.983 1	0.000 6	1	7.181 2	0.027 6
海南	1	7.093 6	0.028 8	1	6.953 3	0.030 9	1	10.705 2	0.004 7
重庆	1	4.935 3	0.084 8	1	6.443 2	0.039 9	1	7.755 3	0.020 7
四川	1	5.104 8	0.077 9	1	8.228 7	0.016 3	1	5.699 2	0.057 9
贵州	1	4.921 8	0.085 4	2	9.450 5	0.008 9	1	7.747 8	0.020 8
云南	1	4.980 5	0.082 9	1	13.715 3	0.001 1	1	5.384 0	0.067 7
西藏	1	4.910 4	0.085 8	1	13.720 9	0.001 0		样本不足	样本不足
陕西	1	6.462 8	0.039 5	1	7.425 3	0.024 4	1	6.989 2	0.030 4
甘肃	1	5.306 6	0.070 4	1	5.531 9	0.062 9	1	9.613 8	0.008 2
青海	2	14.201 3	0.000 8	1	4.539 4	0.103 3	1	11.281 3	0.003 6
宁夏	1	5.523 3	0.063 2	1	10.610 3	0.005 0	1	7.845 6	0.019 8
新疆	1	4.670 2	0.096 8	2	12.083 7	0.002 4	1	12.360 9	0.002 1

根据对各省（自治区、直辖市）农村户均人口、农村居民高中及以上文化程度的比例与农业发展的平稳性检验可知，三个变量的原始序列在各省（自治区、直辖市）均不平稳。在 10% 的显著性水平上，农业发展变量仅仅在北京、天津、河北、辽宁和青海五个省（直辖市）是二阶单整，其余均为 I（1），即一阶单整；北京、天津、山西、内蒙古、江苏、福建、山东、湖南、广西、贵州和新疆的户均人口数是二阶单整，其余省（自治区、直辖市）都是一阶单整；

高中及以上文化程度人口比例仅上海为二阶单整，除了西藏数据不足外，其余省（自治区、直辖市）都是一阶单整。时间序列变量的因果关系检验需要使用上述变量的平稳形式，因此为了研究的一致性，我们统一采用上述变量的变化率作为描述各省（自治区、直辖市）的人力资本、生育率与农业发展变量。

（二）分省（自治区、直辖市）别的 Granger 因果关系检验

仍然使用 Eviews 5.0 提供的 Granger 因果关系检验方法，根据对各变量的平稳性检验的滞后阶数，对各变量的相应滞后变量进行因果关系检验，以考察各省（自治区、直辖市）农业发展及相关变量的因果关系（表 10-3）。

表 10-3　各省（自治区、直辖市）农村户均人口、高中文化程度比例与农业发展的 Granger 关系检验

地区	*FA* 和 *Y*		*H* 和 *Y*		*H* 和 *FA*	
	F 值	结论	*F* 值	结论	*F* 值	结论
北京	0.358 69 14.077 3***	$Y \to FA$	0.353 50 3.557 98*	$Y \to H$	5.101 18** 4.408 62**	$H \longleftrightarrow FA$
天津	0.350 09 46.131 6***	$Y \to FA$	5.827 08 0.014 19	$H \to Y$	1.276 19 0.424 91	相互独立
河北	0.462 29 0.003 99	相互独立	1.286 30 1.063 72	相互独立	2.760 27** 0.388 07	$H \to FA$
山西	15.243 8*** 14.432 9***	互为因果	4.916 53** 0.982 84	$H \to Y$	4.366 38** 0.311 05	$H \to FA$
内蒙古	3.892 13* 2.026 17	$FA \to Y$	1.090 20 10.010 8	$Y \to H$	0.205 95 0.421 20	相互独立
辽宁	0.340 49 2.599 12*	$Y \to FA$	0.568 79 0.535 92	相互独立	1.400 96 7.156 39***	$FA \to H$
吉林	1.428 35 0.834 19	相互独立	2.393 21* 0.517 81	$H \to Y$	2.349 27 2.446 24	$H \longleftrightarrow FA$
黑龙江	5.628 24** 0.381 80	$FA \to Y$	11.980 5*** 0.597 78	$H \to Y$	1.50E−06 4.099 95**	$FA \to H$
上海	0.099 58 0.003 91	相互独立	13.923 2*** 0.821 67	$H \to Y$	0.320 49 0.738 43	相互独立
江苏	2.878 42* 0.195 33	$FA \to Y$	1.361 39 0.485 71	相互独立	2.371 50* 1.866 48	$H \to FA$

续表

地区	*FA* 和 *Y*		*H* 和 *Y*		*H* 和 *FA*	
	F 值	结论	*F* 值	结论	*F* 值	结论
浙江	5.067 91** 0.962 23	$FA \rightarrow Y$	0.011 16 0.018 58	相互独立	6.748 59** 0.003 93	$H \rightarrow FA$
安徽	3.741 00** 0.698 85	$FA \rightarrow Y$	1.214 50 1.207 03	相互独立	0.135 14 4.129 64**	$FA \rightarrow H$
福建	1.911 14** 0.867 37	$FA \rightarrow Y$	0.957 35 1.888 82	相互独立	3.225 67* 5.063 07**	$H \longleftrightarrow FA$
江西	1.985 88** 0.512 37	$FA \rightarrow Y$	1.039 30 0.317 02	相互独立	0.055 25 4.156 16**	$FA \rightarrow H$
山东	0.076 78 0.006 9	相互独立	12.166 7*** 0.133 73	$H \rightarrow Y$	3.659 29** 4.469 20**	$H \longleftrightarrow FA$
河南	0.869 08 0.252 93	相互独立	0.161 31 0.357 69	相互独立	2.003 97 2.458 54	相互独立
湖北	6.514 56*** 0.184 18	$FA \rightarrow Y$	2.055 06* 0.053 70	$H \rightarrow Y$	85.645 70** 4.486 31	$H \rightarrow FA$
湖南	1.794 97 0.884 73	相互独立	1.275 12 0.143 67	相互独立	4.422 12** 0.030 13	$H \rightarrow FA$
广东	16.212 6*** 28.157 2***	$FA \longleftrightarrow Y$	1.164 87 0.196 60	相互独立	9.239 55*** 0.528 06	$H \rightarrow FA$
广西	0.434 94 1.782 00	相互独立	2.066 03* 0.039 03	$H \rightarrow Y$	0.164 42 3.371 90*	$FA \rightarrow H$
海南	0.364 18 12.577***	$Y \rightarrow FA$	0.180 54 6.918 29*	$Y \rightarrow H$	4.909 48** 0.074 17	$H \rightarrow FA$
重庆	7.132 49*** 0.304 19	$FA \rightarrow Y$	2.484 66* 0.033 06	$H \rightarrow Y$	0.464 19 2.826 42*	$FA \rightarrow H$
四川	60.151 4*** 4.034 13*	$FA \longleftrightarrow Y$	4.493 02** 0.220 81	$H \rightarrow Y$	5.790 59** 1.140 39	$H \rightarrow FA$
贵州	4.349 60 0.470 65***	$FA \rightarrow Y$	2.095 30 0.084 12	相互独立	6.278 42** 2.962 71	$H \rightarrow FA$
云南	9.167 61 0.933 88	$FA \rightarrow Y$	0.190 54 5.953 41*	$Y \rightarrow H$	1.080 19 5.635 08**	$FA \rightarrow H$

续表

地区	FA 和 Y		H 和 Y		H 和 FA	
	F 值	结论	F 值	结论	F 值	结论
西藏	3.311 23* 3.958 37*	FA ⟷ Y	样本不足	样本不足	样本不足	样本不足
陕西	0.744 24 0.264 33	相互独立	0.773 64 0.295 10	相互独立	6.702 06** 1.824 54	H → FA
甘肃	0.310 76 1.556 34	相互独立	2.485 86* 0.015 73	H → Y	0.843 20 3.161 06*	FA → H
青海	1.780 18 1.965 74	相互独立	5.351 60** 1.987 30	H → Y	0.013 73 15.838 7***	FA → H
宁夏	12.848 1*** 0.074 43	FA → Y	1.342 96 2.312 51	相互独立	1.9846 5 0.329 16	相互独立
新疆	9.410 14*** 0.292 24	FA → Y	0.689 08 0.840 57	相互独立	0.619 99 6.435 03**	FA → H

注：①X → Y 表示 X 是 Y 的 Granger 成因，X ⟷ Y 表示 X 与 Y 互为 Granger 原因。②每个省（自治区、直辖市）的两变量间 Granger 因果关系检验 F 值有两个，以北京的 FA 和 Y 的因果关系检验为例，上面一行的 F 值为 0.35 869，表示 FA 不是 Y 的 Granger 原因的 F 统计量，下面一行 14.0773 表示 Y 不是 FA 的 Granger 原因的 F 统计量，其他省（自治区、直辖市）的变量的 Granger 检验结果亦如此。③ F 统计量后面的 *、**、*** 分别表示 20%、10% 和 5% 的显著性水平

（1）生育率与农业发展的 Granger 检验结果。河北、吉林、上海、山东、河南、湖南、广西、陕西、甘肃、青海这 10 个省（自治区、直辖市）的农村户均人口与农业发展之间的关系是相互独立的。北京、天津、辽宁和海南为农业发展是农村家庭规模减少的 Granger 成因。可见，这四个东部省份更可能的关系是：农业经济的发展是农村户均人口变动的先导变量，农业发展对农村居民家庭规模产生了影响。其余 17 个省（自治区、直辖市）的 Granger 检验结果都显示农村居民家庭户均人口数是农业发展的 Granger 成因，证明了中国大部分省（自治区、直辖市）农业发展的内生状态。

（2）人力资本与农业发展的 Granger 检验结果。人力资本与农业发展的 Granger 检验结果并非如预期中明显：河北、辽宁、江苏、浙江、安徽、福建、江西、河南、湖南、广东、贵州、陕西、宁夏、新疆 14 个省(自治区、直辖市)的检验结果是相互独立的。北京、内蒙古、海南、云南 4 个省（自治区、直辖市）的农业发展是农村人力资本的 Granger 成因，可见这几个省（自治区、直辖

市）农业经济的发展是农村人力资本的先导变量，农村经济发展有利于农村居民人力资本水平的提升。天津、山西、吉林、黑龙江、上海、山东、广西、重庆、四川、甘肃、青海这11个省（自治区、直辖市）验证了农业发展的内生性。追其原因可能是全国各省（自治区、直辖市）进入工业中期阶段的时间不一致，造成不同区域人力资本对农业经济发展的关键性作用体现出差异的状态。

（3）人力资本与生育率的Granger检验结果。人力资本与生育率的Granger检验结果显示，仅仅在天津、内蒙古、上海、河南和宁夏二者之间相互独立。北京、吉林、福建、山东这4个东部省份农村地区人力资本与生育率处于良性循环中，说明在这些省份低生育率与高人力资本积累率的逆向变动机制已经形成。河北、山西、江苏、浙江、湖北、湖南、广东、海南、四川、贵州、陕西这些省份的人力资本推动了农村居民家庭生育孩子的质量替代。这一结果与梅纳德（S.Menard）对20世纪七八十年代影响生育率的各种因素所作的一项统计数据分析结果相一致。梅纳德的结果发现：家庭计划生育的作用是生育率下降的唯一的、最佳的、最强有力的预测因素。然而，一旦控制了人口数量这一因素，社会因素尤其是教育的影响力就超过了计划生育的影响力。[①] 在辽宁、黑龙江、安徽、江西、广西、重庆、云南、甘肃、青海、新疆这些地区，农村家庭规模的变化是其人力资本提升的先导变量，即生育率的下降对人力资本水平提升有显著作用。

需要指出的是，检验结果是在放松了显著性水平的基础上得出的。然而，假如在5%的显著性水平上进行Granger检验，可能得不出预期的结论，因为这里统计的仅仅是中国整体上进入工业化中期阶段以来的10多年数据，统计期相对较短。

四、模型设定、检验、筛选及模型回归结果

（一）模型设定

本章使用的回归模型为

$$\ln Y_{it} = \alpha + \beta \ln X_{it} + \mu_i + \varepsilon_{it} \qquad i=1,2,\cdots,N;\ t=1,2,\cdots,T \tag{10-1}$$

其中，i代表横截面维度；t代表时间维度；α为样本的总截距；Y_{it}为农业

① Menard S. Fertility,Development,and Family Planning,1970-1980:An Analysis of Cases Weighted by Population. Studies in Comparative International Development, 1987, Vol.22, No.3, Fall, pp.103-127.

总产值；X_{it} 是一个 $1\times k$ 解释变量观察值矩阵，$X_{it}=(L_{it}, P_{it}, FE_{it}, H_{it}, FA_{it})$；$\beta$ 是一个 $k\times 1$ 的系数矩阵，$\beta=(\beta_1, \beta_2, \beta_3, \beta_4, \beta_5)$；设模型的复合误差项 $v_{it}=u_i+\varepsilon_{it}$，其中 μ_i 为具有省份特性、在模型中被忽略的个体效应，如市场因素等；ε_{it} 为随着个体和时间变化的剩余随机扰动。在固定效应模型中，每个个体的截距可合并为 $f_i=\alpha+\mu_i$，因此可将式（10-1）改写为

$$\ln Y_{it} = f_i + \beta \ln X_{it} + \varepsilon_{it} \qquad (10\text{-}2)$$

μ_i 对于每个省份而言是不随时间而变化的常量，它与可观测的自变量 X 之间存在相关性；在随机效应模型中，μ_i 是一个不随时间变化，但在个体间随机分布的随机常量，它与可观测的自变量 X 之间不存在相关性。

（二）模型的检验和筛选

固定效应模型的设定是建立在如下假设基础之上的，个体之间存在显著差异，但是对于特定的个体而言，组内不存在时间序列上的差异。如果个体间的差异不明显，那么采用（OLS）对混合数据（Pooled OLS）进行估计即可。因此，为了判别模型究竟采用 OLS 还是 FEM，通常使用固定效应显著性检验的方法。

该检验的零假设为 H_0：$\alpha_1=\alpha_2=\cdots=\alpha_n$，即个体间（组间）的差异不明显。检验的基本思路为，在个体效应不显著的原假设下，应当有如下关系成立

$$F = \frac{(R_u^2 - R_r^2)/(n-1)}{(1-R_u^2)/(nT-n-K)} \sim F(n-1, nT-n-K) \qquad (10\text{-}3)$$

可以采用 F 统计量来检验上述假设是否成立。其中，u 表示不受约束的模型，即固定效应模型；r 表示受约束的模型，即混合数据模型，仅有一个公共的常数项。我们采用 Eviews 5.0 检验本模型，得出固定效应显著性检验结果如下

The F test for all ui=0 is：0.3659

The P-value is：0.5930

因此，可以接受固定效应不显著的原假设，从而认为相对于 Pooled 模型而言，随机效应优于固定效应模型。

（三）模型回归结果及解释

基于分析的是中国 1995—2005 年各省（自治区、直辖市）的面板数据，为了减少由于截面数据造成的异方差影响，执行可行的广义最小二乘法（GLS）

进行估计。采用 Eviews5.0 提供的合成数据分析模型，得出模型（10-2）的拟合结果见表 10-4，其中，模型 1 表示成分变异系数 Swamy-Arora 的截面随机效应模型，模型 2 表示成分变异系数 Wallace-Hussain 的截面随机效应模型，模型 3 表示去掉农作物播种面积 *L* 以后执行模型 2 的估计，模型 4 为成分变异系数 Swamy-Arora 时期随机效应模型，模型 5 为成分变异系数 Wallace-Hussain 的时期随机效应，模型 6 为双向无权数、无效应使用截面特殊参数法[①]的估计，模型 7 为去掉土地因素 *L* 之后执行模型 6 的拟合。

表 10-4 1995—2005 年中国农业发展面板数据回归结果

项目	模型1 截面随机	模型2 截面随机	模型3 截面随机	模型4 时期随机	模型5 时期随机	模型6 无效应	模型7 无效应
C	4.785 4***	4.584 9***	3.487 0***	3.793 6*	3.962 1***	3.286 6***	3.268 2
	(8.565 2)	(7.821 6)	(6.657 0)	(11.962 7)	(11.123 9)	(14.182 0)	(16.681 5)
ln$L$	–0.331 7***	–0.312 5***	—	–0.108 7*	–0.085 5	–0.012 3	—
	(–4.630 7)	(–4.057 1)	—	(–1.812 6)	(–1.394 8)	(–0.438 0)	—
ln$P$	0.309 2***	0.299 8***	0.244 1***	–0.007 2	–0.023 1	0.008 8	0.007 0
	(6.332 2)	(5.664 3)	(4.716 2)	(–0.835 455)	(–0.615 3	(0.851 5)	(0.611 8)
lnFE	0.743 1***	0.752 7***	0.576 3***	0.937 9***	0.926 9***	0.826 6***	0.816 9***
	(11.707 2)	(10.866 4)	(10.760 6)	(16.759 5)	(16.336 9)	(35.557 1)	(78.401 8)
ln$H$	0.054 6	0.058 1***	0.098 6***	0.113 8***	0.093 8**	0.125 7***	0.126 3***
	(2.895 6)	(–2.804 0)	(5.336 7)	(3.380 6)	(2.177 4)	(3.318 2)	(3.732 2)
lnFA	–0.921 9 ***	–0.878 6***	–1.135 8***	–0.643 6***	–0.683 6***	–0.580 2***	–0.599 1***
	(–3.429 3)	(–3.099 6)	(–4.119 0)	(–4.657 6)	(–4.910 1)	(–11.917 0)	(–8.326 9)
R^2	0.738 5	0.744 9	0.733 3	0.905 8	0.909 6	0.997 3	0.997 9
ADR^2	0.734 5	0.741 0	0.730 0	0.904 3	0.908 2	0.997 3	0.997 9
F	183.02	189.24	223.42	622.98	651.98	24 043.59	38 559.35
p	0.000	0.000 0	0.000 0	0.000 0	0.000 0	0.000 0	0.000 0

注：①括号中的数字为 *t* 检验值。②*、** 和 *** 分别表示 10%、5% 和 1% 的显著性水平

① 选择区中应输入合并数据库中所有成员间拥有不同系数的变量。其将可能产生非常多的系数，总数等于合并数据库中多有成员的个数与变量个数的乘积。

由拟合结果可知，模型具有较强的解释力。模型中解释变量高度显著，系数符号基本具有预期特征，且各自 t 值均通过显著性水平检验。

农作物耕地面积 L 估计系数为负（见模型 1、模型 2、模型 4、模型 5、模型 6），对此，我们的解释如下：土地对于农业发展来说是必不可少的条件，现代农业也不例外。然而，在推动经济增长和发展方面，人为努力比自然资源更重要，或者在现代经济中，土地作为增长源泉越来越不重要。这一估计结果也印证了舒尔茨“现代化中土地重要性下降的观点”[①]。

相比较时期随机效应模型来说，农业机械动力 P 在截面随机效应模型中弹性系数比较大。这说明农业机械动力在不同的省份对农业发展的贡献作用不同，而不同年份的农机动力对农业经济发展的作用不明显。

化肥施用量 FE 在本章全部估计模型中系数都较大，而且高度显著。这证明无论是不同区域还是不同年份，农业化肥施用量对农业经济发展均有较强的作用。

农村地区高中文化程度以上人口比例这一衡量农业人力资本水平的变量在各模型中系数均为正，且高度显著，但系数较小。由于统计期较短，且统计样本为刚刚跨入工业化中期阶段的 10 余年，因此，人力资本的“溢出效应”只是初步体现。随着中国工业化进程的进一步深入，人力资本作为现代经济的关键要素的意义将会日益凸显。

农村居民家庭规模 FA 作为衡量生育率的指标，在 7 个模型的估计结果中系数均为负，且高度显著，这与前述理论的预期相吻合。尤其是在截面随机效应模型中，家庭规模的系数较之于其他变量是最大的，说明较低的生育率水平通过劳动生产率的提升对农业经济的发展有重要作用。

五、本章结论

本章使用中国 1995—2005 年的面板数据，将人力资本和生育率引入农业发展分析，并建立了面板数据模型进行研究，考察进入工业化中期阶段以后各要素对中国农业发展的影响。分析结果表明：中国进入工业化中期阶段后的 11 年里，农村地区已经形成了人口量质逆向变化的良性发展态势。在东部一些省

① ［美］西奥多 · W.舒尔茨：《报酬递增的源泉》第Ⅱ篇《农地的经济重要性正在下降》，姚志勇、刘群艺译，北京：北京大学出版社，2001 年，第 91—38 页。

份，人力资本提升和生育率下降互为因果，形成了人口发展的量质替代；更多省（自治区、直辖市）的Granger因果关系检验表明，人力资本的提升是由生育率下降（农村家庭人口规模缩小）导致的。同时，考察期内大部分省（自治区、直辖市）的人力资本是农业发展的先导变量。使用农村居民家庭人口规模为工具变量的估计与普通最小二乘法的结果存在很大差异。相比使用普通最小二乘法估计的农业发展模型，使用工具变量法后，人力资本作为农业生产的重要的投入要素作用更为明显。因此，我们得出与预期框架相符合的结论：在进入工业化中期阶段的背景下，农民很大程度上是通过生育率的调整来促使人力资本水平的改善，同时农村人力资本水平的不断提升开始成为中国农业部门发展的源泉。

第十一章

农民收入增长：马尔萨斯扩展模型的解释

一、回归讨论收入决定的马尔萨斯传统

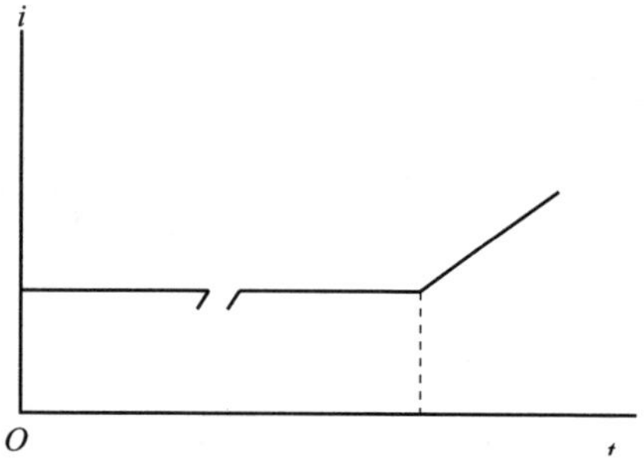

图 11-1　中国农民的长期人均收入曲线

几千年以来中国农民都是贫穷的，人均收入维持在温饱不足的状态。但是，市场化改革以来，中国农民的收入相对过去有了显著增长。即以市场化改革为界，中国农民的长期人均收入曲线出现了一个明显的“拐点”（图 11-1）。

对于传统农民收入的低水平均衡，马尔萨斯学说是有效的解释工具。在缺乏内生技术增长时，马尔萨斯模型中的均衡工资率由对生育率的偏好决定。在马尔萨斯看来，人口生产和收入生产遵循不同的规律，人口生产的增长率总是大于收入的增长率。由此引致，人均收入很难提高，而且在维持生存水平实现均衡。在传统经济中，即使有外生技术进步推动的产出增长，也会转化为人口的更快增长。马尔萨斯认为，人口生产存在数量偏好。只要没有食物短缺的限制，人口生产就会快速增长。这样技术进步的结果是人口规模扩张；而人均收入水平不能提高。类似于利率在新古典模型中的均衡功能，生育率在马尔萨斯模型中能够促使经济自动趋于均衡的资本—劳动比和均衡的生存收入。

对于市场化改革以来农民收入的快速增长，存在着多种解释。（1）依据经济增长模型及相关计量经济学方法，给出决定农民收入增长的关键因素。

Jamison和Lau[①]、高梦滔和姚洋[②]以及郭志仪和常晔[③]等基于大量经验数据的支持，强调了教育和在职培训体现的人力资本对农户收入的决定性影响；关于物质资本对农民收入增长的作用，却存在着相互对立的研究结论，主张正向效应者有之[④]，认为没有显著影响或为负效应者亦有之。[⑤]（2）遵循二元结构及其转变效应理论[⑥]，强调劳动力转移和非农产业发展对增加农民收入的重要意义。非农劳动力市场开放后，农民人均纯收入主要决定于农业工资、非农就业工资和非农就业比例三个因素。限于恩格尔定律的作用，农民收入扩张的更大空间只能来自非农就业收入的增长。[⑦]朱农[⑧]的研究进一步显示，非农活动的参与还能够降低农村家庭收入分布的基尼系数。（3）信奉政府干预的有效性，主张通过政策调整和增加农村公共产品供给改善农民收入。沈坤荣和张璟[⑨]、唐朱昌和吕彬彬[⑩]认为，农村公共支出的总量不足和绩效低下是制约农民收入增长的重要因

---

① Jamison D T, Lau L J. Farmer Education and Farm Efficiency. Baltimore：Johns Hopkins University Press, 1982.

② 高梦滔、姚洋：《农户收入差距的微观基础：物质资本还是人力资本？》,《经济研究》2006年第12期，第71—80页。

③ 郭志仪、常晔：《农户人力资本投资与农民收入增长》,《经济科学》2007年第3期，第26—35页。

④ 陈灿煌：《农业外商直接投资与农民收入增长的动态关系》,《经济评论》2007年第5期，第47—52页；刘忠群、黄金、梁彭勇：《金融发展对农民收入增长的影响——来自中国面板数据的再检视》,《财贸经济》2008年第6期，第27—33页。

⑤ 温涛、冉光和、熊德平：《中国金融发展与农民收入增长》,《经济研究》2005年第9期，第30—43页；高梦滔、姚洋：《农户收入差距的微观基础：物质资本还是人力资本？》,《经济研究》2006年第12期，第71—80页。

⑥ 指刘易斯、费景汉和拉尼斯、乔根森及钱纳里等人的经济发展理论。

⑦ 赵耀辉：《中国农村劳动力流动及教育在其中的作用——以四川省为基础的研究》,《经济研究》1997年第2期，第37—42页；蔡昉、王德文：《经济增长成分变化与农民收入源泉》,《管理世界》2005年第5期，第77—83页；刘秀梅、田维明：《我国农村劳动力转移对经济增长的贡献分析》,《管理世界》2005年第1期，第91—95页；宋元梁、肖卫东：《中国城镇化发展与农民收入增长关系的动态计量经济分析》,《数量经济技术经济研究》2005年第9期，第30—39页；李恒：《外出务工促进农民增收的实证研究——基于河南省49个自然村的调查分析》,《农业经济问题》2006年第7期，第23—26页。

⑧ 朱农：《论农村非农业活动对收入分布的作用》,《世界经济文汇》2002年第2期，第3—14页；朱农：《贫困、不平等和农村非农产业的发展》,《经济学》（季刊）2005年第5卷第1期，第167—187页。

⑨ 沈坤荣、张璟：《中国农村公共支出及其绩效分析——基于农民收入增长和城乡收入差距的经验研究》,《管理世界》2007年第1期，第31—40页。

⑩ 唐朱昌、吕彬彬：《财政支农政策与农民收入增长：总量与结构分析》,《江淮论坛》2007年第2期，第32—35页。

素；林毅夫[①]、张秀生等[②]以及何蒲明和黎东升[③]也强调了农村基础设施建设的滞后对农户增收的消极影响。④采用多因素分析方法，肯定上述诸多方面对农民收入的综合影响。比如，有研究者把农户收入的增长视为人力资本及其非农配置效应的结果[④]；而金融发展或资本积累对农户收入的影响机制，则是借助人力资本投资增加、劳动力转移以及财政支农强度变化等中间变量建立起来的。[⑤]

本章试图推进的认识是，马尔萨斯理论不仅可以用来解释传统农民的持续贫困，而且也是解释今天农民收入快速增长的可行方法。但需做如下修正：将马尔萨斯模型中的生育率偏好扩展为人口生产偏好。生育率偏好是单一的人口生产数量偏好。人口生产偏好是包括人口生产数量偏好和质量偏好在内的选择性偏好结构。这一扩展的依据是工业化背景下人口生产偏好的转型。扩展的马尔萨斯模型对市场化改革前后农民收入变化的解释是：家庭人口生产的数量偏好形成低收入陷阱，而家庭人口生产的质量偏好成为人均收入持续增长主要原因之一。正是人口生产偏好的转变，导致了长期农民人均收入曲线"拐点"的出现。

本章拟从农户家庭的适应性行为这一微观视角来揭示农民收入的决定问题。确立该研究思路的依据是：第一，在现阶段的中国，作为农民收入创造源泉的农业资源（主要是劳动力）的配置决策主体，既不是集体组织，也不是农民个人，而是农户家庭。第二，在统计实践中，农民人均纯收入也是以农户为单位核算的。本章的基本观点是：农户人均收入水平主要决定于其家庭劳动力资源[⑥]在工资率不同的就业机会中的选择性配置，而劳动力就业机会的选择和获得在很大程度上又是家庭人口生产量质偏好的函数。

---

① 林毅夫：《我国城市发展和农村现代化的几点意见》，《决策咨询（安徽）》2001年第8期，第18—19页。

② 张秀生、柳芳、王军民：《农民收入增长：基于农村公共产品供给视角的分析》，《经济评论》2007年第3期，第48—55页。

③ 何蒲明、黎东升：《我国农村公共物品供给对农民收入影响的实证研究》，《消费经济》2008年第5期，第15—18页。

④ 龙翠红：《教育、配置效应与农户收入增长》，《中国农村经济》2008年第9期，第35—43页；王广慧、张世伟：《教育对农村劳动力流动和收入的影响》，《中国农村经济》2008年第9期，第44—51页。

⑤ 王虎、范从来：《金融发展与农民收入影响机制的研究——来自中国1980—2004年的经验证据》，《经济科学》2006年第6期，第11—21页。

⑥ 决定农民收入的资源虽有多种，但劳动是最主要的源泉。例如，2010年，在中国农村居民家庭纯收入中，劳动收入占全部收入的比重高达88.9%。中华人民共和国国家统计局：《中国统计年鉴2013》，北京：中国统计出版社，2013年，第398页。

就方法论而言，本章是试图借助新家庭经济学及家庭分工理论，回归讨论收入决定的马尔萨斯传统。因此，本章的研究又与如下两类文献密切相关：（1）家庭分工理论。虽然在古典经济学和新兴古典经济学的相关文献中，都对分工问题有过精辟的论述[①]，但系统地讨论家庭内部的分工则肇始于贝克尔。贝克尔[②]认为，家庭之所以亘古既有、绵延长存，其原因在于家庭生产是以明确细致的分工协作为基础的；家庭成员之间的分工仅部分地取决于生理上的差异，主要是基于经验和人力资本的不同；分工的程度决定着产出效率的高低，因此，一个完全家庭的效率要高于一个不完全家庭。弗兰克·艾利思（F.Ellis）[③]也注意到，家庭内女性和男性之间的劳动分工是社会因素而非生物学因素决定的。他认为此类分工将不断演化。家庭组织及其分工决策对农民收入的影响，受到国内一些研究者的关注。他们发现，家庭成员之间的劳动配置决策是相互依存和相互影响的[④]；家庭在进行决策时，往往是利用家庭成员的比较优势，在农业生产和非农产业之间合理配置劳动力资源，实现家庭收入的最大化[⑤]。（2）人口生产的量质偏好理论。当劳动成为家庭收入的主要源泉时，决定劳动供给的生育率和人力资本投资率就会成为家庭的决策变量。在缺乏内生技术增长时，马尔萨斯模型中的均衡工资率由对生育率的偏好所决定。类似于利率在新古典增长模型中的作用，生育率在马尔萨斯模型中能够促使经济趋于均衡的资本—劳动比和均衡的生存收入。[⑥]面对工业革命进程中出现的逆经济增长的生育率趋势，人力资本被引入家庭分析。Becker[⑦]、

---

① ［英］亚当·斯密：《国民财富的性质和原因的研究》，郭大力、王亚南译，北京：商务印书馆，2009年；杨小凯、黄有光：《专业化与经济组织》，北京：经济科学出版社，1999年；杨小凯：《发展经济学——超边际与边际分析》，北京：社会科学文献出版社，2003年；杨小凯、张永生：《新兴古典经济学与超边际分析》（修订版），北京：社会科学文献出版社，2003年。

② 参见［美］加里·斯坦利·贝克尔：《人类行为的经济分析》，王业宇、陈琪译，上海：生活·读书·新知三联书店、上海人民出版社，1995年；［美］加里·斯坦利·贝克尔：《家庭论》，王献生、王宇译，北京：商务印书馆，2005年。

③ 参见［美］弗兰克·艾利思：《农民经济学——农民家庭农业和农业发展》，胡景北译，上海：上海人民出版社，2006年，第193页。

④ 曹阳、李庆华：《我国农户劳动力配置决策模型及其应用》，《华中师范大学学报》（人文社会科学版）2005年第1期，第48—53页。

⑤ 钱忠好：《非农就业是否必然导致农地流转——基于家庭内部分工的理论分析及其对中国农户兼业化的解释》，《中国农村经济》2008年第10期，第13—21页。

⑥ 参见［英］马尔萨斯：《人口论》，郭大力译，北京：北京大学出版社，2008年。

⑦ Becker G S. Human Capital: A Theoretical and Empirical Analysis, with Special Reference to Education. Chicago University of Chicago Press, 1964.

Becker 和 Lewis① 以及 DeTray② 最先注意到孩子的数量和质量在家庭生育决策中的替代关系。这是由于外生条件的变化极大地改变了人类活动的时间价值（包括抚养子女的时间成本），同时，大量地显现了人力资本投资的高收益率机会。贝克尔认为，正是替代子女数量的人力资本投资，决定着一个家庭的兴衰。③ 随后的研究进一步把家庭的生育和教育投资决策与内生增长理论相结合，并以此来解释人口—经济增长方式的转变。④

本章开展的工作与如上两类文献的差异点是：第一，贝克尔的家庭分工效率来自家庭成员在市场生产和家庭生产之间以及不同家庭产品⑤生产之间的合理配置，本章则仅将家庭成员间的分工协作引入单一的市场生产领域。⑥ 第二，在钱忠好⑦工作的基础上，本章同时把家庭成员的生产分工水平处理为家庭人口生产偏好的内生变量。第三，在贝克尔那里，人口生产数量偏好向质量偏好的转变，是时间价值提高和收入增长的结果；本章则强调，在较长的时间序列中，前者更是后者的原因。第四，与同时引入生育率和人力资本的内生增长模型不同，本章是以家庭为单位的微观视角，并将家庭分工作为人口生产转型和收入增长之间的传导变量。

二、特征性事实描述

市场化改革以来，农民收入的大幅度提高是显见的事实。2010 年，农村居

---

① Becker G S, Lewis H. On the Interraction between the Quantity and Quality of Children. Journal of Political Economy, 1973, 81, pp.279-288.

② De Tray D. Child Quality and the Demand for Children. Journal of Political Economy, 1973, Vol. 81, pp.70-95.

③ 贝克尔指出："实际上只有我们才把家庭的兴衰和人力资本投资结合起来，这种人力资本投资与资产积累、消费发展和对孩子的需求发生相互关系。"［美］加里・斯坦利・贝克尔：《家庭论》，王献生、王宇译，北京：商务印书馆，2005 年，第 286 页。

④ Lucas R E. On the Mechanics of Economic Development.Journal of Monetary Economics, 1988, 22, pp.3-42；Barro R, Becker G S. Fertility Choice in a Model of Economic Growth. Econometrica, 1989,57,pp.481-501；Becker G S, Murphy K M, Tamura M M. Human Capital, Fertility and Economic Growth. Journal of Political Economy,1990, 98,pp.12-37.

⑤ 家庭产品被定义为非市场产品，包括睡眠、健康、声望、亲情、子女的数量与质量等。贝克尔将家庭非市场产品的生产函数记作：$Z_i=f(x_i, T_i)$。Z_i 是家庭生产的第 i 种基本产品，x_i 表示市场产品向量，T_i 表示用于生产第 i 种产品的时间投入向量。一般来说，Z_i 对于 x_i 与 T_i 的偏导数非负。［美］加里・斯坦利・贝克尔：《家庭论》，王献生、王宇译，北京：商务印书馆，2005 年，第 111—112 页。

⑥ 其依据是，家庭产品未被列入家庭收入的来源。

⑦ 钱忠好：《非农就业是否必然导致农地流转——基于家庭内部分工的理论分析及其对中国农户兼业化的解释》，《中国农村经济》2008 年第 10 期，第 13—21 页。

民人均纯收入达5919元[①]，是1985年397.6元的近15倍。[②]随着时间的推移，农民人均纯收入呈现递增增长趋势。按可比价格计算，在1985—2004年，除1987年、1989年、1994—1996年外[③]，其余年份农民人均纯收入的增长速度均未超过7%；而在2005年以后，农民人均纯收入的增长率超过8%[④]，甚至到2010年该指标增加到10.88%。

与农民收入变化紧密相关的典型性事实是农户家庭劳动力就业领域的拓展。改革开放前，在农业生产之外，农民很少有其他就业机会。到2009年，非农部门就业的劳动力占到农户家庭全部劳动力比重的52.08%。[⑤]"半工半耕"或"男工女耕"成为当今中国农户生产的基本特征。[⑥]农户生产的这种兼业化模式，在改变农业内部人地比例关系和提高农业劳动生产率的同时，为农民收入的增长开辟了巨大的非农空间。到2010年，农民人均纯收入中有41.07%来自非农就业的工资性收入，较1985年提高了22.91个百分点。相比人均纯收入，人均工资收入呈现出更快的增长速度（图11-2）。1995—2000年，农户人均工资收入的年均增长速度超过了11%，2005年、2006两年的增长率超过15%，到2010年，人均工资收入较上年增长13.8%。

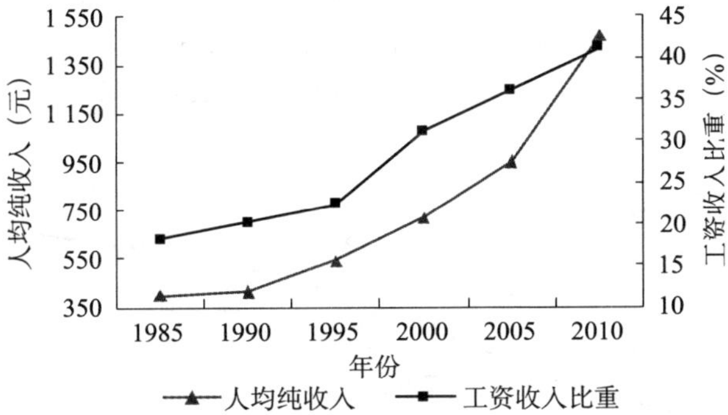

图11-2 农民人均纯收入及工资收入比重[⑦]

发生在农民收入增长和农民就业领域变化过程中的另一个特征性事实，是

---

① 中华人民共和国国家统计局：《中国统计年鉴2013》，北京：中国统计出版社，2013年，第399页。

② 此为以名义收入计算的结果。若以1985年为基期的实际人均收入计算，前者是后者的3倍多。

③ 1988—1990年三年为价格波动较大的一段时期。

④ 2008年农户人均纯收入增长率为7.98%。

⑤ 中华人民共和国农业部：《中国农业发展报告2010》，北京：中国农业出版社，2010年，第163页。

⑥ 黄宗智：《制度化了的"半工半耕"过密型农业（上、下）》，《读书》2006年第2期，第30—37页；《读书》2006年第3期，第72—80页。

⑦ 图11-1中的农民人均纯收入是以1985年为基期折算的实际人均收入。数据来源见本章第五节第二部分。

农民家庭人口生产偏好的转变。在改革开放之初，农民家庭的人口生产还存在着显著的数量偏好特征（图 11-3）。比如 1985 年，农村妇女一般生育率高达 88.83‰，农民家庭户均人口规模 5.12 人；进入 21 世纪，人口生产的数量偏好明显减弱，2009 年，农村妇女一般生育率降为 40.41‰，农户家庭人口规模减少至 3.29 人。① 这同时反映在育龄妇女总和生育率的变化方面，从 1970 年的 5.8 减少至 1980 年的 2.2，继而下降到 2000 年的 1.8 左右。② 与此相对应，农户家庭人口生产的质量偏好特征逐渐凸显。1985—2010 年，农村人口平均受教育年限由 5.90 年提高到 8.50 年，增幅达 44%（图 11-4）。

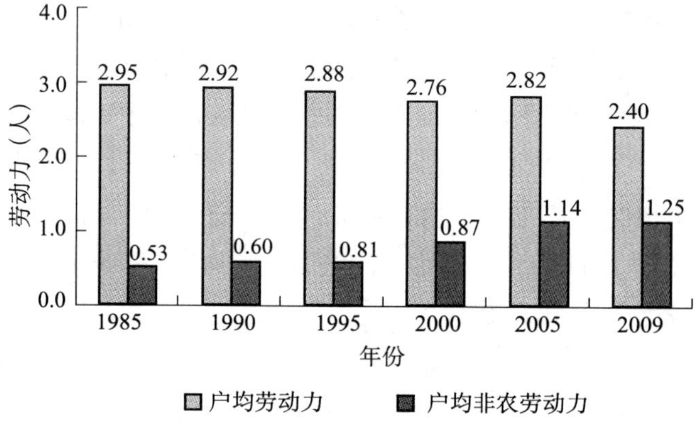

图 11-3　户均劳动力数与非农劳动力数比较③

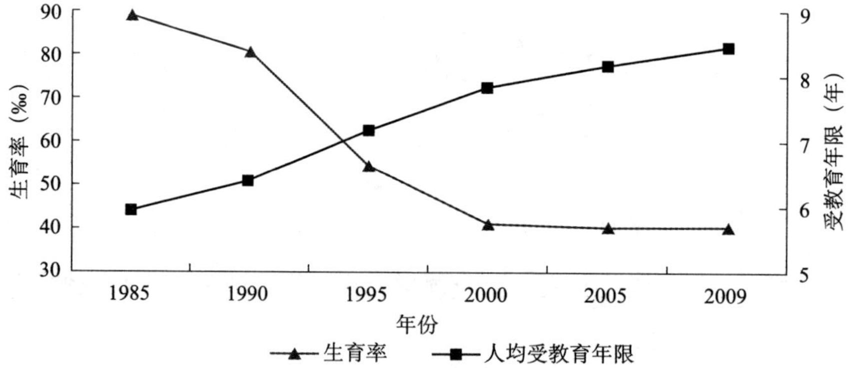

图 11-4　农村妇女生育率与农民人均受教育程度变化④

① 中华人民共和国国家统计局：《中国人口和就业统计年鉴 2010》，北京：中国统计出版社，2010年，第 58—59 页。

② 中国育龄妇女总和生育率的下降主要决定于农村育龄妇女总和生育率的降低。

③ 数据来源见本章第五节第二部分。

④ 数据来源见文章第五节第二部分。

农民人均收入增长与农户劳动力就业领域拓展、农户家庭人口生产偏好变化之间并非相互独立的事件。以下我们尝试将人口偏好转变决定家庭分工的发展作为农民收入增长的重要解释变量，从而揭示三类特征性事实之间的逻辑关系。

三、人口生产转型与农户劳动分工的演进

根据 Becker 和 Barro① 的分析，子女数量和质量均是家庭效用函数的变量。在家庭效用优化的过程中，父母对于子女数量和质量（人力资本）的偏好，取决于既定条件下家庭预算约束在这两个方面分别投资所产生边际收益率的比较。工业化和市场化进程的兴起，极大地提高了相对于数量投资的质量投资的收益率。从而与“马尔萨斯世界”不同，在“贝克尔时代”的工业化社会，家庭人口生产偏好明显地转向了质量方面。中国农村居民人口生产量质偏好的逆转，虽然初期有计划生育政策的影响，但主要是工业化、市场化进程冲击下农户家庭效用函数优化的结果。②

人口生产量质偏好的转变，使新古典经济学长期坚持的劳动力同质性假设背离了事实。在现阶段的中国农村，不同劳动力特别是不同代际劳动力之间，以受教育程度衡量的人力资本水平呈现出明显差异。③ 由于二元结构下农业与非农部门之间存在着技术类别、技术层次以及收益率的显著差距，当劳动力市场开放时，较高的文化技术水平是农业劳动力实现职业转换的有利条件。根据教育程度起甄别个人生产率作用的假说④，雇主也往往把教育程度作为选择高能力

---

① Becker G S, Barro R J. A Reformulation of the Economic Theory of Fertility. Quarterly Journal of Economics, 1988, Vol. 103, No.1, pp1-25.

② 李建民：《生育率下降与经济发展内生性要素的形成——兼论中国人力资本投资供给的制度性短缺》，《人口研究》1999 年第 2 期，第 10—17 页；李建民：《生育理性和生育决策与我国低生育水平稳定机制的转变》，《人口研究》2004 年第 6 期，第 2—18 页；郭剑雄：《人力资本、生育率与城乡收入差距的收敛》，《中国社会科学》2005 年第 3 期，第 27—37 页。

③ 比如，2007年，在全国就业人员中，20—24 岁劳动力的平均受教育年限达9.76年，而60—64 岁劳动力的平均受教育年限是5.55年，65 岁以上者仅为4.30年。由于农村劳动力占全国劳动力的多数，因此，全国劳动力中代际受教育程度的差异数据大体可以作为农村代际劳动力的替代指标。国家统计局人口和就业统计司：《2008 中国人口和就业统计年鉴》，北京：中国统计出版社，2008 年。

④ 阿克洛夫的信息不对称假说认为，受教育程度仅仅是劳动力向市场发出的甄别个人生产率的信号，而与劳动力真实的劳动生产率无关。陈曦：《农业劳动力非农化与经济增长》，哈尔滨：黑龙江人民出版社，2005 年，第 177 页注 [11]。

雇员的识别方法。就业市场的这种筛选功能，导致了人力资本差异化的农户劳动力就业领域的不同，从而使家庭内的劳动分工格局出现了历史性改变。

假设：（1）农户面临着农业和非农两个就业部门，两部门存在非农高于农业的不同的均衡工资。（2）家庭由多人[①]组成。由于家庭中利他主义的存在，家庭成员间的效用是可转移的。家庭资源配置建立在统一的效用函数之上，家庭生产的目标是家庭收入最大化。（3）将存在人力资本差异的家庭劳动力简化为高技能劳动力 L_h 和低技能劳动力 L_l 两类，全部家庭劳动力 $L=L_h+L_l$。（4）基于统一的效用函数，家庭劳动成员间可以实行有效的劳动分工，从而使家庭生产呈现联合生产的特征。（5）家庭仅生产市场产品，包括农产品和非农产品。[②]（6）农业劳动投入遵循边际报酬递减规律；不同水平人力资本劳动力的非农边际收益率存在差异，人力资本水平与劳动力的非农边际收益率呈正相关。

依据如上假设，家庭内的劳动分工决策可见图 11-5。图中纵轴表示边际收益（MR），横轴（L）表示农户家庭的劳动力，曲线 MR_a 表示农业边际收益，MR_{Lh} 和 MR_{Ll} 分别为承载高低两类人力资本的劳动力的非农边际收益，有 $MR_{Lh} > MR_{Ll}$。[③]

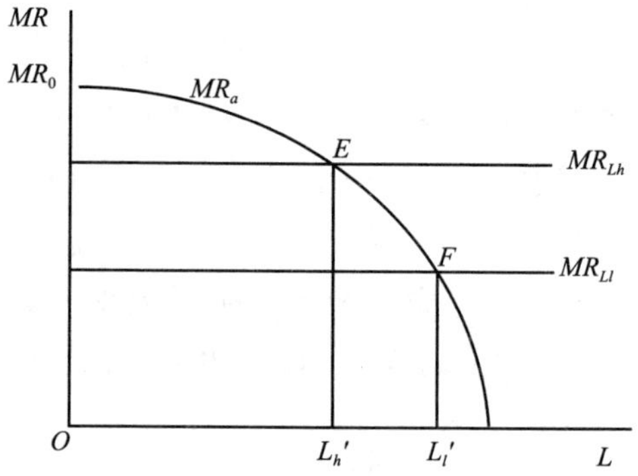

图 11-5　家庭劳动分工决策

在图 11-5 中，不同人力资本劳动力的个人收益最大化的农业劳动投入量分别为 L_h' 和 L_l'，E 和 F 分别是其非农转移的临界点。对于人力资本水平较高的劳动力而言，当 $MR_{Lh} < MR_a$ 时，便从事农业生产；当 $MR_{Lh} > MR_a$ 时，就转向非农就业。与高人力资本劳动者的决策相同，低人力资本劳动者的就业决策也遵循两部门边际收益比较的原则。

---

① 典型的家庭是由父母和子女多人组成的。

② 贝克尔认为，家庭既生产市场产品，也生产家庭产品。本章不考虑家庭内家庭产品的生产情况。

③ 农户转移劳动力在非农就业市场上仅仅是其工资水平的被动接受者。

由不同人力资本水平的劳动力组成的家庭，其生产分工的均衡情况见表 11-1。

表 11-1 家庭生产分工均衡

条件			家庭生产分工	家庭类型
$MRLh > MR_0$	$MRLl > MR0$	$MRLh > MRa$ $MRLl > MRa$	Lh：从事非农生产 Ll：从事非农生产	专业化
	$0 \leqslant MRLl < MR0$	$MRLh > MRa$ $MRLl > MRa$ $MRLl < MRa$	Lh：从事非农生产 Ll：从事非农生产 从事农业生产	专业化或兼业化
$0 < MRLh < MR_0$	$0 < MRLl < MRLh$	$MRLh > MRa$ $MRLh < MRa$ $MRLl > MRa$ $MRLl < MRa$	Lh：从事非农生产 从事农业生产 Ll：从事非农生产 从事农业生产	专业化或兼业化
	$MRLl=0$	$MRLh > MRa$ $MRLh < MRa$ $MRLl \leqslant MRa$	Lh：从事非农生产 从事农业生产 Ll：从事农业生产	专业化或兼业化
$MRLh=0$	$MRLl=0$	$MRLh \leqslant MRa$ $MRLl \leqslant MRa$	Lh：从事农业生产 Ll：从事农业生产	专业化

四、农户家庭收入的决定

在农业和非农两部门就业的背景下，农户如何配置其差异化劳动力，才能实现家庭收入最大化？

基于上述假设条件，对于农户的农业生产，假定其生产函数为规模报酬不变的 Cobb-Douglas 生产函数，其投入要素为农户拥有的物质资本和有效劳动；而对于非农生产，投入要素为有效劳动。假设这两种生产的人力资本分别为 1 和 h（$h>1$），据此，构造一个较为简单的家庭收入函数为

$$f = \max_{\theta}[A_1 k^{1-\alpha}\theta^{\alpha} + A_2(1-\theta)hw] \tag{11-1}$$

其中，k 是家庭拥有的物质资本（包括土地），θ 是农户用于农业生产的时间比重（$0<\theta<1$）[①]，$\theta \cdot 1$ 为农业生产的有效劳动，α 表示有效劳动的产出弹

① 当$\theta=1$时，表明农户完全从事农业生产；而当$\theta=0$时，表明农户完全从事非农生产，这两种状态下，农户处于专业化的分工结构中。

性，$0<\alpha<1$；$(1-\theta)h$ 为非农生产的有效劳动投入；A_1 和 A_2 分别是对两种生产技术水平的度量。

式（11-1）的一阶条件，即农业生产劳动时间分配为

$$\theta^* = k(\frac{\alpha A_1}{hwA_2})^{\frac{1}{1-\alpha}} \tag{11-2}$$

由于$\frac{1}{1-a}>1$，且各参数非负，由此可获得如下结论：第一，非农部门的相对于农业的收益率（或报酬率）越高，从事非农生产劳动力的人力资本水平相对于农业人力资本存量越高（h 越大），农户的临界农业生产劳动时间 θ 越小，农户就会将更多的时间配置于非农生产，并因此获得较高的家庭收入。第二，相对人力资本水平[①]越高，即家庭劳动力人力资本差异化越大，则家庭从事非农生产的时间越长。或者说，当家庭人口生产偏好从数量转向质量，且存在 Lucas 人力资本积累技术——人力资本的增加不仅取决于投入的时间，也依赖于原有人力资本存量——具体形式为$\dot{h}=\delta(1-\tau)h$[②]，在其他因素不变时，农户劳动力更易于非农转移。第三，在时间配置和人力资本投资方面，专业化人力资本增加的收益也是产生分工的一个强大因素。[③]人力资本投资的规模经济鼓励一个家庭中本质相同的成员专业化于不同类型的投资，促使他们对时间作出不同的配置[④]，从而使整个家庭显示出分工的特征。这样家庭分工便内生于家庭劳动力的异质分化过程之中，这一过程又与人口生产偏好的量质替代密不可分。在家庭收益最大化的决策基础上，家庭成员个人的专业化知识和技能在农户兼业或非农转移的过程中，获得整个家庭的分工经济。

五、计量分析结果

（一）计量模型的建立及计量方法

为了准确考量人口生产偏好变化、农户家庭分工演进与农户收入变动之间

---

① 指家庭劳动力中从事非农生产劳动力的人力资本水平与农业劳动力人力资本水平的比值。

② 其中，参数$\delta>0$，τ是将时间禀赋标准化后用于工作的时间，$1-\tau$为人力资本积累所耗费的时间。小罗伯特·E. 卢卡斯：《经济发展讲座》，罗汉、应洪基译，南京：江苏人民出版社，2003 年，第 40 页。

③ ［美］加里·斯坦利·贝克尔：《家庭论》，王献生、王宇译，北京：商务印书馆，2005年，第93—94 页。

④ ［美］加里·斯坦利·贝克尔：《家庭论》，王献生、王宇译，北京：商务印书馆，2005年，第70页。

的关系及其相互影响，本部分建立了一个考虑变量之间内生性的联立方程模型进行估计。为了消除原始数据序列的异方差，使数据更为平稳，本章对变量取对数形式。确立的联立方程的基本形式如下：

$$\ln ED = f(\ln FE, \ln PW) \tag{11-3}$$

$$\ln PL = g(\ln ED, \ln PW) \tag{11-4}$$

$$\ln NI = h(\ln PL, \ln LA) \tag{11-5}$$

方程（11-3）意味着农户家庭的人力资本形成，即受教育情况（用人均受教育年限 *ED* 表示）决定于家庭的生育率 *FE*；表征人力资本投资收益率的城乡收入比[①]（*PW*）是农户家庭人力资本投资的激励因素。

方程（11-4）表示农户家庭的非农劳动力比例 *PL* 取决于农户家庭劳动力的人力资本水平（人均受教育年限 *ED*）；*PW* 也可以代表非农部门的相对收益率，因此也是影响劳动力非农迁移的重要变量。

方程（11-5）将农户家庭人均纯收入作为内生变量，其变动取决于农业部门内部收入和农户家庭的非农收入；用劳均土地规模 *LA*（外生变量）作为农业部门收入的重要变量[②]，而影响非农收入的主要因素是农户非农劳动力的比例 *PL*。

在估计此联立方程模型时，由于待估方程右端含有内生变量，由似无关估计不能得到参数的一致估计；同时，对于结构式中的方程满足可识别的必要条件，使用三阶段最小二乘法可得参数一致且为有效估计。由于考虑了方程之间的相互关系，Greene 认为当误差项服从正态分布时，该方法得到的估计量是渐进有效的，且它的渐进分布与万全信息最大似然估计量的渐进分布是一致的，能够满足实证分析对工具变量检验的需要。[③]

（二）数据来源及相关说明

本章使用中国 1985—2007 年的时间序列数据进行分析。农户家庭收入数据来自国家统计局农村社会经济调查司的《2008 中国农村住户调查年鉴》（北京：

① 用城市居民人均可支配收入与农村居民总收入的比值表示 *PW*。

② 事实上，土地经营规模对农民纯收入的影响，主要是通过对农业生产要素以及要素配置结构的影响进而影响到农业生产绩效及农业收入而实现的。同时，劳均农地规模也是表征农户家庭物质资本存量的一个重要变量。

③ 参见 Greene W H. Econometric Analysis（4th Edition）.New York: Prentice Hall, 2000.

中国统计出版社，2008 年）；农户家庭收入是以 1985 年农村居民消费价格指数为基期进行缩减的实际收入，消费价格指数来源于国家统计局的《中国统计年鉴 2008》（北京：中国统计出版社，2008 年）。户均非农劳动力 = 户均劳动力－户均农（林牧渔）业劳动力。户均劳动力数据、非农劳动力比重数据来源于各年份中华人民共和国农业部的《中国农业发展报告》（北京：中国农业出版社，2008 年）。生育率为妇女一般生育率[①]，其中，1985 年数据实为 1986 年，1990 年数据实为 1989 年；2006 年、2007 年生育率数据来源于相应年份国家统计局国民经济综合统计司的《中国人口和就业统计年鉴》（北京：中国统计出版社）；其余年份生育率数据来源于各年份国家统计局人口和社会科技统计司的《中国人口统计年鉴》（北京：中国统计出版社）。人均受教育年限数据来自国家统计局农村社会经济调查司的《2008 中国农村住户调查年鉴》（北京：中国统计出版社，2008 年）[②]。

（三）估计结果及分析

我们使用三阶段最小二乘法对上述联立方程模型进行了估计[③]，所使用的计量分析软件是 Eviews6.0，具体估计结果见表 11-2。

表 11-2 联立方程模型估计结果

variable	Equation 11.3（Observations: 23）		Equation11.4（Observations: 23）		Equation11. 5（Observations: 23）	
	Coefficient	t-Statistic	Coefficient	t-Statistic	Coefficient	t-Statistic
constant	3.330 5***	15.351 9	-0.725 3*	-1.182 3	0.577 1	0.635 3
FE	-0.345 6***	-8.016 6	—	—	—	—
PW	0.069 5	0.974 6	0.286 9*	1.170 8	—	—
ED	—	—	1.966 9***	5.136 5	—	—
PL	—	—	—	—	0.761 7***	4.884 8
LA	—	—	—	—	2.131 8**	2.570 9
*ADR*2	0.959 8		0.927 7		0.910 2	
Determinant residual covariance:1.22E-08						

注：*、**、*** 分别表示估计结果在 25%、5% 和 1% 的水平上显著

① 其计算公式是：出生人数 / 平均育龄妇女人数 ×‰。

② 人均受教育年数的计算方法是，各级教育年数分别乘以各级受教育人口比重再加总求和，其中，“不识字或识字很少”以 1 年计，“中专”、“大专及大专以上”合并以 15 年计。

③ 其中，工具变量（instruments）为 ln*FE*、ln*PW*、ln*PL*。

依据表 11-2 的估计结果，调整后的 R^2 说明方程的拟合优度较高，三个方程的拟合优度分别达到了 95.98%、92.77% 和 91.02%，大部分变量在 5% 的显著性水平上通过 t 检验。这表明估计的联立方程模型可以用来解释农户人口偏好、家庭分工演进与农户人均收入之间的相互影响。

根据方程（11-3）的估计结果，农户家庭的生育率对其人力资本投资的弹性为 -0.35，生育率减少 1 个百分点，会造成人均受教育年限提高 0.35 个百分点，说明农户家庭的人口生产存在量质替代关系。表征人力资本投资相对收益率的城乡收入比对人力资本投资的弹性为 0.07，即城乡收入比增加 1%，会引致其家庭人力资本水平上升 0.07%。尽管这一估计系数较小，考虑到人力资本的形成需要时间的积累，且文中使用的人均受教育年限也仅是人力资本的一个替代变量，因此，它还是能够揭示非农收益率对农户家庭人力资本投资的正向效应。

方程（11-4）的估计结果显示，农户人力资本存量的高低和非农性收入的相对收益率是影响农户劳动力非农转移的重要因素。人均受教育年限城乡收入比对家庭非农劳动力比例的弹性分别为 1.97 和 0.29，说明农户家庭人力资本的提升，对农户非农转移的作用远大于工业化、城市化浪潮造成的城乡收入比。尤其是人均受教育年限的估计系数在 1% 的水平上通过了显著性检验，其 P 值接近于零，表明家庭劳动力平均受教育年数对非农活动的参与具有明显的正向作用，亦即人力资本积累和工资性收入比例的加大对推动农户家庭分工的作用是稳健的。家庭劳动力平均受教育年数对非农活动的参与具有明显的正向作用，亦即人力资本积累和工资性收入比例的加大对推动农户家庭分工的作用是稳健的。这一结果与李实等人①根据农户调查数据，分别对外出劳动力户和非外出劳动力户的收入函数进行估计所得出的结论吻合。他们的研究发现，教育是影响个人获取非农就业机会的一个重要因素，而且其重要性越来越大。此外，同样是非外出劳动力，他们在有外出劳动力户的边际劳动生产率要高于他们在无外出劳动力户的边际劳动生产率。这说明外出劳动力不仅能够获得更高的劳动报酬，而且他们的转移或兼业还会对家庭中其他继续务农劳动者的劳动生产率产生积极影响。

李实等人的研究发现，一个外出劳动力对家庭总收入的贡献率比一个非外出劳动力高出近 11 个百分点。在方程（11-5）的估计结果中，非农就业比重对农户人均纯收入的弹性为 0.76。由于农村家庭劳均土地负荷量很小，劳均耕地

---

① 李实、赵人伟：《中国居民收入分配再研究》，《经济研究》1999 年第 4 期，第 3—17 页。

面积的弹性系数为 2.13，与非农就业比重的弹性相比较，显示了农户人均收入中来自非农收入的弹性大大超过了来自农业部门的收入。对于这一点，国内一些学者做过更为精细的研究。当农户经营土地的规模在一定范围内时（2 公顷以下），农户土地经营规模每增加 1 亩，农业净收益将增加 30 元左右。[①] 显然，这样的增加并不能改善农户收入的基本现状。

由于采用联立方程的估计方法，得到的结论实际上考虑了变量之间的反作用力。因此，估计结果及结论更为真实地反映了家庭人口偏好变化、分工情况的演变及农户收入的内在联系。

六、本章结论及其扩展含义

本章所做工作的意图在于，从基于外生条件变化而引致的农户家庭行为适应性调整的视角给出解释农民收入增长的一种微观机制。本章研究获得的主要结论如下：由于工业化和市场化极大地改变了人口量质收益率的对比关系，因此，中国广大农户家庭的生育偏好明显地转向了质量方面。人口生产偏好的这种逆转具有极其重要的发展含义：它提高了家庭成员的专业化技能，促进了家庭劳动分工的发展；人口偏好转变产生的分工经济又成为农户跳出长期以来由于低技能和低分工被动维系的“马尔萨斯贫困陷阱”的重要契机，从而使农民收入实现了前所未有的增长。当人口生产偏好转变成一种不可逆的趋势时，“任何终身的‘贫穷文化’在不同世代之间都要消失”[②]。

贝克尔认为，家庭行为是收入分配不平等的一个重要决定因素。[③] 本章的研究思路可以为中国城乡居民人均收入差距提供某种合理的解释。经验事实表明，农村居民的人口质量偏好（人均受教育年数）远低于城市居民。[④] 在存在报酬率差异的社会分工体系中，具有人力资本存量优势的城镇职工能够获得在高工资率的一级市场稳定就业的机会，且专业化程度较高；而农村劳动力一般仅能在

---

① 卫新、胡豹、徐萍：《浙江省农户生产经营行为特征与差异分析》,《中国农村经济》2005 年第 10 期，第 49—56 页；胡初枝：《农户土地经营规模对农业生产绩效的影响分析——基于江苏省铜山县的分析》,《农业技术经济》2007 年第 6 期，第 81—84 页。

② 加里・斯坦利・贝克尔：《家庭论》，王献生、王宇译，北京：商务印书馆，1998 年，第 316 页。

③ 加里・斯坦利・贝克尔：《家庭论》，王献生、王宇译，北京：商务印书馆，1998 年，第 27 页。

④ 比如，2007 年，6 岁以上人口的平均受教育年限，城市为 10.26 年，乡村是 7.18 年。国家统计局人口和就业统计司：《2008 中国人口和就业统计年鉴》，北京：中国统计出版社，2008 年。

次级市场寻求一份不稳定且低报酬的工作，其中大多数劳动力尚处于兼业化或低专业化状态。分工经济的差异，决定了两种劳动力的工资曲线之间始终存在着一个城市高于农村的截距。① 同时，现代劳动经济学指明，收入挣得能力的变化率（即工资曲线的斜率），主要决定于劳动者整个生命周期中人力资本投资的变动率，即人力资本积累率越高，随时间推移的挣得能力增长越快。② 考虑到"干中学"效应以及生育率差异决定的人力资本的不同积累率，城市劳动力的工资曲线斜率必然大于农村劳动力。如此，城乡居民间人均收入差距的不断拉大就成为不可避免的事实。③

依据本章的研究，实现城乡收入差距的收敛必须满足如下要件：其一，在不断扩展和深化的现代经济的分工体系中，农村居民能够争得与城市居民报酬率大体均衡的就业机会，其前提是他们需要具备与城市居民无差异的就业机会选择能力。其二，为此，农村居民需要进一步调整其家庭人口生产偏好，在生育率选择和人力资本投资方面实现与城市居民的趋同。其三，城乡一体化发展政策应当以培育上述两个条件的形成为要旨。

---

① 2005年，城镇职工平均货币工资为18 364元，农村劳动力平均纯收入仅有6354元。前者是后者的2.89倍。资料来源：城镇职工平均货币工资由《中国统计年鉴2006》表5-4、表5-25中的有关数据计算得出；农村劳动力平均收入根据《中国农村住户调查年鉴2006》中表2-1、表2-11、表2-13有关数据折算得出。

② 严格地说，个人收入挣得能力包括两个方面：先天禀赋能力和后天获得的技能。"天赋能力的水平和分布大概是趋向于相同的"（[美]西奥多·W. 舒尔茨：《改造传统农业》，梁小民译，北京：商务印书馆，1999年，第132页）。即相对于后天能力来说，人们之间的先天禀赋差异甚小。在比较人们之间收入挣得能力的差别时，我们可以舍弃这种基本不造成差异的因素。

③ 1990—2005年，城镇职工的平均货币工资以15.72%的年均速度递增，而农村劳动力平均收入的年均增长率是10.18%；除1994—1995年、1995—1996年两个时间段以外，其余年份的劳动报酬年均增长率，城镇均高于农村。根据《中国统计年鉴2006》表5-4、表5-25,《中国农村住户调查年鉴2006》表2-1、表2-11、表2-13有关数据计算得出。

第十二章
人口生产量质偏好视角下的城乡居民收入差距

一、城乡收入差距研究的人口生产偏好视角

西方学术界有两种主要理论范式试图回答发展中国家普遍存在的城乡收入差距现象：一是经济发展战略的工业化偏好理论。早期发展经济学的基本认识是，小农经济是增长力已耗尽的落后部门，工业作为新型产业具有高的增长率；在小农经济占主导地位的国家推进工业化，不仅可以提高人们的生活水平，而且是实现经济赶超的适当战略选择。[①]二是政治结构的特殊性理论。在发展中国家，城市阶层的政治影响力是巨大的，因而能够导致城市偏向政策的形成；农民由于居住分散而决定了集体行动的高交易成本，以及与单个农民产出份额微小相关联的免费搭车心态，造成农民数量与其对政策制定影响力之间的一种悖论现象。[②]

在解释中国城乡收入差距时，上述理论被国内一些学者所借用。林毅夫等人[③]认为，政府实施的以赶超为目的的发展战略，一方面使少数资本密集型产业得到保护，并使被保护产业的收入水平明显高于其他产业；同时，政府对生产剩余的控制又使大量劳动密集型产业因资金投入不足而发展缓慢。城乡差距和收入分配的不平等，被认为是政府采取的发展战略背离了本地比较优势的结果。

---

① Krueger A M S , Valdes A. The Political Economy of Agricultural Pricing Policy, Vol.5. Baltimore, Maryland: The Johns Hopkins University Press, 1991, 1992.

② Lipton M. Why Poor People Stay Poor:Urban Bias in Word Development,Cambridge,MA: Harvard University Press, 1977; Bates R . Markets and States in Tropical Africa. Berkeley: University of California Press, 1981.

③ 参见林毅夫、蔡昉、李周:《中国的奇迹：发展战略与经济改革》，上海：生活·读书·新知三联书店、上海人民出版社，1999 年；林毅夫、刘明兴:《中国的经济增长收敛与收入分配》,《世界经济》2003 年第 8 期，第 3—14 页。

蔡昉和杨涛[①]综合运用上述两种理论，分别解释了以经济体制改革为分界点的城乡收入差距的不同成因。1978 年之前，与重工业优先发展战略相关的一整套干预政策导致了稳定的城市偏向；改革开放以后，城乡差距的变化主要导源于城市利益集团的压力以及传统经济体制遗留的制度性障碍。

在其他讨论中国城乡收入差距的相关文献中，城乡分割的管理体制（其核心是户籍制度）造成的劳动力市场扭曲，被认为是最重要的原因。蔡继明[②]的一项研究表明，城乡户籍歧视可以解释城乡收入差距中的 24.8%；Shi 等[③]运用经验实证的研究方法，将不能得到解释的城乡收入差距的 42% 和小时收入的 48% 归因于劳动力市场扭曲，其中户籍制度可以直接解释城乡收入差距的 28%；姚先国和赖普清[④]把城乡工人劳资关系差异的 20%—30% 归为户籍歧视的结果。林光彬[⑤]将城乡收入差距的制度性成因进一步扩展，认为中国城乡收入差距的发生机制和根本原因，是社会等级秩序格局、市场等级化格局以及资源流动性障碍格局等一系列社会安排相互作用的结果。吴群[⑥]则把城市偏向的制度安排具体化为城市对农村的三次剥夺：即新中国成立初期的高级社和人民公社化运动对农民生产资料的无偿剥夺，1950—1990 年实行的工农产品价格“剪刀差”政策，以及目前不少地方正在或已经发生的土地不合理征用。

前述研究的共同特点是，都将显性制度因素作为城乡收入差距的基本解释变量。应当承认，对处于转型期的中国经济而言，这种见解无疑是具有深刻解释力的。但是，此类研究难以给出下述问题合理答案：第一，农民为什么总是处在被剥夺的地位？即这种显失公平的现实有无农民自身方面的原因？第二，假设制度变迁导致前述诸因素对城乡收入差距的影响消除，其他条件不变，城乡居民收入是否可以趋同？因为城乡收入差距形成的原因是复杂的，某些非制度变量的影响非但不能忽略，反而在一定程度上不亚于甚至重于制度的作用。本章试图在制度因素之外，建立起人力资本、生育率这类更长期影响因子与城

---

① 蔡昉、杨涛：《城乡收入差距的政治经济学》，《中国社会科学》2000 年第 4 期，第 11—22 页。

② 蔡继明：《中国城乡比较生产力与相对收入差别》，《经济研究》1998 年第 1 期，第 11—19 页。

③ Shi X Z. Empirical Research on Urban-Rural Income Differentials: The Case of China. Unpublished Manuscript. CCER，Beijing University, 2002；Shi X Z, Sicular T, Zhao Y H. Analyzing Urban-Rural Income Inequality in China. Paper Presented at the International Symposium on Equity and Justice in Transitional China, Beijing, 2002, July ,pp.11-12.

④ 姚先国、赖普清：《中国劳资关系的城乡户籍差异》，《经济研究》2004 年第 7 期，第 82—90 页。

⑤ 林光彬：《等级制度、市场经济与城乡收入差距扩大》，《管理世界》2004 第 4 期，第 30—40 页。

⑥ 吴群：《我国农村土地制度改革面临的主要问题及发展方向》，《求是学刊》2002 年第4期，第48—52 页。

乡收入差距之间的关联关系，从而对中国城乡居民收入差距的成因及收敛条件作出新的理论解释。

二、城乡收入差距研究方法的讨论

城乡居民收入差距，在本质上是城乡经济增长分别由哪些因素决定的问题。因此，对这一问题的讨论，可以纳入经济增长模型来进行。

对经济增长动力源泉的解释都可以从生产函数的分解中找到。新古典增长模型的典型生产函数可记为

$$Y = A(t)K(t)^{\alpha} N(t)^{1-\alpha} \tag{12-1}$$

借助式（12-1）这一新古典生产函数，城乡居民收入差距无非形成于：（1）资本 $K(t)$ 和劳动 $N(t)$ 投入量的差别。（2）技术水平和制度效率 $A(t)$ 的差异。（3）前述两类因素的差距同时存在。由于新古典增长模型的建构遵循了诸多严格假设：完全竞争市场且交易费用为零，因此制度对经济增长并不重要；技术水平外生给定，且规模收益不变；资本与劳动只有数量的不同，没有质量的区别；在技术和制度参数既定的条件下，要素报酬服从边际收益递减规律，所以，只要要素可以自由流动，存在初始人均收入差距的两个经济系统之间，经济增长率和人均收入水平最终将趋向于均衡。对于人均收入增长率长期趋于离散状态的城乡经济而言，新古典增长模型显然不是有效的分析工具。

前述相关研究文献试图在新古典增长模型的基础上引入“制度分析工具”，以提高对非收敛性现象的解释力。原因如下：（1）基于科斯定理，政治和经济制度是经济绩效的潜在决定因素。城市偏向的体制设计和政策干预，带给城乡部门迥异的制度效率。（2）城市偏向政策具有资源“逆向再分配”效应，它导致了资本这类高效率资源在城乡之间的非均衡配置。由此，城乡收入差距的形成，似乎可以获得比新古典增长模型更合理的解释。其实，此类研究并未从新古典增长理论那里走出多远。与新古典增长理论一样，他们相信竞争性市场具有自动趋同功能，只要消除不合理制度对市场的扭曲，城乡收入差距就将会收敛。由此出发的一个合理的逻辑推论是，随着市场化体制改革的推进和要素流动性的加强，城乡收入差距应趋于缩小，而中国城乡收入差距变动的经验事实恰恰相反。其根源在于，要素同质性和边际报酬递减仍然是其坚持的基本假设。因而，这种理论努力最终也难以摆脱如同新古典增长模型一样的理论推演结论

与经验事实相矛盾的尴尬。

要克服新古典增长模型在增长收敛性问题分析上的局限，必须修正其在模型建构之前就为收敛性埋下伏笔的前提假设，即应以异质性要素和规模报酬递增作为增长的新源泉纳入经济增长模型。同时，坚持统一的竞争性市场制度背景假设，离散与收敛并非政策干预和市场机制的分别对应物，在充分竞争的市场条件下，部门间的经济增长率也不会是单向度的变化走势。内生增长理论的出现，标志着收敛性问题研究的重要进展。这一理论将人力资本引入增长函数，要素同质性假设由此被放弃；同时发现人力资本投资中存在着外溢效应，因而边际报酬并不一定递减；技术进步被看作是知识和人力资本积累的函数。与对新古典增长模型的"制度性"修正不同，内生增长理论是从技术变化内生性源泉的角度对新古典增长模型给予了补充和扩展。修正的着眼点虽然都是针对着新古典模型中的效率因子，仅仅由于侧重点的不同，却可以大大提高经济增长模型对增长率差异的解释力。由于内生增长模型提供了一个"能与持续增长和持续的收入水平差异相一致的机制"，[①] 因而它成为我们描述城乡收入差距较为理想的工具选择。

三、技术内生视角城乡收入差距的成因

（一）人力资本与城乡收入差距

卢卡斯[②]在发表于美国《货币经济学杂志》上的《论经济发展的机制》一文中，建构了一个包含人力资本要素的生产函数

$$Y = A(t)K(t)^{\alpha}[u(t)h(t)N(t)]^{1-\alpha}h_a(t)^{\gamma} \quad (12\text{-}2)$$ [③]

式（12-2）中，$h(t)$ 表示生产工人的人力资本水平，$h_a(t)^{\gamma}$ 反映人力资本的外部效应，$u(t)$ 表示每个工人的生产时间。[④]其他变量的含义与前述新古典模型相同。依据这一模型，城乡收入差距的关键决定因素，是城乡人力资本的差距。

---

① ［美］小罗伯特·E.卢卡斯：《经济发展讲座》，罗汉、应洪基译，南京：江苏人民出版社，2003年，第66页。

② Lucas R E. On the Mechanics of Economic Development. Journal of Monetary Economics, 1988, 22,pp.3-42.

③ ［美］小罗伯特·E.卢卡斯：《经济发展讲座》，罗汉、应洪基译，南京：江苏人民出版社，2003年。根据其技术内生变化的思想，这里用 $A(t)$ 取代了卢卡斯原式中的 A。

④ 卢卡斯假设生产者的全部时间为1，每个生产者都将用一定比例 u 的时间从事生产，用（$1-u$）比例的时间从事人力资本建设。

在经济增长的动力来源上，内生增长理论强调技术进步的重要影响。而技术进步被认为是由人力资本推动的。卢卡斯给出的技术进步方程是

$$\dot{h}(t)=h(t)\delta[1-u(t)] \tag{12-3}$$

其中，$\dot{h}(t)$人力资本变化率代表技术进步率，它取决于现有人力资本水平$h(t)$和从事人力资本建设的时间（$1-u$），参数$\delta>0$。[①]罗默[②]也认为，$\dot{A}=H_2A$，即技术进步的速率（$\dot{A}$）是由研究部门的人力资本水平（H_2）及现有技术水平（A）决定的。不仅如此，人力资本又被认为是技术扩散的必要条件。尼尔森和菲尔普斯[③]的研究表明，新技术扩散的范围和速度与一个经济体的人力资本存量有着密切关系。在其他条件既定时，人力资本存量越大，技术扩散的范围越广，技术扩散的速度也越快。在以技术为主要推动力的现代经济中，技术创新资源的丰裕度成为决定增长的关键。城乡部门不同的人力资本水平，就意味着增长动力在城乡之间的差异。

人力资本是以人或劳动者为载体的。教育作为人力资本投入的主要方面，对生产领域中劳动者的意义在于：第一，提高劳动者的生产技能，增加劳动者收入。大量劳动经济学文献显示，个人每多受一年在校教育，一般可使今后的工资增长10%。[④]第二，在获取信息和逐步适应现代化过程中，企业家才能实现经济增长，这种能力有助于提高资源的配置效率。第三，扩展劳动者的就业选择机会，使其向更好的工作机会和更适合于居住的地方转移。第四，作为未来消费满足感的增长。人力资本理论把每个人的健康状况当作一种资本储备，健康资本的经济价值体现在：其一，增加“健康时间”，改善体力劳动能力，提高工人的效率工资。其二，延长人口寿命，使人们获得更长久的职业生涯。其三，较长的预期寿命提供了一种额外刺激，促使人们愿意接受更多的学校教育，增加人力资本积累。人力资本的城乡差异，标志着生产函数中的单位劳动在城乡部门并不具有相同的产出效率。

还应当注意到，人力资本投入的增加通过劳动者技能的改进，能够提高物

① ［美］小罗伯特·E.卢卡斯：《经济发展讲座》第一章“论经济发展的机制”，罗汉、应洪基译，南京：江苏人民出版社，2003年，第20—66页。

② Romer P M. Endogenous Technological Change, Journal of Political Economy, 1990, Vol. 98, No.5, part 2, pp.S71-S102.

③ Nelson R, Phelps E. Investment in Humans, Technological Diffusion, and Economic Growth. American Economic Review,1966, Vol. 61, pp.69-75.

④ ［美］查尔斯·I.琼斯：《经济增长导论》，舒元译，北京：北京大学出版社，2002年，第47页。

质资本的产出弹性，使物质资本边际收益的最大值外展，边际收益下降的临界点推后，以及边际收益下降速度减缓等。发展中国家普遍存在的用一流设备只生产出二流甚至三流产品的事实，是人力资本这种特殊功能的反证。同时，人力资本投入的增加，亦将产生质量更好、效率更高的新资本设备对旧设备的替代，推动物质资本的改造更新。巴特尔和里奇坦伯格对美国 61 个制造业的一项研究显示，就业人员的受教育程度越高，机器设备越新；在技术密度越大的产业里，这种关系越显著①。在城乡部门资本投入量本来就悬殊的情况下，人力资本的差异，会使两部门倾斜的资本结构表现出差别化的技术和效率状态。

更为重要的是，人力资本并非生产函数的一般投入，在其投资方面存在着规模经济，已有投资越多，新投资的回报率越高。这种递增的收益主要源于人力资本投资的外部性：人力资本在一定意义上是一种公共产品，对其使用具有非排他性。“一个思想的大部分收益——如果是真正重要的思想，则几乎是所有的收益——都被创造者以外的其他人所获得。”②不仅如此，知识存量能够直接参与新知识的生产，研究部门可以免费利用自己已生产出的知识进行新知识的生产。此外，按照卢卡斯“干中学”的第二个人力资本增长模型③，专业化的人力资本随着生产某种商品数量的增加而增加，且在某种商品的生产上形成的技能可以成为生产另一种商品的基础。人力资本形成的这种扩散性和累积性，使得以其为推动力的经济增长呈现为一种自我强化的持续发展过程。人力资本的外部性“与人们对他人生产率的影响有关，因此这种效应的范围与不同群体之间的作用方式有关”④。也就是说，城市比农村更有利于体现人力资本的外部效应。

（二）生育率、人力资本与城乡收入差距

内生增长理论不仅在宏观上建立起人力资本与经济增长之间的相关关系，而且揭示了生育率与人力资本相互影响的微观机制。概言之，人力资本积累和生育率的决定均与家庭有关，家庭决策的最优化过程，决定了人力资本水平和

---

① 李建民：《人力资本与经济持续增长》，《南开经济研究》1999 年第 4 期，第 1—6 页。

② ［美］小罗伯特·E.卢卡斯：《经济发展讲座》，罗汉、应洪基译，南京：江苏人民出版社，2003 年，第 6 页。

③ ［美］小罗伯特·E.卢卡斯：《经济发展讲座》，罗汉、应洪基译，南京：江苏人民出版社，2003 年。

④ ［美］小罗伯特·E.卢卡斯：《经济发展讲座》，罗汉、应洪基译，南京：江苏人民出版社，2003 年，第 61 页。

生育率水平。根据贝克尔[①]的分析，子女的数量和质量均可以成为家庭效用的来源。在效用最大化的追求中，父母究竟偏好于子女的数量方面还是质量（人力资本）方面，取决于家庭预算约束既定条件下单位资源在这两个方面分别投资所产生边际收益率的比较。在人力资本收益率提高的背景下，生育率的下降会加速人力资本的积累过程[②]。

通过人力资本这一中间变量，生育率与经济增长率或人均收入增长率之间的函数关系被建立起来。由于生育率与人力资本呈负相关，生育率与人均收入增长率之间亦呈负相关。卢卡斯甚至认为，不是技术进步，而是人力资本收益率上升导致生育率下降，且当这种变化影响到大多数家庭时，才是近代工业革命兴起的根本条件。“1800年前后发生的真正的新事件——它把近代同以往时代区别开来——不是技术变迁本身，而是生育率的增长不再将技术的提高转化为人口的增长……事实上工业革命不可避免地与被称为人口变迁的生育率降低联系在一起。”[③]如果说人力资本是决定收入增长的重要因素，那么在内生增长理论的分析框架中，生育率差异对城乡收入差距的影响也应当予以考虑。

四、基于中国经验的检验

（一）截面分析

中国的城乡人均收入差距，在地域上呈现为一种非均衡状态。经济较发达的东部地区，城乡居民人均收入差距较小；相对落后的西部地区这一差距明显高于东部，而中部则介于两者之间。

城乡人力资本水平的差异，在空间分布上亦显示出一种很强的规律性。城乡人口的平均受教育年数的差距与经济发展程度相关，经济越是发达的地区，城乡6岁及其以上人口的平均受教育程度差距越小；相反，经济越是落后的地区，这一差距越大。生育率（用少儿抚养比替代）的城乡差距（乡村高于城镇）分布格局与人力资本相似，从东部、中部到西部，城乡生育率差距呈递增态势（表12-1）。

---

① ［美］加里·斯坦利·贝克尔：《人类行为的经济分析》，王业宇、陈琪译，上海：生活·读书·新知三联书店、上海人民出版社，1995年；［美］加里·斯坦利·贝克尔：《家庭论》，王献生、王宇译，北京：商务印书馆，2005年。

② 关于生育率与人力资本的关系，详见第一篇的介绍。

③ ［美］小罗伯特·E.卢卡斯：《经济发展讲座》，罗汉、应洪基译，南京：江苏人民出版社，2003年，第124页。

表 12-1　不同地区城乡居民的人均收入差距与人力资本、生育率差距

地区		城乡居民人均收入差距（城镇 ÷ 乡村）	城乡 6 岁及以上人口平均受教育年限差距（城镇—乡村）	城乡人口少儿抚养比差距（乡村—城镇）
东部地区	北京	2.48	0.64	4.38
	天津	2.26	1.58	11.85
	河北	2.54	2.19	2.59
	辽宁	2.47	1.46	3.03
	上海	2.23	1.00	1.60
	江苏	2.18	1.20	4.20
	浙江	2.45	1.91	4.18
	福建	2.68	1.63	11.55
	山东	2.67	1.61	1.80
	广东	3.05	1.31	15.74
	海南	2.80	2.19	10.43
	平均	2.53	1.52	6.49
中部地区	吉林	2.77	1.92	3.72
	黑龙江	2.66	1.33	2.54
	山西	3.05	1.42	7.16
	安徽	3.19	1.65	6.83
	江西	2.81	1.64	10.00
	河南	3.10	1.92	8.51
	湖北	2.85	2.45	14.40
	湖南	3.03	2.07	9.34
	平均	2.93	1.80	7.81
西部地区	内蒙古	3.09	2.28	1.32
	广西	3.72	2.03	12.17
	重庆	3.65	1.62	8.38
	四川	3.16	2.20	8.34
	贵州	4.20	3.02	20.05
	云南	4.50	1.76	8.90
	西藏	5.18	—	—
	陕西	4.06	2.27	8.80
	甘肃	3.98	3.10	13.98
	青海	3.76	3.27	15.67
	宁夏	3.20	3.04	23.60
	新疆	3.41	1.65	15.14
	平均	3.83	2.38	12.40

资料来源：国家统计局：《中国统计年鉴 2004》，北京：中国统计出版社，2004 年；国家统计局人口和社会科技统计司：《中国人口统计年鉴 2004》，北京：中国统计出版社，2004 年

注：表中第 1 列数据根据 2003 年城镇居民可支配收入与农村居民家庭人均纯收入计算得出；第 2 列和第 3 列数据根据 2003 年全国人口变动情况抽样调查相关数据计算得出；平均值均为简单算术平均数；“—”表示数据不可用

（二）时序分析

对于中国市场化改革以来的城乡收入差距，可以给出如下基本判断：经济增长的成果，未能在城乡之间公平地分享。除20世纪80年代初农民人均收入经历较快增长外，在其余大部分时期里，收入增长的较大份额为城市居民所拥有；21世纪前10年，成为中国改革开放以来城乡收入差距最突出的时期（图12-1）；同时，中国也成为世界上城乡收入差距最大的国家之一。①

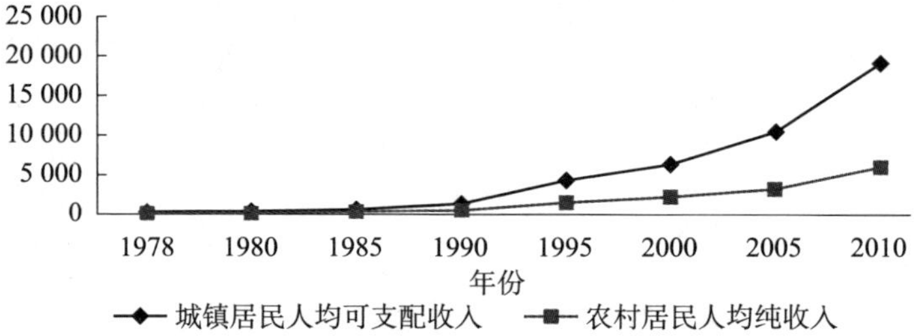

图12-1 城乡居民收入差距变化②

长期数据显示，城乡之间以受教育程度衡量的人力资本水平的差异始终存在。根据第三、第四和第五次人口普查资料，1982年，第一次产业和第二次产业就业人口平均受教育年限相差3.23年，1990年这一差距为3.19年，2000年仍有2.65年。③在进入21世纪的10多年间，如果以6岁及其以上人口为统计对象，城市④和乡村的人均受教育年限还有扩大的趋势。2001年城市高于乡村2.67年，到2013年，扩大至3.07年（图12-2）。

同期，城乡人口出生率的差距（乡村高于城镇）亦相当明显。1978—1999年的22年间，这一差距的年均值为4.35个千分点。虽然城乡生育率差距的长期趋势是在缩小（图12-3），但至20世纪末，农村人口再生产类型尚难归于与城市相同的阶段。蔡昉和张车伟等人比较了20世纪90年代中期和20世纪70年代中期城乡人口的出生率、自然增长率和总和生育率，得出了农村人口的转变进程大约滞后城市20年左右的结论。⑤进入21世纪，农村人口的出生率在持续

① 中国社会科学院经济研究所的一份全国性调查报告指出，仅看货币收入，非洲津巴布韦的城乡差距略高于中国，但把公费医疗、失业保险等非货币因素考虑在内，中国的城乡收入差距是世界上最高的。

② 国家统计局：《中国统计年鉴2014》，北京：中国统计出版社，2014年，第158页。

③ 中国教育与人力资源问题报告课题组：《从人口大国迈向人力资源强国》，北京：高等教育出版社，2003年，第595页。

④ 此处的城市未包括镇。

⑤ 蔡昉、张车伟等：《人口：将给中国带来什么》，广州：广东教育出版社，2002年。

降低，但农村育龄妇女的平均生育率仍然显著高于城市（图 12-4）。

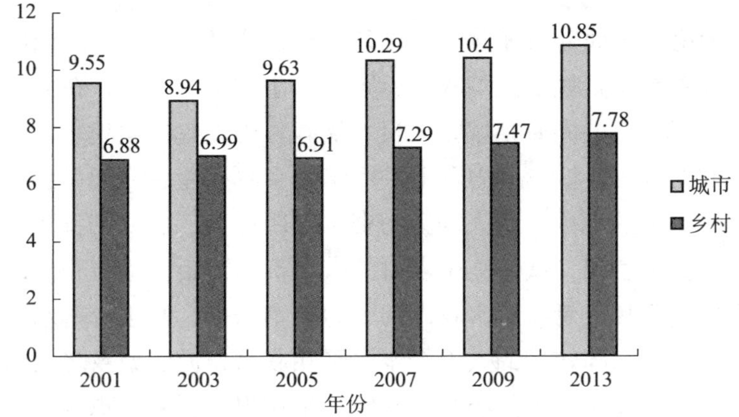

图 12-2　城乡人力资本差距[①]

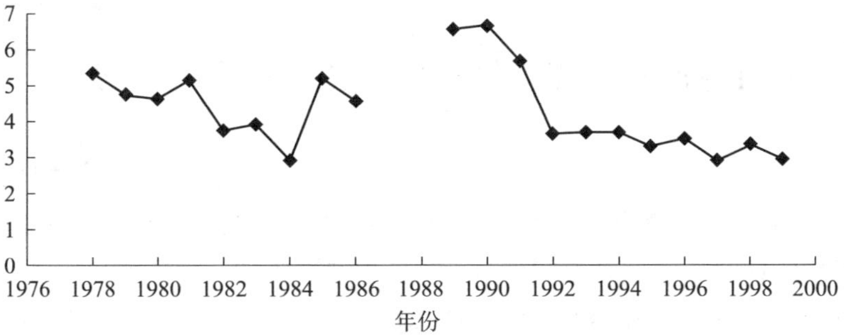

图 12-3　1978—1999 年城镇与乡村生育率变化趋势[②]

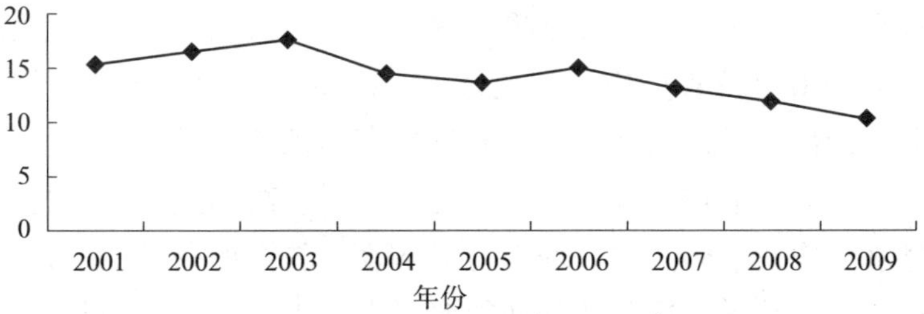

图 12-4　2011—2009 年城市和乡村育龄妇女平均生育率差距[③]

① 国家统计局人口与就业统计司:《中国人口统计年鉴（2002—2006）》，北京：中国统计出版社;《中国人口和就业统计年鉴》（2007—2010，2013），北京：中国统计出版社。

② 1978—1988 年生育率的数据来自中国社会科学院人口与劳动经济研究所:《中国人口年鉴 2000 年》; 1989—1999 年的生育率采用国家统计局《中国统计年鉴 2001》的数据。

③ 国家统计局人口与就业统计司:《中国人口统计年鉴（2002—2006）》,《中国人口和就业统计年鉴》（2007—2010），中国统计出版社。此处的城市未包括镇。

（三）经验分析的结论

第一，无论是截面分析还是时间序列分析，均显示了城乡之间的人力资本差距和生育率差距，是城乡人均收入差距的共生现象。第二，在城镇人均收入普遍和长期高于农村的同时，城镇人口的受教育程度也普遍地、长期地高于农村。而且，数据表明，城乡人力资本差距与城乡收入差距之间呈正相关，即城乡人均收入差距大的地区，其人均人力资本差距亦大；反之则反是。第三，截面数据和时序数据表明，城镇高于农村的人力资本差距对应着相反的乡村高于城镇的生育率差距，或者，城市较高的人力资本水平，其生育率水平较低；而较高的农村生育率却与较低的人力资本水平相联系，说明城乡之间的人力资本水平与生育率水平呈负相关。经验考察的结论在很大程度上拟合了前面基于内生增长理论分析的结果。

五、人口生产偏好趋同与城乡收入差距的收敛

贝克尔、墨菲和田村[①]的重要论文《人力资本、生育率与经济增长》，把生育率和人力资本同时整合在一个经济增长模型中。借助“B—M—T 模型”，可以更加清楚地理解中国城乡之间的人均收入差距。

贝克尔等人认为，生育率作为经济增长的内生要素可能导致经济发展的两种稳态：其一是高生育率、低人力资本存量的马尔萨斯低水平均衡状态。其二是低生育水平、高人力资本存量和积累率的发达经济稳定状态。他们还认为，人力资本的初始水平及其相应的规模效率，决定着一种经济发展的基本走向。当人力资本存量很低时，家庭向子女质量投资的预期收益率较低，此时，对子女的人力资本投资一般较少发生，而倾向于选择较高的生育率。这样经济发展就会陷入低水平均衡陷阱。在人均人力资本水平较高的条件下，人力资本投资中出现收益递增的趋势，这种条件使得向子女人力资本投资的收益率大于未来消费的贴现率，可以实现家庭效用函数的帕累托改进，进而导致低生育水平的存在，并使经济进入持续稳定增长的轨道。

从人力资本和生育率的角度来考察，中国城乡经济目前实际上分属于两种

---

① Becker G S, Muphy K M, Tamura M M. Human Capital, Fertility and Economic Growth. Journal of Political Economy, 1990, Vol.98,No. 5, pp.734-754.

不同类型的发展状态：高生育率、低人力资本存量水平和积累速度，表明农业部门还未完全走出马尔萨斯理论所描述的贫困陷阱。在这种条件下，经济增长缺乏功率强劲的“发动机”，高生育率又在不断地吞噬着最有效增长动力的形成机会，农民人均收入的增长必然是艰难的。城市部门已经越过了这一发展阶段，高人力资本水平可以使城市居民获得农民无法获得高收益率的就业机会，同时，低生育率又成为城市部门高人力资本投资率的一种保障。

强调人力资本、生育率的收入效应，并不否认其他因素对城乡居民收入的影响。相反，城乡之间人力资本和生育率的两类均衡，在很大程度上强化了其他决定城乡收入差距因素的作用。第一，农村的低水平发展均衡，决定其不可能成为以加速发展为主要目标的政府推动型经济增长极点的选择，城市偏向发展战略的经济合理性因此被强化。第二，数量巨大但文化、技术能力较低的农民组织成本始终是高昂的，其政治影响力相对较弱的局面不会改观，不利于农民的政策，特别是出自地方政府的土政策很容易被推行。第三，农民很难融入城市现代文明之中，他们进城只能在农村非农部门和城市非正规部门谋生，二元经济的次级分化使城乡分割的管理体制的改革进程变得艰难而且缓慢。

“B—M—T 模型”指出，马尔萨斯贫困陷阱并不是牢不可破的。由马尔萨斯均衡转向增长均衡需满足两个基本条件：未来消费的贴现率等于人力资本投资的收益率；人力资本存量必须达到经济稳定增长状态的临界水平。前者是人力资本投资发生的逻辑前提，后者为一个经济彻底摆脱马尔萨斯低水平陷阱的依赖条件，而生育率下降与这些条件的形成是不可分割的。由此可以认为，生育率与人力资本的趋同是城乡收入差距收敛的必要条件。

假使农民具有与城市居民相同的生育率水平和人力资本存量水平及积累率，不难推断，将会出现如下一系列积极变化：其一，农民的工资性收入明显增加。这种增加来自就业空间的扩大，劳动者生产效率的提高，以及由劳动者技能提高而带来的非劳动资源利用效率的改进。其二，生育率下降将减少农民子女抚养负担，使城乡人口的抚养比持平。其三，城市化进程加速。城市化推进以城市部门存在就业机会为前提。在城乡人均人力资本水平无差异时，非农就业机会就会平等地呈现在城乡居民面前，农民的市民化就会成为一种自然进程。其四，生育率下降和城市化的加速，在减少农民数量和加速农民人力资本积累的同时，又有利于提高农民的组织化程度，农民数量越多其政治影响力越小的

“舒尔茨悖论”现象①将得以扭转，农民最终可能获得与城市居民一样的国民待遇。其五，在城乡居民人均人力资本水平趋同的条件下，农民非农转移的能力增强，剥夺农业和农民所引发的社会成本就会较为平均地为全社会所分担，而不是主要落在农民身上。这时，农业作为一个战略性产业部门才可能真正被全社会所重视。

尽管影响城乡居民收入差距的相关变量是多方面的，但本章把人力资本和生育率看作是在诸多影响力量中更为根本和在长期持续起作用的因素。城乡收入差距的最终消除，从根本上来说，依赖于城乡之间生育率水平、人力资本存量水平及其积累率的趋同。在其他因素的影响作用被消除时，人力资本和生育率的趋同，将导致城乡居民人均收入的“绝对收敛”；如果城市偏向的发展战略、城乡分割的二元体制等被继续维持，农村部门生育率下降和人力资本水平的提高，也能够导致一种“条件收敛”结果的出现。可以预见，在城乡人力资本和生育率相同的条件下，传统发展战略与二元体制的维持，政府和社会将必须付出比以前更大的代价，这也可能促成城市偏重的发展战略和城乡分治的不合理体制最终被摈弃。

六、本章结论与城乡收入调节政策切入点选择

本章借鉴内生增长理论的相关文献，试图将人力资本、生育率以及二者之间的互动影响作为观察和分析中国城乡收入差距的基本因素。本章认为，相对于城市来说，长期以来农村地区的高生育率和低人力资本积累率所导致的马尔萨斯稳态，是农民收入增长困难的根本原因；而城市部门已进入低生育率、高人力资本存量和高人力资本积累率推动的持续增长阶段。

若仅着眼于农民眼前收入的增加，提高粮食价格、降低农业生产成本、减免农业税赋等就是可行的政策选择；如果政策目标是缩小乃至消除城乡居民间的收入差距，那么前述政策的效力是极其微小的。因此，在讨论城乡收入差距调节问题时，本章没有将这类政策考虑在内。

内生增长理论及相关的实证研究表明，缩小城乡收入差距政策设计的主要着眼点，应放在促进农村部门人力资本积累率提高和生育率下降方面。其政策

① 舒尔茨发现，农民数量与其政治影响力呈负相关。这种情况一般被称为农民数量悖论。[美] 西奥多·W. 舒尔茨：《报酬递增的源泉》，姚志勇、刘群艺译，北京：北京大学出版社，2001 年，第 141 页。

目标是，实现城乡之间生育率和人力资本水平的趋同，在农村培育起与城市部门同质的、在城乡统一的劳动力市场上具有同等竞争力的收入创造主体。这一政策的基本内涵包括：第一，促进农村部门人力资本积累率的快速提高，利用人力资本的增长效应增加农民的人均收入。第二，借助人力资本增长对生育率的抑制效应，实现农村部门由高生育率、低人力资本水平的马尔萨斯稳态向低生育率、高人力资本水平的增长稳态转变。第三，充分利用农村部门生育率下降所创造出来的发展机会，将生育率下降所带来的人均储蓄的增加及时地转化为人均人力资本投资的增长。

加大对农村地区的教育投入，是调节城乡居民收入差距的首选政策。因为教育投入是人力资本投资的最主要内容，同时，大量经验研究显示，父母的受教育程度与家庭生育率呈负相关。[①] 为此，需要对城乡分割和偏重城市的现行教育体制作出调整。

在教育供给方面：（1）增加政府对农村地区中、小学教育的投入，改变对农民的教育歧视。2002 年，全社会各项教育投资 5800 多亿元，不到总人口 40% 的城市居民占用了其中的 77%，而超过总量 60% 的农村人口只获得 23% 的教育经费。[②] 在每 10 万人口中，城镇拥有中学数 8.03 所（其中高中 2.61 所），农村拥有中学数 5.08 所（其中高中 0.30 所）；每万人中，城镇拥有中学教师数为 68.33 人，而农村仅为 24.33 人[③]，这里还未涉及教师素质和教育质量方面的差别。这不仅影响了城乡之间人力资本的分布，也显失应有的社会公平。一些学者[④]认为，以基础教育为主要内容的公共教育资源从富裕流向贫困的原则，是衡量教育资源分配是否公平的最终标准。因此，在今后政府教育增量投资中，应加大对农村地区的投入比重。（2）增加教育公共支出是以政府不面临财政约束为前提的，这一假定显然不现实。因此，还应通过完善人力资本投资市场，动员和引导社会资源向农村基础教育投资。李建民的一项研究指出，中国的教育投资并非资源性短缺，而是一种制度性短缺。如果民间教育能够获得平等的成长环境，

---

① 李菁、林毅夫、姚洋：《信贷约束、土地和不发达地区农户子女教育投资》，《中国人口科学》2002 年第 6 期，第 10—26 页。

② 《中国财经报》2004 年 8 月 24 日，第 4 版。

③ 根据《中国统计年鉴 2003》有关数据计算得出。

④ Tan J P，Mingat A. Education in Asia: A Comparative Study of Cost and Financing. Washington, D. C. World Bank, 1992；Penrose P. Affording the Unaffordable: Planning and Financing Education Systems in Sub-Saharan Africa, Occasional Papers on Education 7, London: Overseas Development Administration, 1993.

教育供给不足的局面就可以改观[①]。（3）在初等教育资源城乡分配倾斜的条件下，可以考虑适当降低农村子女接受高层次教育的门槛，相对增加其就学比重。（4）大力开展面向农村的职业技术教育，提高没有或很少接受正规教育的农民的文化水平和劳动技能。

农民对各种层次特别是高层次教育的需求远远大于现行供给能力。这种旺盛的需求主要不是由于在农业内部存在着人力资本投资的高收益率，而是受到城市部门高工资水平诱使的影响，托达罗和史密斯[②]指出，个人对教育的需求同现代部门和传统部门之间的工资水平差距呈正相关。但对许多农民家庭而言，对教育的实际支付能力还极其有限。在中国的西部地区，子女上大学的费用会成为农村家庭支出的很大部分。[③]为此，可以考虑如下对农民教育需求的援助方案：（1）农村中低于某一人均收入水平的贫困户子女，以及不违背计划生育政策家庭的子女，给予一定的教育补贴。资助对象范围的大小和强度的高低，由财政支付能力决定，并可因时因地作出调整。（2）进一步完善农村教育信贷制度。江韦斯特（Ljungqvist）认为，收入和人力资本不平等的持续在很大程度上决定于资本市场的不完善。[④]李菁、李毅夫和姚洋[⑤]的有关研究发现，信贷约束对教育年数存在着显著影响：与存在信贷约束的农户相比，不存在信贷约束的农户子女，平均受教育年数增加 0.67 年；存在信贷约束的农户，其子女完成高中教育的概率会降低 17%。

加速城市化进程是与城乡教育结构调整具有类似功能的一项政策。首先，城市化将农村劳动力由低学习率的传统产业转向高学习率的现代产业，因而能够通过“干中学”实现转移人口人力资本水平的提升。其次，城市化提高了转移人口养育子女的成本，可以降低其生育率。据测算，在既定的农村和城市生育率、死亡率假设条件下，到 21 世纪中期，有人口城镇化方案可比无人口城镇

---

① 李建民：《生育率下降与经济发展内生性要素的形成——兼论中国人力资本投资供给的制度性短缺》，《人口研究》1999 年第 2 期，第 10—17 页。

② ［美］迈克尔·P.托达罗、斯蒂芬·C.史密斯：《发展经济学》（第9版），余向华、陈雪娟译，北京：机械工业出版社，2010 年，第 242 页。

③ 在甘肃，孩子上大学的费用占家庭支出的32%，在陕西这个比例达到34%。［美］詹姆斯·赫克曼：《中国的人力资本投资》，见北京大学中国经济研究中心编：《站在巨人的肩上——诺贝尔经济学奖获得者北大讲演集》，北京：北京大学出版社，2004 年，第 17 页。

④ ［美］普兰纳布·巴德汉、克利斯托弗·尤迪：《发展微观经济学》，陶然等译，北京：北京大学出版社，2002 年，第 120 页。

⑤ 李菁、林毅夫、姚洋：《信贷约束、土地和不发达地区农户子女教育投资》，《中国人口科学》2002 年第 6 期，第 10—26 页。

化方案减少人口1.33亿以上。[①]还应注意到，因农村地区教育投入的改善而带来的劳动力素质的提高，需要城市部门的扩张为其提供高收益率的就业机会。因此，实现城乡收入差距的收敛，需要这两类政策的组合使用。教育与城市化对于增加农民收入来说，存在着一个时滞问题，急功近利的政府行为会成为这类政策实施的障碍。

① 曾毅:《中国人口分析》，北京：北京大学出版社，2004年，第38页。

第五篇

人口生产转型与中国农业发展：前景分析

第十三章
人口生产转型 与中国农业的现代化

一、人口生产转型背景下的中国农业成长

最近30多年来，中国农业获得快速成长。农、林、牧、渔业总产值由1978年的1397.0亿元增长到2011年的81 303.9亿元，相同年份，农村居民家庭人均纯收入从133元增长到6977元。[①] 以1978年价格为定基价格计算，二者分别增长了6.7倍和9.3倍。与此同时，由于劳动力的大规模非农转移，农业资源结构和技术体系相应改变，农业资源配置方式和农业生产组织日益趋向市场化和企业化，现代农业建设也提上了发展议程。

与农业快速成长相伴行的一个典型性事实是，中国农村人口生产类型的转变，即由过去长期存在的数量偏好逐渐转向质量偏好。[②]1950—1980年，农村妇女总和生育率维持在6.51—4.97的高位，即每个妇女终身平均生育约5—6个孩子[③]；20世纪80年代特别是20世纪90年代之后，农村妇女总和生育率显著下降，2000—2010年，仅维持在1.73—1.43的水平。[④] 如果选择受教育程度作为衡量人口质量的指标，农村居民家庭子女的受教育程度随生育率的下降大幅度提升。

---

① 国家统计局：《中国统计年鉴2013》，北京：中国统计出版社，2013年，第378、440页。

② 关于中国农村家庭人口生产偏好的转变，详见本书第二章、第三章和第四章的介绍。

③ [美]D.盖尔·约翰逊《经济发展中的农业、农村、农民问题》，林毅夫、赵耀辉译，北京：商务印书馆，2004年，第172页。

④ 郝娟、邱长溶：《2000年以来中国城乡生育水平的比较分析》，《南方人口》2011年第5期，第27—33页。

根据《中国综合社会调查2008》(CGSS2008)[①]的数据，比较1949—1970年出生的农村男性和女性居民，1971—1990年出生的农村男性和女性的平均受教育年数，分别由7.47年和5.52年提高到9.92年和8.54年[②]；后一代相对于前一代大致扩展了一个初中教育层次。

本章关心的问题是，农村人口生产的这种量质偏好逆转，是否与中国农业的快速成长存在某种联系？特别是它能否成为影响未来中国农业现代化建设的积极因素？如果肯定性答案不排除，那么二者之间的关联机制和关联状态如何？

讨论农业成长动力和道路的文献，存在如下几种主要类型：(1)结构主义思路。基于落后农业和发达工业并存的二元经济结构假设，刘易斯[③]、费景汉和拉尼斯[④]认为，农业成长在很大程度上是传统农业的过剩劳动力向现代工业的转移过程。当农业剩余劳动力被不断扩张的工业部门吸收完毕时，与工业一样，农业劳动力成为稀缺性商品，其报酬不再等于平均产出，而由边际产出决定。农业由此转变为市场化或资本主义化部门，农业发展过程即告完成。(2)政治经济学思路。大概由于计划经济时期人们形成的一种思维惯性，也可能与特殊的政治体制有关，破解制约中国农业发展瓶颈的任务，人们更愿意交给政府。在加大财政支农投入[⑤]、工业反哺农业[⑥]和减免农业税费[⑦]的种种主张中，离开了政府(以及工业部门)的支持，似乎难以看到还有什么力量能够左右农业的发展。(3)新古典主义思路。从要素的趋利性和市场配置资源的有效性出发，农

---

① 该数据是中国人民大学社会学系等单位所发起的一项全国范围内的大型的抽样调查项目。该项调查根据随机抽样的方法，在全国28个省(自治区、直辖市)抽取家庭户，然后在每个被选中的居民户中按一定规则随机选取1人作为被访者。调查数据记录了被访者的教育年限以及家庭特征等信息。

② CGSS2008数据调查最年轻的被访问者是1990年出生。1990年以后出生的农村子女，许多仍处于在学阶段，尚无法确定其最终受教育年数。不难预期，1990年后出生的农村子女的受教育程度将更高。

③ 参见[美]阿瑟·刘易斯：《二元经济论》，施炜等译，北京：北京经济学院出版社，1989年。

④ 参见[美]费景汉、古斯塔夫·拉尼斯：《劳力剩余经济的发展》，王月、甘杏娣、吴立范译，北京：华夏出版社，1989年；[美]费景汉、古斯塔夫·拉尼斯：《增长和发展：演进的观点》，北京：商务印书馆，2004年。

⑤ 朱晶：《农业公共投资、竞争力与粮食安全》，《经济研究》2003年第1期，第13—20页；王敏、潘勇辉：《财政农业投入与农民纯收入关系研究》，《农业经济问题》2007年第5期，第99—105页。

⑥ 马晓河、蓝海涛、黄汉权：《工业反哺农业的国际经验及我国的政策调整思路》，《管理世界》2005年第7期，第55—63页；蔡昉：《"工业反哺农业、城市支持农村"的经济学分析》，《中国农村经济》2006年第1期，第11—17页；洪银兴：《工业和城市反哺农业、农村的路径研究——长三角地区实践的理论思考》，《经济研究》2007年第8期，第13—20页。

⑦ 刘书明：《统一城乡税制与调整分配政策：减轻农民负担新论》，《经济研究》2001年第2期，第43—49、60页；李瑞：《废除农业税费制度的法治思考》，《武汉大学学报》(哲学社会科学版)2005年第2期，第230—234页。

业发展即农业部门的资源流动和要素再配置过程。因此，在新古典经济学视野中，农业发展可以定义为农业生产函数的转变——现代农业要素对传统农业要素的替代。[①] 通过要素结构转变和技术效率的提升，农业最终将被改造成为与工业要素收益率趋同的现代产业部门。（4）内生增长思路。由于新增长理论的贡献，教育、人力资本和内生技术进步也被引入到农业发展分析框架。人力资本或技能是与较高技术类型和发达产业形态相联系的关键性要素，截至目前，中国农业技术还主要表现为非技能偏态特征，因此，人力资本对过去中国农业产出增长的贡献尚未充分体现[②]；随着农业现代化的推进和农业技术水准的提高，人力资本将逐渐成为影响农业产出增长的决定性变量。[③]

将农业发展归结为要素结构转变是既有文献的基本共识。但是，第一，不同文献对于农业发展要素结构的认识存在着差异。在结构主义那里，现代农业要素结构的主要特征被视为劳动力的稀缺性；新古典主义和政治经济学理论，将来自市场配置或政府动员的物质资本投入的增长和劳均物质资本装备水平的提高看作现代农业的关键性特征；内生增长理论则突出强调人力资本对于现代农业发展的决定性意义。第二，不同文献中存在两种农业要素结构的转变机制。新古典主义和结构主义认为，开放的要素市场既是农业要素结构转变的前提，也是农业要素合理化配置的保障；在政治经济学视角中，政府倾斜性的农业发展政策才是实现农业要素结构转变的关键。第三，技术进步体现于要素的变化，农业要素结构的转变同时意味着农业技术类型的升级。无论在新古典主义、结构主义还是政治经济学文献中，农业部门的技术因素均被处理为外生变量；内生增长理论在引入人力资本的基础上，对技术进步作出了内生化处理。

除内生增长理论以外，多数文献关注农业成长的重点一般在农业生产投入的物的方面，而忽略了作为农业发展主体——人的变化对农业成长的价值。内生增长理论虽然将人的质量因素引入对技术进步和长期增长的解释，但该理论尚未能够提供一个对于发展中国家农业现代化的有效分析框架。本章借助人口生产转型这一范畴，将劳动力的数量和质量同时引入对农业发展问题的分析，

---

① 参见［美］西奥多·W. 舒尔茨：《改造传统农业》，梁小民译，北京：商务印书馆，1987年。

② 郭剑雄、李志俊：《劳动力选择性转移下的农业产出增长——非技能偏态技术进步与质量过剩劳动力假说及其检验》，《吉林大学社会科学学报》2011年第6期，第100—109页；郭剑雄、鲁永刚：《人力资本门槛与农业增长的多重均衡：理论与中国的经验证据》，《清华大学学报》（哲学社会科学版）2011年第6期，第136—146页。

③ 参见郭剑雄、李志俊：《人力资本、生育率与内生农业发展》，北京：人民出版社，2010年。

试图实现内生增长理论与农业发展理论的某种融合，并对中国农业发展的过去、现在和未来提供一种不同于既有文献的解释。

二、人口生产转型的农业成长机制

（一）农业成长形态划分

根据要素投入结构的差异，可以把农业成长形态区分为如下几种类型：（1）在古典经济学中，劳动和土地这类禀赋性资源构成农业生产函数的基本投入。借鉴这一思想，可以将依靠劳动和土地驱动产出增长的农业发展类型定义为古典农业。该农业类型主要存在于前工业社会，属于农业发展的低级阶段。（2）工业革命成就了一种新的极其重要的生产要素——物质资本。新古典经济学在构造生产函数时，物质资本要素的作用被凸显出来。基于此，我们把突出物质资本在产出中贡献的农业发展类型界定为新古典农业。这一类型与工业化进程相依随，体现了工业化成果对农业发展的积极影响，因而相对于古典农业来说它是一个重要的进步。（3）新增长理论将人力资本引入新古典增长模型，用以揭示产出增长中贡献率日益显著的技术进步的源泉。由于对增长方程中技术进步的内生化处理，人力资本一般被理解为内生性要素。借鉴新增长理论，本章将强调人力资本及其推动的技术进步对产出增长影响的农业发展类型称为内生农业。该种农业目前仅存在于发达经济体，它预示着中国农业成长的未来。①

一个国家或经济体的农业形态不是一成不变的，它会由于新型要素累积而引致的要素结构变化而改变。农业形态变化的基本规律是，由古典农业转向新古典农业，进而演进到内生农业。农业形态的转变过程，同时是农业由传统到现代的成长过程。因此，农业成长可以定义为，由于要素结构变化而引起的从古典农业向新古典农业再向现代内生农业的发展过程。就农业形态的转变机制而言，农业成长即农业生产函数的转变。

（二）人口量质偏好转型的要素结构效应

人口生产量质偏好的逆转，对于农业成长或农业生产函数的转变存在着相

① 本章关于古典农业、新古典农业和内生农业的划分，分别等价于第五章、第六章传统农业、工业化农业和现代农业的划分。

互强化的多重效应：第一，农业劳动力供给增长率下降。人口生产数量偏好减弱的直接后果，是农村居民家庭子女数的减少和家庭规模的缩小。1949—1970年和1971—1990年两个世代出生的农村居民，平均兄弟姐妹数由3.85人减少至2.54人。[①]相应地，农户户均人口规模由1978年的5.7人下降到2009年的4人。[②]即使不考虑劳动力转移，当生育率下降导致新增劳动力数量不足以弥补由于年龄引起的劳动力退出量时，农业劳动力就业量将绝对减少。第二，农村劳动力人力资本深化。在贝克尔[③]的新家庭经济学和卢卡斯[④]的人口内生增长理论中，生育率下降和人力资本积累率提高是一个问题的两面，它们由共同的原因引起。当人力资本的高收益率特征在工业化、市场化进程中充分显现时，向人口质量投资的经济合理性胜于向人口数量投资，家庭代际效用函数的优化解必然是减少生育数量和增加向子女的人力资本投资。另外，其他条件不变，生育率下降有利于集聚人均家庭教育资源，从而成为人力资本提升的某种保障。[⑤]第三，基于托达罗[⑥]的非农迁移函数$M=\pi w_i-w_a-c$，农业劳动力的转移决策M，取决于其非农就业概率（π）、净生命周期内非农和农业就业的预期收入w_i和w_a，以及转移成本c。由于在非农部门就业存在着较高的技术门槛，较高的人力资本是劳动力实现职业转换的必要条件，因而人力资本成为提高转移劳动力非农就业概率的关键性因素；同时，非农工资率是人力资本的正函数，转移成本又与人力资本呈负相关。由此，人口生产的质量偏好有助于促进劳动力的离农转移。

劳动力的非农转移不仅是人力资本推动的结果，同时它可以成为加速人力资本积累的原因。设农民群体的人力资本[⑦]是其先天人力资本禀赋、个人学习能力以及很大程度上由学习能力决定的受教育者比例的函数。假定，第t期的每个劳动者都有从上一代遗传而来的相等的人力资本禀赋量h_t；每个人具有不同的学习能力a^i，且a^i在区间[0，1]均匀分布。将农民拥有的时间分为两个阶段，

---

① 根据《中国综合社会调查2008》的数据计算得出。

② 国家统计局农村社会经济调查司：《中国农村住户调查年鉴2010》，北京：中国统计出版社，2010年，第13页。

③ [美]加里·斯坦利·贝克尔：《人类行为的经济分析》，王业宇、陈琪译，上海：生活·读书·新知三联书店、上海人民出版社，1995年；[美]加里·斯坦利·贝克尔：《家庭论》，王献生、王宇译，北京：商务印书馆，2005年。

④ [美]小罗伯特·E.卢卡斯：《经济发展讲座》，罗汉、应洪基译，南京：江苏人民出版社，2003年。

⑤ Anastasi A, Intelligence and Family Size. Psychological Bulletin,1956，53,pp.187-209；Judith B . Family Size and the Quality of Children. Demography, 1981, 18, pp. 421-442.

⑥ [美]托达罗：《经济发展与第三世界》，印金强等译，北京：中国经济出版社，1992年。

⑦ 仅以其受教育程度衡量。

每阶段均化为 1。在第一阶段，他们选择是否进行教育投资。选择接受教育而分配的时间占单位时间的比例为 e（$0< e <1$），未接受教育的时间为劳动时间。第二阶段全部用于劳动。该阶段劳动者的生产率水平，取决于其在第一阶段进行的人力资本投资。假设农业与非农产业间的差距主要体现为人力资本回报率的不同。若将农业部门单位人力资本的报酬化为 1，则单位人力资本在非农部门的报酬是 w（$w>1$）。① 同时假设非农部门为竞争性就业市场，其工资结构不受迁入者的影响。接受教育的劳动者面对着转移的不确定性，他们有 π 的概率可以实现转移。② 若转移是可能的，农民会比较农业和非农部门的人力资本回报率，从而作出是否进行教育投资的决策。当受教育者的预期收入高于未受教育者的预期收入时③，即在满足式（13-1）④的条件下，接受教育就会成为理性投资者的选择。

$$(1-e)h_t+(1-\pi)(1+a^i)h_t+\pi(1+wa^i)h_t>2h_t \tag{13-1}$$

该式等价于

$$a^i>\frac{e}{1+\pi(w-1)} \tag{13-2}$$

令 $\frac{e}{1+\pi(w-1)}\equiv a^E$，$a^E$ 为农民是否选择接受教育的临界学习能力。由于每个人的学习能力被设定为是有差异的，且在区间 [0，1] 均匀分布，因此，a^E 的值越小，选择对教育进行投资的个人就越多。依据式（13-2），如果农民不能在两部门之间流动，即当 $\pi=0$ 时，临界的个人学习能力 $a^F=e$ ⑤；当 $\pi=1$ 时，即转移对于受教育者是确定的，临界的个人学习能力 $a^M=e/w$；一般而言，$\pi\in[0，1]$，临界的个人学习能力 $a^E\in[a^M，a^F]$。由式（13-2）进一步可得

---

① w 是扣除了迁移成本的净回报。

② 相应地，有 $1-\pi$ 的概率不能实现转移。

③ 为简便起见，这里未考虑收入的跨期贴现问题，同时假定农民是风险中性的。

④ 若农业部门单位人力资本的报酬为 wd，不完全非农部门单位人力资本的报酬为 w（$w>w^d$），则（1）式的完整表达式是：$(1-e)h_tw^d+[(1-\pi)(h_tw^d+a^ih_tw^d)+\pi(h_tw^d+a^ih_tw)]>h_tw^d+h_tw^d$。该式左边为农民选择进行教育投资时两个阶段的预期收入之和。$(1-e)h_tw^d$ 为第一阶段农民选择进行教育投资情况下的收入；$(1-\pi)(h_tw^d+a^ih_tw^d)+\pi(h_tw^d+a^ih_tw)$ 为第二阶段农民收入的一个期望值，其中，不迁移的概率为 1 — π，收入为 $h_tw^d+\alpha^ih_tw^d=(1+a^i)w^dh_t$，迁移概率为 π，收入为 $h_tw^d+a^ih_tw=(w^d+wa^i)h_t$，这里，$h_tw^d$ 为该迁移农民具有的同质型人力资本的预期收入，a^ih_tw 为迁移农民具有的异质型人力资本的预期收入。该式右边为农民不选择进行教育投资时两个阶段收入之和。假设 $w^d=1$，所以有式（14-1）。

⑤ a^F 为不存在非农转移时的个人学习能力的临界值。$a^F=e$，由必要的政府投入给出。

$$\frac{\partial a^E}{\partial \pi}=\frac{-e(w-1)}{[1+\pi(w-1)]^2}<0 \tag{13-3}$$

式（13-3）表明，转移概率 π 越大，临界的个人学习能力 a^E 越小，此时，选择对教育进行投资的个人越多；反之，转移概率 π 越小，临界的个人学习能力 a^E 越大，对教育进行投资的个人就越少。前述分析可获得的结论是，随着从低工资率的农业部门向高工资率的非农部门转移机会的增加，将刺激农民的人力资本投资。

人力资本深化有利于进一步加速生育率下降和抑制劳动力增长率。依照贝克尔①的分析，人们拥有的时间可以划分为市场活动时间和非市场活动时间。在市场活动时间，人们通过出售劳动获得货币收入或市场产品；在非市场活动时间，则通过家庭活动生产非市场产品。考虑到非市场产品对消费者福利的重要影响，家庭消费的均衡应是市场活动时间与非市场活动时间的适度组合。人力资本回报率的提高，首先改变了劳动者市场活动时间的价值，因为单位时间里劳动的收入流增加了，同时改变了市场之外家庭活动时间的价值，因为家庭时间的消费是以放弃市场工作机会为代价的。相对于工作时间生产力的持续提高，家庭时间的消费就变得更为昂贵。孩子是家庭生产的时间密集型“产品”，家庭消费时间价值的前述变化，提高了生育子女的直接成本和机会成本。这成为高人力资本投资回报率条件下妇女生育率下降的经济动因换骨。

（三）要素结构转变的农业成长机制

人口生产量质转型的劳动力增长率下降效应和劳动力非农化效应的直接后果，是农业参与劳动力的减少。当农业剩余劳动力因这两种效应逐渐消失，并最终在农业部门出现劳动力短缺时，以劳动为主要驱动力②的古典农业形态必然会退出历史舞台。

劳动力的减少使农业部门的劳动与非劳动资源配比关系改善，农业劳动生产率因此提高，人均农业剩余也由此增长。而人均农业剩余是形成农业资本的来源之一。劳动力的非农就业可以增加农民家庭的非农收入，高素质劳动力的非农就业则能够提高这一收入的增长幅度。非农收入的增长是加快农业物质资

① 参见[美]加里·斯坦利·贝克尔:《家庭论》第一章，王献生、王宇译，北京：商务印书馆，2005年，第29—40页。

② 虽然土地是古典农业的基本要素，但由于土地在总量上既定，因此它不构成农业产出增长的源泉。

本积累的重要源泉。同时，人力资本推动的劳动力转移，为非农部门供给了较高素质的劳动力。这能够在一定程度上避免非农产业的低度扩张，提高工业化质量。工业的健康发展为工业反哺农业——转移部分工业剩余积累农业资本——创造了有利条件。基于物质资本积累率的增长，物质资本要素将在农业生产中被广泛使用，并成为驱动农业产出增长的主要动力，新古典农业形态由此形成。

除人力资本深化的直接效应外，非农就业机会对劳动力素质的选择性向农民表明，人力资本也是一种重要的资源，农民可以凭此资源为自己开拓新的收入流源泉。高素质劳动力的率先转移，是农民发现其人力资本最优价格的过程。当人力资本的高回报率机会向农民不断显现并被充分认识时，改变贫穷命运的动机会极大地激发他们的人力资本投资需求，提高其人力资本的实际积累水平。尽管劳动力择优性转移产生了人力资本的流失，但对人力资本投资的普遍重视将在动态上和整体上提高农民的素质。尽管高能力劳动力目前可能选择非农就业，但由于人力资本积累率的普遍提高，第二代、第三代农民的素质将会显著优于他们的前辈。随着劳动力转移过程的推进，农业部门将出现土地经营规模的扩大、物质资本体现型技术进步的加速，并使该类技术逐渐显现技能偏态特征等变化。基于这些变化的农业生产有利性的增长，将把农业逐渐改造成为一个高素质劳动力的竞争性就业部门。其时，非但农业人力资本不再流出，还可能吸引来自非农部门的高技能劳动力的进入。内生农业形态将由高人力资本要素的引入而最终脱胎换骨。

三、人口生产转型与不同农业成长形态的稳态过渡

生育率或劳动力增长率下降和劳动力转移以及二者之间的关系，对于农业成长形态的转变具有重要意义。费景汉和拉尼斯认为，在劳动力过剩的二元经济中，当人口增长率大于劳动力非农转移率时，经济发展是失败的；在二者相等时，经济发展处于停滞状态；只有后者大于前者，经济发展才是成功的。[①] 在索洛[②]经济增长模型中，劳动力非农转移与生育率下降有着类似效应——在减少

① ［美］费景汉、古斯塔夫·拉尼斯：《增长与发展：演进的观点》，洪银兴等译，北京：商务印书馆，2004年，第287页。

② Solow R. A Contribution to the Theory of Economic Growth.Quarterly Journal of Economics, 1956, Vol. 70, pp.65-94.

甚至消除资本广化的同时带来资本深化。

若农业产出和其他条件既定，当农业劳动力增长率可变时，物质资本的投资曲线将不再是直线，而是一条近似于S形的曲线[如图13-1中$(l+d)k$曲线]。在图13-1中，A是一个稳态均衡点，它处于劳动力高增长率[①]阶段，该均衡意味着农业部门的低人均物质资本装备水平（$0\ k_A^*$）和低人均产出水平（$0\ y_A^*$），这是对古典农业低收入均衡的一种刻画。C也是一个稳态均衡点，它处于低劳动力增长率[②]阶段。此时，人均物质资本装备水平（$0\ k_C^*$）和人均产出水平（$0\ y_C^*$）均远远大于A点的情形，它是对以物质资本作为主推动力的新古典农业生产均衡态的一种直观描述。B是由古典均衡向新古典均衡过渡的一个分界点，人均资本装备水平低于B点对应的$0\ k_B^*$时，农业成长收敛于古典均衡；一旦人均资本装备量能够超越$0k_B^*$的水平，农业就会趋向于新古典均衡。尽管可以通过外部投资、提高储蓄率或计划调节等手段使资本—劳动比率越过B点的水平，但农业部门的生育率下降和劳动力转移是不可忽略的力量。

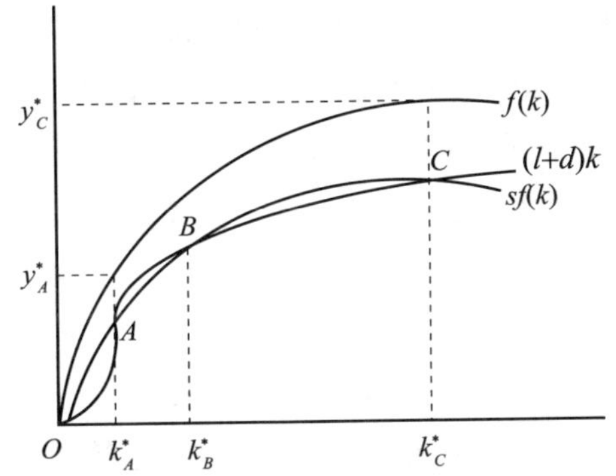

图13-1　农业部门可变劳动力增长率的索罗模型

注：索洛模型中$f(k)$为总产出，s为储蓄率，l为劳动力增长率，d为物质资本折旧率

新古典农业成长阶段的农业生产，与约翰·梅勒（J.W.Mellor）[③]在20世纪60年代提出第三阶段的农业发展模式——高资本技术动态农业相似：人地比例逐渐下降，平均农场规模趋于扩大；资本变得越来越充裕，允许农业大量使用资本；劳动力成本变得越来越高昂，用机器和新的生产资料代替劳动可以节约生产成本。新古典农业的主要特点是物质资本对劳动的替代，劳动节约型和资

① 该高增长率由人口的高增长率和劳动力的低转移率共同决定。

② 与图14-1中的A点相反，C点的低劳动力增长率由低人口增长率和高劳动力转移率共同引致。

③ ［美］约翰·梅勒：《农业经济发展学》，何宝玉、张进选、王华译，北京：农村读物出版社，1988年。

本密集型技术被不断运用到农业生产中，劳动生产率显著提高。

由于新古典农业和内生农业人力资本积累的时间比例不同，导致两类均衡态下的人力资本水平的差别，从而农业均衡产出（率）也不相同。如图 13-2 所示，当人力资本水平处于 h_1^* 时，劳均农业产出为 y_1^*；当人力资本因其积累率的增加提升到 h_2^* 时，农业均衡产出会进入 y_2^* 表征的高水平均衡增长路径。

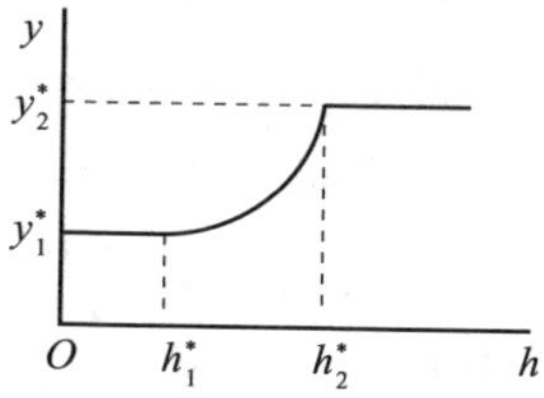

图 13-2　人力资本与产出的稳态过渡

沿着卢卡斯将人力资本引入索洛模型的分析，在平衡增长路径上，人力资本和物质资本以不变的速度增长，两种资本的组合轨迹如图 13-3 所示。[①] 这一点体现出合理调整资本存量结构对于优化农业成长路径的重要性。当物质资本存量达到一定程度时，因其边际收益递减规律的作用，影响到该模式下农业的发展效率，因此物质资本必须与人力资本水平的提升作为互补条件同时存在。当一项承载新技术的物质资本操作需要新的技能时，其实施速度将取决于所需技能的投资速度。Nelson 和 Phelps[②] 的研究表明，新技术扩散的范围和速度与一个经济体的人力资本存量相关。在其他条件既定时，人力资本存量越大，技术扩散的范围越广、扩散的速度也越快。劳动力技能与新引进的高技术性能物质资本之间不匹配，是阻碍技术进步速度和追赶能力的重要原因。所以，人力资本存量的高低被认为是生产中引入更先进、更复杂生产技术的先决条件。[③] 罗伯特 · J 巴罗和哈维尔 · 萨拉伊马丁认为，物质资本与人力资本间的两类不平衡，对经济增长率会产生不同的影响。如果人力资本相对丰裕，对于一个广义产出

---

① 当人力资本存在外部效应时，物质资本的增长率要高于人力资本的增长率。直觉和经验告诉我们，在农业成长形态的转变期，与非农部门相比，农业部门的物质资本还是相对匮乏的。尽管农业部门人均人力资本（从教育角度来看）存量与非农部门相比仍有不小差距，但人均物质资本存量的差距更加悬殊，物质资本相对稀缺的约束是农业发展的瓶颈之一。

② Nelson R，Phelps E. Investment in Humans, Technological Diffusion, and Economic Growth. American Economic Review, 1966, Vol. 61, pp.69-75.

③ 同时也应当注意到，物质资本投入中同时也存在着人力资本投资增长的促发机制。一项隐含新技术的物质资本的出现是与该技术相联系的专门知识或技能的报酬率提高相联系的，这会刺激劳动者对新知识和新技术的学习。内生增长理论的“干中学”模型就是对这一机制的形式化描述。

概念而言的增长率仍会随着二者不平衡的增大而下降。[①] 由于投入结构的改变和技术水平的提高，发达农业向人力资本投资获得的边际产出显著，因而人力资本成为内生农业增长的主要源泉，此时的农业技术呈现显著的人力资本（技能）偏态特征。

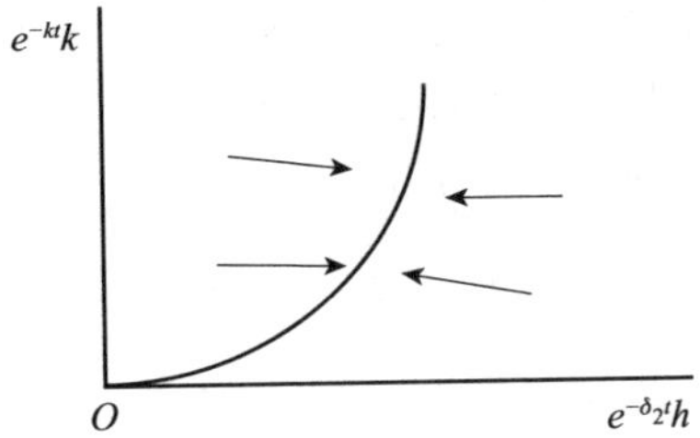

图 13-3 人力资本和物质资本的可能路径

四、中国农业成长的现状及前景

（一）估计模型、指标选取及数据来源

假定农业生产函数为 Cobb-Douglas 形式，并放松规模报酬不变假定，待估模型如下

$$\ln Y=f(\ln pow, \ln fer, \ln lan, \ln lab , \ln edu) \quad (13\text{-}4)$$

其中，Y 是农业产出；pow 和 fer 分别代表农业机械动力、化肥施用等可变资本投入向量；lan 为农作物播种面积，是固定资本投入变量的代表；lab 是农业劳动力投入；edu 是劳动力受教育程度，用以描述农业劳动力人力资本的主要特征。

数据样本是中国农业 1978—2010 年的时间序列数据。所有数据均来自《新中国五十年农业统计资料》和历年的《中国统计年鉴》、《中国农村统计年鉴》。使用的农业投入和产出变量[②]的定义如下：农业产出指标（Y）是以 1978 年农产品生产价格指数计算的农林牧渔可比总产值，它代表中国农业的总体发展水平。农业机械动力投入（pow）以农业机械总动力计算，为主要用于农、林、牧、渔的各种动力机械的动力总和，包括耕作机械、排灌机械、收获机械、农

① ［美］罗伯特·J.巴罗、哈维尔·萨拉伊马丁：《经济增长》，何晖、刘明天译，北京：中国社会科学出版社，2000 年，第 157—158 页。

② 各变量均取自然对数。

用运输机械、植物保护机械、牧业机械、林业机械、渔业机械和其他农业机械；不包括专门用于乡镇、村办工业、基本建设、非农运输、科学实验和教学等非农业生产方面用的机械。化肥投入（*fer*）以当年度实际用于农业生产的化肥折纯量计算，包括氮肥、磷肥、钾肥和复合肥。劳动力数量投入（*lab*）以乡村年底农林牧渔从业人员数计算，乡村从事工业、服务业的劳动不包括在农业劳动投入内。劳动力质量（人力资本）投入（*edu*）以年底农村居民的平均受教育年限衡量。平均受教育年限的计算方法：文盲 ×1+ 小学 ×6+ 初中 ×9+ 高中和中专 ×12+ 大学及以上 ×15。

（二）计量分析基础

普通最小二乘法作为常用的回归分析方法，其应用的前提是各自变量的相互独立。但是，现实中由于各自变量之间往往相互影响，从而易产生多重共线性，导致最小二乘方法的效度弱化。运用 SPSS13.0 对模型（13-4）作多元线性回归，结果中 ln *fer*、ln *lab* 和 ln *edu* 的系数无法通过 0.05 的显著性水平检验。用膨胀因子法进行诊断，ln *pow*、ln *fer* 和 ln *edu* 的膨胀因子分别为 94.484、106.192 和 67.46，大大超过 10，说明存在严重的多重共线性。因此，采用多元岭回归方法以减少共线性对于结果的影响。首先去掉 ln *edu* 这一变量，取步长为 0.02，计算该模型的岭参数 k 的岭迹图见图 13-4。对于 k 值的选取，首先应保证岭迹图上个回归系数的岭估计基本稳定，残差平方和增大幅度较小；同时，由于 k 增加时，未知参数岭估计方差减少，但其偏度增加。从图 13-4 中可以看出，当 $k<0.2$ 时，岭迹波动较大，各要素的回归系数不稳定；当 $k>0.4$ 时，岭迹趋于平稳。因此取 k 为 0.5，以保证各要素回归系数稳定的同时偏度最小。

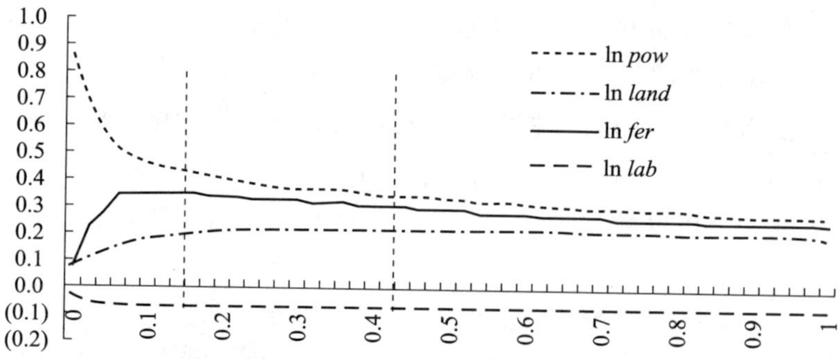

图 13-4 农业生产函数投入要素的岭迹图

（三）估计结果分析

剔除人力资本因素的农业生产函数的回归模型如下：

$$\ln y=0.3220\ln pow+0.3162\ln fer+0.2232\ln lan-0.0464\ln lab \quad (13\text{-}5)$$

t 值（22.0829）（19.5701）（9.9739）（−1.8921）*

R^2 =0.9612 ADR^2 =0.9557 F =173.42

估计结果（13-5）的拟合优度很高，且除劳动力投入外的其他变量通过了1% 的显著性检验。[①] 农业机械动力、化肥投入、农作物播种面积的产出弹性分别为 0.3220、0.3162、0.2232；农业劳动力的弹性值很小且为负数。

考虑到人力资本必须有劳动力这一载体才能发挥作用，将模型（13-5）中的劳动力数量转换为有效劳动，再进行岭回归估计，结果如下：

$$\ln y = 0.2849\ln pow + 0.2385\ln fer + 0.2132\ln lan + 0.1708(\ln lab + \ln edu) \quad (13\text{-}6)$$

t 值（17.8896）（18.9119）（9.0255）（8.6736）

R^2 =0.9599 ADR^2 =0.9542 F =167.58

式（13-6）显示，当劳动力数量转换为有效劳动后，其系数由 −0.0464 变为 0.1708，说明劳动力的质量已经成为中国农业生产中不得不考虑的要素。结合式（13-5）的结果，有理由相信，在中国农村劳动力继续非农转移的背景下，农业劳动力的人力资本对农业生产的作用应得到重视。但其弹性值目前还明显低于物质资本。

$$\ln y = 0.3221(\ln pow + \ln edu) + 0.3135\ln fer + 0.2240\ln lan - 0.0550\ln lab \quad (13\text{-}7)$$

t 值（22.1466）（19.7740）（9.9921）（−2.2345）

R^2 =0.9611 ADR^2 =0.9556 F =173.00

检验技能偏态技术的式（13-7）式的结果与式（13-6）的各要素弹性系数差别很小，表明中国农业生产目前尚未呈现出技能型的内生农业特征。

1978—2010 年，中国农业产出的年均增长率为 6.199%，农业机械动力、化肥施用量、农作物播种面积和农业劳动力的年均增长率分别为 6.694%、6.017%、0.218% 和 -0.111%[②]，计算得前述各要素的贡献率范围分别为 30.76%—34.77%、20.69%—30.69%、0.75%—0.78%、0.08%—0.31%，人力资本的贡献率为 5.18%—

① * 表示通过 5% 的显著性水平检验，未通过 1% 的显著性水平检验。

② 各变量的计算为年均增长率的算术平均数。

7.04%。中国农业产出增长的主要贡献力量来源于物质资本投入，土地、劳动力和人力资本的作用不显著。计量分析的结果表明，以劳动和土地为主驱动力的古典农业形态已成为中国农业的历史，物质资本贡献率显著的新古典农业是当前中国农业发展的典型形态，但人力资本和技能偏态技术广泛运用的发达农业的特征尚未显现，内生农业形态尚属中国未来。

（四）中国农业成长的前景

基于人口生产量质转型和劳动力转移，30 年多来，中国农业成功地实现了由古典农业向新古典农业的过渡，在不断增长的物质资本投入的驱动下，中国农业产出实现了持续和快速增长。有理由相信，随着劳动力转移过程的继续和人口生产质量的进一步提升，人力资本将逐渐加大对农业生产的投入，并最终成为驱动农业发展的新型动力，内生农业有望成为现实。

目前，虽然劳动力转移的人力资本流失效应较为显著，农民人力资本投资增长率还不尽如人意，但工业化、城市化背景也日益显现出内生农业生成的若干契机。第一，由于对人力资本积累的普遍重视，劳动力的人力资本水平呈现出显著的代际提升趋势。比较 1949—1970 年出生的农村人口，1971—1990 年出生的农村男性和女性的受教育程度分别提高 2.45 年和 3.02 年。[①] 第二，农业劳动力过剩程度大大减弱，甚至出现劳动力的季节性短缺，劳均耕地规模扩大[②]，农业生产的有利性增长。

随着人口生产量质偏好的进一步转变和劳动力持续的非农转移，物质资本对劳动的替代将使农业生产过渡到劳动节约和资本密集的技术类型。与此同时，资本的存量结构对于农业生产路径优化的重要性也将得以体现。当劳动力的减少和资本结构的不断优化导致农业成长阶段转变的临界点出现时，劳动力技能或人力资本将取代其他要素成为影响中国农业产出增长的关键。其时，资源配置格局将调整到能够大幅度提高劳动生产率的物质资本和人力资本双重深化方面，中国农业的现代化进程将由此完成。

---

① 根据《中国综合社会调查 2008》的相关数据计算得出。

② 每公顷耕地上的劳动力，从 1991 年的 2.285 个下降到 2007 年的 1.866 个，单位耕地的劳动力人数下降了 18%。根据相关年份《中国农村统计年鉴》计算得到。

五、本章结论

在技术层面，农业成长即农业要素结构的转变。人口生产量质偏好的转型，由于其劳动力增长率下降、人力资本深化和劳动力非农转移等多重相互强化的效应，成为实现农业要素结构转变和推动农业成长的重要动因。具体而言，人口生产量质偏好转型通过减少农业劳动力供给和提高农业物质资本积累率导致古典农业向新古典农业的演化，进而通过农业劳动力人力资本的动态深化最终实现现代内生农业的形成。加速劳动力转移和提高农业劳动力人力资本积累率，是当前中国农业现代化建设的基本任务。

第十四章
劳动力选择性转移下的中国现代农业前景

一、农业劳动力转移的选择性特征

农业劳动力的工业化、城市化转移，不仅可以在数量意义上被观察，更值得从质量层面给予关注。由于在城市工业部门存在着较高的就业门槛，转移劳动力一般具有如下特征：（1）年轻化。第二次全国农业普查资料显示，2006 年，在外出劳动力[①]中，40 岁以下者占到全部外出者的 82.12%（表 14-1）。另据调查，四川和安徽两省外出劳动力多为 35 岁以下的青壮年，平均年龄分别仅为 26.9 岁和 27.4 岁。[②]（2）男性化。2006 年，男性外出劳动力占全部外出劳动力的 64%，高出女性外出劳动力 28 个百分点（表 14-1）。这一特征在西部一些省份表现得更加突出。同年，陕西省农村外出劳动力中男性占比 66.3%，其中陕北地区达68.9%。[③]（3）受教育程度较高。2006年，农村劳动力平均受教育年数为 7.97 年，外出劳动力平均受教育年数为 8.68 年，外出劳动力高于全部农村劳动力 0.71 年。从受教育构成来看，在未转移的农业从业人员中，接受过初中及以上教育的只占 49.38%，这一比例在外出劳动力中超过 80%（表 14-1）。

---

① 非农转移劳动力包括外出非农就业劳动力和就地转入非农部门的劳动力两部分。限于数据的可得性，本章仅以外出劳动力代表转移劳动力。

② 杜鹰：《现阶段中国农村劳动力流动的基本特征与宏观背景分析》，蔡昉、白南生：《中国转轨时期劳动力流动》，北京：社会科学文献出版社，2006 年。

③ 国务院第二次全国农业普查领导小组办公室、国家统计局：《中国第二次全国农业普查资料汇编（农民卷）》，北京：中国统计出版社，2009 年。

表 14-1 外出劳动力与农业从业者的特征比较

		农村劳动力（A）	外出劳动力（B）	农业从业者（C）	（A）-（C）	（B）-（C）
年龄构成	合计	100%	100%	100%	0	0
	20 岁以下	14.25%	16.16%	5.33%	8.92%	10.83%
	21—30 岁	20.46%	36.47%	14.95%	5.51%	21.52%
	31—40 岁	24.17%	29.49%	24.17%	0	5.32%
	41—50 岁	19.17%	12.77%	23.07%	-3.90%	-10.30%
	51—60 岁	15.09%	4.42%	21.27%	-6.18%	-16.85%
	60 岁以上	6.90%	0.72%	11.24%	-4.34%	-10.52%
性别构成	合计	100%	100%	100%	0	0
	男	52.58%	63.99%	46.84%	5.74%	17.15%
	女	47.42%	36.01%	53.16%	-5.74%	-17.15%
受教育程度构成	合计	100%	100%	100%	0	0
	未上学	5.99%	1.22%	9.50%	-3.51%	-8.28%
	小学	30.67%	18.74%	41.14%	-10.47%	-22.40%
	初中	52.57%	70.06%	45.05%	7.52%	25.01%
	高中	9.22%	8.72%	4.10%	5.12%	4.62%
	大专及以上	1.57%	1.28%	0.23%	1.34%	1.05%
平均受教育年数①		7.97 年	8.68 年	7.14 年	0.83 年	1.54 年

资料来源：国务院第二次全国农业普查领导小组办公室、国家统计局：《中国第二次全国农业普查资料汇编，北京：中国统计出版社，2009 年

注：农村劳动力为农村家庭户户籍劳动力，其包括农业户籍劳动力、非农业户籍劳动力和户籍待定劳动力三种。其中，农业户籍劳动力占农村劳动力 96.74%

与劳动力选择性非农化过程密切联系的现象是农业从业者群体的变化。其一，当大量青壮年劳动力源源不断地转入非农部门，且当新增劳动力很少选择在农业部门就业时，从事农业生产的劳动者必然趋向于老龄化。据第二次全国农业普查资料，41—50 岁、51—60 岁和 60 岁以上三个年龄段的劳动力比重，务农人员分别高于外出务工劳动力 10.30%、16.85% 和 10.52%。在四川省和安

① 受教育年数的计算办法是：各级受教育年数乘以各级受教育人口比重再加总求和。其中，不识字或识字很少以 1 年计，高中以上（不包括高中）合并以 15 年计。

徽省，非外出劳动力的平均年龄分别高于外出者 7.6 岁和 4.9 岁。[①] 其二，在全部农村劳动力中，自然禀赋的男女性别比例的差距不大。[②] 较大比重的男性劳动力离农转移的直接后果，是农业生产中女性劳动力比重的显著提升。第二次全国农业普查资料反映的数据是，2006 年女性农业从业者的比重占到 53.16%，高于同期女性在全部农村劳动力比重 5.74 个百分点。其三，由于教育的进展，劳动力的受教育程度随年龄呈负相关变化[③]；同时，教育的进展尚未消除教育机会分配中的性别歧视，一般而言，男性的受教育程度高于女性。[④] 劳动力转移的前述两个特征，可能会导致以受教育程度衡量农业从业者平均人力资本[⑤]存量水平的降低。比如，2006 年，农村未转移劳动力的平均受教育年限低于外出务工劳动力 1.54 年，低于全体农村劳动力平均水平 0.83 年（表 14-1）。

由此所产生的问题是：第一，中国农业生产经营的从业者队伍前景如何？即在未来几十年甚至更长的时期，中国农业的生产经营是否只能由工业化、城市化筛选过的弱势劳动力被动担当？第二，若女性化、老龄化及低人力资本化是当前和未来中国农业劳动力队伍的基本格局，那么作为第一人口大国的中国的粮食安全问题能否得到保障？如何保障？第三，若未来农业从业者群体的状况如是，那么中国的农业现代化建设还是否有望完成？如何完成？概言之，在劳动力选择性转移带来的农业从业者素质变化的背景下，对中国农业发展的前景应作如何判断？

---

① 杜鹰：《现阶段中国农村劳动力流动的基本特征与宏观背景分析》，蔡昉、白南生：《中国转轨时期劳动力流动》，北京：社会科学文献出版社，2006 年。

② 2006 年在全国农村家庭户户籍劳动力资源总量中，男性劳动力占 52.6%，女性劳动力占 47.4%。国务院第二次全国农业普查领导小组办公室、国家统计局：《中国第二次全国农业普查资料汇编（农民卷）》，北京：中国统计出版社，2009 年。

③ 2005 年版 30 岁以下劳动力的文盲率低于 2.1%，而 50 岁以上劳动力的文盲率则在 13.8%—42.8%。相反，接受高中教育的比率，前者处于 9.2%—16.5%，后者则在 8.1% 以下；在大专及其以上的教育中，年轻人的比率更显著地高于年长者。国家统计局人口和就业统计司、劳动和社会保障部规划财务司：《2006 中国劳动统计年鉴》，北京：中国统计出版社，2006 年。

④ 比如，2005 年在初中、高中和大专及其以上三个等级的教育中，男性分别高于女性 8.96 个、13.50 个和 14.54 个百分点；而在 15 岁及其以上人口中，女性文盲率高达 16.15%，是男性的 2.76 倍。国家统计局：《2006 中国统计年鉴》，北京：中国统计出版社，2006 年。

⑤ 人力资本是通过教育、培训、健康和迁徙等方面的投资以及"干中学"在人身上形成的较高的生产能力。出于简化分析的需要，本章仅主要以受教育程度及受培训程度衡量人力资本。

二、对中国现代农业前景的两种不同认识

本章研究的问题与如下两类文献相关：一是关于劳动力转移的选择性及其对农业部门影响的研究。二是有关中国农业发展前景的讨论。

始自20世纪90年代中期，陆续有研究者开始关注中国农村劳动力非农就业的性别差异问题。[①] 特别是他们运用经验实证方法揭示了中国农业劳动力“女性化”事实的存在性及其加剧发展之趋势。[②] 近些年，又有若干文献同时注意到工业化、城市化进程中农业劳动力的“老龄化”现象[③]，以及劳动力流动的地区特征给农村老年人农业劳动时间带来的影响。[④] 针对农业劳动力非农转移的选择性特征，更多的研究文献则将其归结为农业部门的人力资本流失问题。[⑤]

在关注劳动力择优性离农转移的同时，一些学者论及了这种转移对农业部门和农村发展的影响。（1）整体而言，农业劳动力的“女性化”和“老龄化”

---

① 高小贤：《当代中国农村劳动力转移及农业女性化趋势》,《社会学研究》1994年第2期，第83—90页；谭深：《农村劳动力流动的性别差异》,《社会学研究》1997年第1期，第44—49页；中国社会科学院社会学所“农民外出务工女性”课题组：《农民流动与性别》，郑州：中原农民出版社，2000年；李实：《中国农村女劳动力流动行为的经验分析》,《上海经济研究》2001年第1期，第38—46页；刘晓昀、Terry Sicular、辛贤：《中国农村劳动力非农就业的性别差异》,《经济学（季刊）》2003年第3期，第711—720页；李旻、赵连阁：《农业劳动力“女性化”现象及其对农业生产的影响——基于辽宁省的实证分析》,《中国农村经济》2009年第5期，第61—69页。

② 陈凤兰、徐延辉：《社会排斥与农业从业人员女性化——以福建省东宅村为个案》,《河海大学学报》（哲学社会科学版）2008年第1期，第38—42页；李旻、赵连阁：《农业劳动力“老龄化”现象及其对农业生产的影响——基于辽宁省的实证分析》,《农业经济问题》2009年第10期，第12—18页。

③ 庞丽华、Scott Rozelle、Alan de Brauw：《中国农村老人的劳动供给研究》,《经济学（季刊）》2003年第3期，第721—730页；李旻、赵连阁：《农业劳动“老龄化”现象及其对农业生产的影响——基于辽宁省的实证分析》,《农业经济问题》2009年第10期，第12—18页。

④ 李琴、宋月萍：《劳动力流动对农村老年人农业劳动时间的影响以及地区差异》,《中国农村经济》2009年第5期，第52—60页。

⑤ 侯风云、徐慧：《城乡发展差距的人力资本解释》,《理论学刊》2004年第2期，第42—45页；侯风云、邹融冰：《中国城乡人力资本投资收益非对称性特征及其后果》,《四川大学学报》（哲学社会科学版）2005年第4期，第16—22页；侯风云、张凤兵：《从人力资本看中国二元经济中的城乡差距问题》,《山东大学学报》（哲学社会科学版）2006年第4期，第133—138页；侯风云、张凤兵：《农村人力资本投资及外溢与城乡差距实证研究》,《财经研究》2007年第8期，第118—131页；李录堂、张藕香：《农村人力资本投资收益错位效应对农村经济的影响及对策》,《农业现代化研究》2006年第4期，第254—257页；张藕香、李录堂：《我国农村人力资本投资收益非均衡性分析——兼与城市的比较》,《电子科技大学学报》（社会科学版）2006年第6期，第35—40页。

不利于农业生产的发展[①]，因为它导致了农业劳动力结构性文化水平、结构性技术水平和结构性管理水平的下降。[②]（2）虽然农业人力资本的非农化配置是城乡劳动力市场开放下农民理性决策的结果，但侯风云和张凤兵[③]、李录堂和张藕香[④]等更愿意对此作出一种道德化评价，认为它是对落伍的农村部门稀缺高效率资源的侵夺，这势必加剧城乡部门的非均衡发展后果。（3）其实，劳动力选择性转移对农业部门人力资本的影响是双向的，既有流失效应，也有对农村居民家庭教育需求和人力资本投资的正向激励效应。一些学者从后一方面弥补了“流失论”或“剥夺论”的偏狭与不足，肯定了农业人力资本非农化配置的有利性一面。[⑤]Kanbur和Rapoport[⑥]关于迁移与迁出地人力资本积累正反馈的分析模型，为分析这一问题提供了有益的分析方法。（4）借鉴Kanbur和Rapoport的分析方法，郭剑雄和李志俊[⑦]将人力资本引入刘易斯—费景汉—拉尼斯的二元经济发展模型，揭示了劳动力选择性转移背景下农业成功发展的依赖条件，以及关于该条件的形成机制问题。

中国农业发展的前景无疑是完成现代化改造，建成现代农业。这集中体现于中国“三步走”经济发展战略的第三步战略目标规划之中。但是，对于中国农业现代化的具体模式及其赖以抉择的因素，却存在着大相径庭的认识。

遵循一般均衡理论和二元结构转变理论的分析逻辑，农业现代化的本质特征可以概括为农业与非农产业收益率的趋同。由此，在技术层面，需要用现代工业装备农业，用现代科学技术改造农业，用现代管理方法管理农业，用现代

---

① 李旻、赵连阁：《农业劳动力“女性化”现象及其对农业生产的影响——基于辽宁省的实证分析》，《中国农村经济》2009年第5期，第61—69页；李旻、赵连阁：《农业劳动“老龄化”现象及其对农业生产的影响——基于辽宁省的实证分析》，《农业经济问题》2009年第10期，第12—18页。

② 李新然、方子节：《试论农业女性化对农业和农村发展的影响》，《农业现代化研究》1999年第2期，第88—90页。

③ 侯风云、张凤兵：《农村人力资本投资及外溢与城乡差距实证研究》，《财经研究》2007年第8期，第118—131页。

④ 李录堂、张藕香：《农村人力资本投资收益错位效应对农村经济的影响及对策》，《农业现代化研究》2006年第4期，第254—257页。

⑤ 刘文：《农村劳动力流动过程中的人力资本效应研究》，《农业现代化研究》2004年第3期，第207—221页；张利萍：《教育与劳动力流动》，武汉：华中师范大学博士学位论文，2006年；郭剑雄、刘叶：《选择性迁移与农村劳动力的人力资本深化》，《人文杂志》2008年第4期，第72—77页；李志俊、郭剑雄：《选择性转移与人力资本深化：理论及实证》，《思想战线》2010年第4期，第112—117页。

⑥ Kanbur R，Rapoport H. Migration Selectivity and the Evolution of Spatial Inequality. Journal of Economic Geography, 2005, Vol.5,No.1 pp.43-57.

⑦ 郭剑雄、李志俊：《劳动力选择性转移条件下的农业发展机制》，《经济研究》2009年第5期，第31—65页。

科学文化知识提高农民素质[①]；在结构层面，需要大规模转移农业人口，消除农业过剩劳动力，最终把农业劳动力变成按边际产出获得报酬的稀缺性商品[②]，同时使农业成为一个小部门产业[③]；在制度层面，通过改变资源配置方式，扩大农业生产经营规模，把自给自足的小农经济改造成为企业化或商业化的新型产业组织[④]。就农业现代化的本质和如上三个方面的基本特征而言，中国与别国无异；所谓中国特色的农业现代化，仅指中国建设现代农业的背景和具体道路可能与发达国家不同。[⑤]

与此相反的认识是，中国拥有世界约1/5的人口，耕地资源又高度稀缺，这一基本国情决定了中国农业的前景不可能是美国式的大农场，而只能选择具有高密度人口特点的小规模的家庭农场。[⑥]黄宗智和彭玉生[⑦]预测了到2030年以后中国小规模家庭农场的具体情景：劳均播种面积15—16亩[⑧]（约是目前的2倍）；种植和养殖兼重，每个农民每年要用300天种田，120天从事渔牧[⑨]，因而是充分就业的；同时也是相对高收入的，以2003年的不变价格计算，劳均农牧渔收入可达到10 000多元。其时，不但劳动力过剩问题可以消除，农业的低收入也可以大为缓解。进入21世纪，中国农村劳动力的大规模非农转移、人口自然增长率的减缓和国民食品消费结构的转型，为这种劳动密集又相对高收入的小家庭农场的实施提供了历史性契机。

尽管对未来中国农业前景的判断有差异，现代化本质决定论和国情决定论二者却遵循了同一前提假设——劳动力的同质性。在他们看来，农村劳动力无

① 刘志澄：《农业现代化建设若干问题之思考》，蒋建平、陈希煌：《中国现代农业之发展——海峡两岸现代农业发展学术讨论会论文集》，北京：中国农业出版社，1996年，第32—37页；杨万江、徐星明：《农业现代化测评》第一章，北京：社会科学文献出版社，2001年，第1—121页。

② [美]阿瑟·刘易斯：《二元经济论》，施炜等译，北京：北京经济学院出版社，1989年，第1—46页。

③ 参见[美]钱纳里等：《发展的型式1950—1970》，李新华等译，北京：经济科学出版社，1988年；[美]钱纳里等：《工业化和经济增长的比较研究》，关奇等译，上海：生活·读书·新知三联书店：上海人民出版社，1995年。

④ 参见[美]M. P. 托达罗：《第三世界的经济发展》，印金强等译，北京：中国人民大学出版社，1988年；牛若峰等：《中国的“三农”问题：回顾与展望》，北京：中国社会科学出版社，2004年。

⑤ 参见牛若峰等：《中国的“三农”问题：回顾与展望》，北京：中国社会科学出版社，2004年。

⑥ 黄宗智：《中国农业面临的历史性契机》，《读书》2006年第10期，第118—129页。

⑦ 黄宗智、彭玉生：《三大历史性变迁的交汇与中国小规模农业的前景》，《中国社会科学》2007年第4期，第74—88页。

⑧ 1亩≈666.7平方米。

⑨ 种田300天和渔牧120天是以2003年不变劳动生产率推算的所需劳动天数。

论是务农还是转移，仅需注意到其数量方面足矣。值得怀疑的是，如果考虑到在劳动力非农化过程中农村居民人力资本呈现与城市趋同的变化，那么不知他们原先关于中国农业前景的分析结论还能否坚持？相比现代化本质决定论和国情决定论，关注到农业转移劳动力选择性特征的认识是一个重要的进步。但是客观地讲，从这一新的角度所开展的研究还非常初步，其关于农业劳动力择优转移后果的讨论大多是一种现象描述和短期分析；至于农业人力资本非农化与未来中国农业现代化前景之间的联系，该类文献似乎尚未来得及考虑。本章的研究工作，是试图架通上述两类文献之间联系的桥梁，将劳动力选择性转移对农业发展影响的分析长期化，或者在附加人力资本变量的劳动力转移的基础上，重新估计中国农业发展的前景。

三、中国农业发展前景：外生人力资本积累的估计

鉴于中国经济的二元结构特征和市场化程度日益提高的事实，本章分析遵循的一个基本前提是，对农民而言，存在着农业和非农产业①两个就业部门。两部门之间发展水平不同，非农部门的工资率明显高于农业部门的工资率。两部门之间的劳动力市场是开放的，但农民进入非农部门就业存在着技术性门槛。②

为了使分析过程循序渐进，本节假设农村居民家庭的人力资本积累率外生于劳动力选择性转移过程。即农民的人力资本投资行为仅由人力资本非农化过程之外的某些因素决定，尽管高技能劳动力能够率先被高工资率的非农部门吸收，但这一现实并未改变农民原先对其家庭成员的人力资本投资决策，并假设这种外生的人力资本积累率既定。

（一）选择性转移下农业劳动力素质的相对弱化与绝对弱化

农业从业人员是一个流量。每一生产周期，由于人口的自然增长有注入的新增劳动力，也有由于衰老③和非农化退出的劳动力。若退出劳动力大于新增劳动力，农业从业者数量会绝对减少；若退出劳动力小于新增劳动力，则存在农

① 农民就业的非农产业部门主要是城市非正规部门和农村非农产业部门；除接受高层次教育之外，农民难以在城市正规部门就业。因此，此处的非农产业部门为不完全非农产业部门。

② 尽管随着市场化进程的推进非农就业部门的制度性壁垒在降低，但至目前，农民进入非农部门就业仍有制度性障碍。限于所设定的研究任务，本章仅将技术性障碍纳入分析。

③ 为了简化分析，下面我们仅以选择性转移量代表退出量，忽略劳动力自然老化的退出量。

业劳动力的相对减少。

当劳动力存在以人力资本度量的质量差异时，农业从业人员的平均人力资本水平，会由于注入量和退出量以及二者之间对比关系的变化而发生改变。用 L_{0t}、L_{1t} 和 L_{2t} 分别代表当期农业劳动力、新增劳动力和退出劳动力的数量，用 h_{0t}、h_{1t} 和 h_{2t} 依次表示当期三类劳动力的平均人力资本水平。根据经验事实有 $h_{1t} > h_{0t}$，$h_{2t} > h_{0t}$；依据假设条件有 h_1 的增长率外生给定，并设人口增长率既定。这样，农业劳动力的素质[①]变量的变化情况为：当 $L_{1t+1}(h_{1t+1}-h_{0t}) < L_{2t+1}(h_{2t+1}-h_{0t})$ 时，h_0 的增长率为负，农业劳动力素质绝对弱化；相反，当 $L_{1t+1}(h_{1t+1}-h_{0t}) > L_{2t+1}(h_{2t+1}-h_{0t})$ 时，h_0 尽管有正的增长率，但农业劳动力素质相对于不存在劳动力选择性转移时也弱化。

农业劳动力素质的变化并不是一个理论命题，而是一个实践性问题。在当前中国的现实中，第一，由于农村人口生育率的显著下降和工业化、城市化加速背景下劳动力的持续性转移，农业劳动力的绝对数量已开始减少[②]。第二，受教育程度较高的绝大多数新增劳动力，构成选择性转移队伍的基本部分。如果给定农村居民家庭对新增劳动力的人力资本投资率不变，同时，不考虑农业生产过程中的“干中学”效应和农民的在职技能培训，那么农业从业者队伍素质的绝对弱化就会成为事实。

（二）劳动力素质弱化影响农业发展的条件

根据刘易斯 — 费景汉 — 拉尼斯的二元经济理论，农业发展的基本含义包括农业剩余劳动力或“伪装的失业者”[③]被不断扩张的非农部门吸收；农业成功发展的标志是通过技术进步实现产出增长，保证非农化劳动力能够获得不低于其农业平均产出的食物供给；农业发展的目标，是使农业劳动力和市场化非农部门的劳动力一样，最终成为按边际产出获得报酬的稀缺性资源，并将农业部门转变为谋求利润最大化的商业化部门。

---

① 本章所使用的素质的含义与受教育程度和技术能力等同，无技术之外的其他含义。

② 2002—2008 年第一产业就业人员数分别为 36 870 万人、36 546 万人、35 269 万人、33 970 万人、32 561 万人、31 444 万人和 30 654 万人，2003—2008 年第一产业就业人员分别比上一年减少 324 万人、1 277 万人、1 299 万人、1 409 万人、1 117 万人和 790 万人。国家统计局：《中国统计年鉴 2009》，北京：中国统计出版社，2009 年。

③ 拉尼斯和费景汉把边际生产率等于零和边际生产率大于零但小于平均产出的农业劳动力称为“伪装的失业者”。

在农业劳动力素质绝对弱化的条件下，选择性转移对农业发展的影响，亦即劳均人力资本存量下降对刘易斯—费景汉—拉尼斯模型农业发展含义的影响。换言之，在添加人力资本变量的刘易斯—费景汉—拉尼斯农业发展理论中，劳动力素质绝对弱化对农业发展影响的问题等价于：农业劳动力平均人力资本存量的降低是否会导致农业总产量曲线的位置移动？进而它是否改变了农业部门“短缺点”和“商业化点”的位置，并因此影响到农业的商业化进程？

人力资本是与高级产业形态相联系的一个决定性发展（增长）要素。人力资本在农业生产中的作用，取决于不同发展阶段农业技术类型的选择。如果现实中采用的农业技术呈现技能偏态特性，即该类技术的应用需要受过较多教育和专门培训的高技能劳动力作为互补性条件存在[①]，那么转移引致的农业劳动力人均人力资本流失对农业发展的影响就是消极的。因为该类农业技术进步将因劳动力素质的降低而受到阻滞，或者农业技术选择将因此向低级化方向转变；由于技术阻滞或退化产生的效率缩水，农业总产量曲线的位置将会下移，即由图 14-1 中的 *TP* 曲线改变为 TP′ 曲线；与此同时，农业部门的“短缺点”将提前到来（如图 14-1 中的 *B* 点提前至 *A* 点），而“商业化点”则推后（由图 14-1 中的 *b* 点前移至 *a* 点）[②]，由“商业化点”和“短缺点”聚合而成的“刘易斯转折点”的出现——农业商业化的完成——也将被延期。

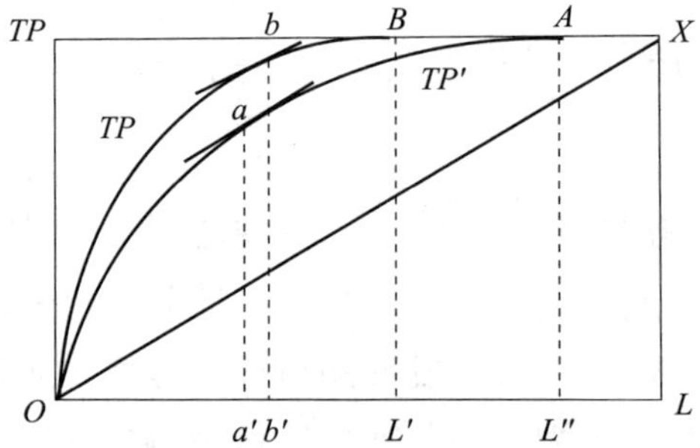

图 14-1 劳动力素质弱化对农业发展的可能影响

现实中存在着与技能偏态技术相反的技术类型——非技能偏态技术。此类技术的主要特征是：第一，对技术应用主体无特殊要求，仅靠劳动者的禀赋能力和简单的学习能力便可操作此技术。第二，该类技术的应用一般不需要大规

① 同时，该类技术的应用往往需要较大的物质资本投入。

② 总产量曲线右移时商业化点左移的简单证明：设劳动投入量为 *oa*′ 时，有 *TP*′ 曲线的商业化点 *a*。此时，在 *TP* 曲线上，劳动的边际产出由于劳动者素质较高大于 *TP*′ 曲线上 *a* 点时的劳动边际产出，因此，*TP* 曲线上的商业化点必然在 *a* 点之右（*b* 点）。

模的物质资本投入。第三，该类技术大多属于劳动密集型技术，同时也是相对简单的技术。若农业领域实际使用的属非技能偏态技术，那么劳动力的选择性转移就不会影响该类技术的应用，也不会降低该类技术的使用效率，进而它也不会改变农业总产量曲线的位置和影响农业的商业化进程。即在非技能偏态技术下，劳动力质量因素引入经典二元经济模型没有意义，它并未赋予刘易斯—费景汉—拉尼斯模型关于农业发展新的含义，农业的现代化在该模型所描述的原有路径上仍可推进。①

在非技能偏态技术被广泛应用时，劳动力选择性转移昭示了农业部门双重意义过剩劳动力的存在——不仅有数量意义上的过剩劳动力，而且存在着质量意义上的过剩劳动力。所谓质量过剩，即体现劳动力质量因素的人力资本在农业部门的边际产出等于零或很低，其非农化不会影响到农业的总产出。②

（三）劳动力素质弱化与中国农业发展的前景

遵循本节给定的分析前提，劳动力素质的弱化并非影响农业发展的充分必要条件；而农业技术类型的现实选择，成为决定所讨论问题答案的关键。现在的问题是，在分析期内，中国的农业技术究竟主要呈现技能偏态属性还是非技能偏态属性？

依据速水佑次郎和弗农•拉坦的诱致技术变迁理论③，农业技术进步源自对缺乏供给弹性的稀缺性资源所形成的发展“瓶颈”的突破；一个国家或地区的农业技术进步类型选择，与其特定的资源禀赋结构而产生的特有的“瓶颈”约束有关。中国农业资源结构的突出特征是，土地稀缺而劳动力丰裕。由这种资源禀赋结构所决定的农业技术类型选择一般不会是技能偏态的，因为技能偏态技术的应用需要以劳动力成为稀缺性资源为前提。那时，如何提高劳动效率，使短缺的劳动力资源发挥更大作用，才成为农业技术进步努力的方向；而人力资本投资正是增大劳动力能力和破解劳动约束的可选择途径。相反，非技能偏

① 事实上，这样一种农业的现代化是难以想象的。现实中，难以找到由这样一类劳动力运用这样一种农业技术所从事的现代农业。

② 定义质量意义过剩劳动力的方法与定义数量意义过剩劳动力的方法是相同的。此时，农业人力资本的非农化，不仅是农民的理性选择，而且是有利于增加城乡两部门总产出和提高整体社会福利的“帕累托改进”。

③ [日]速水佑次郎、[美]弗农·拉坦：《农业发展的国际分析》第四章，郭熙保、张进铭译，北京：中国社会科学出版社，2000年，第89—138页。

态技术的运用，则是中国既有农业资源结构赋予的具有充分经济合理性的技术类型选择，它可以将供给充足“原生态”的低人力资本劳动力资源转化成最廉价的农业产出增长源泉。相对于农业机械技术来说，化肥是更具非技能偏态属性的属性。在现实中，偏重于节约土地的化肥技术的广泛采用，是中国农业技术主要呈非技能偏态属性的事实证据。

非技能偏态技术的运用能够消除劳动力转移的选择性对农业现代化进程的消极影响，仅仅是基于刘易斯—费景汉—拉尼斯模型的一种理论推断。事实上，当农村居民家庭的人力资本积累率维持不变，且当非农部门存在着较高的技术性进入门槛时，非技能偏态技术与劳动力素质转移性弱化的动态均衡，会产生多重不利于农业发展的“极化”效应：其一是劳动力素质的两部门分化，较高人力资本水平的劳动力被高工资率的非农部门吸纳，而低人力资本的劳动力则被选择性淘汰于农业部门。其二是技术类型选择的两部门分化——以运用技能偏态技术为主的非农业产业部门和以运用非技能偏态技术为主的农业部门。其三是发展速度和发展水平的两部门分化。高质量劳动力与技能偏态技术的优化组合，形成了加速发展态势的发达的非农部门；低技能劳动力与非技能偏态技术的配置，使农业部门在发展动力和发展速度上完全无法与非农产业相竞争，两部门间的发展差距势必扩大。

还应当注意到，非技能偏态技术和低技能劳动力之间可能会相互强化并在农业部门形成一种低效率均衡。一方面，低技能劳动力使非技能偏态技术的运用成为适宜的和可行的选择，并排斥有利于提高劳动生产率的技能偏态技术的应用。另一方面，由于非技能偏态技术的劳动密集性特征，其广泛采用对低技能劳动力产生着较充分的需求，为较大规模的弱质劳动力提供了一个适合其生存的产业空间。这样一支被筛选的农业从业者队伍，首先由不具备非农转移能力的农业劳动力构成，同时也会由一部分不能适应非农工作和城市生活的回流劳动力补充。

若劳动力选择性转移的“极化”效应在事实上存在，刘易斯—费景汉—拉尼斯模型的农业现代化路径就可能走不通。[①] 当劳动力素质弱化和存在非农就业门槛时，农业劳动力的转移难以充分，农业过剩劳动力或“伪装的失业者”难以消除，农业部门的“商业化点”因此也难以出现或至少被延期；非技能偏态技术虽属适宜技术，也有利于土地生产率的改进和总产出的增长，但由于它对

① 刘易斯—费景汉—拉尼斯模型的有效性是建立在劳动力同质性假设的基础上的。这里所谓的该模型农业现代化路径的失效，是在引入劳动力异质性（人力资本）和外生人力资本积累率的基础上推演的结果。

劳动生产率提高的空间有限，最终将导致该类技术进步的动力不足，从而使得总产量曲线的外推受阻或进程加长，“转折点”的出现无望或被延期。如果把农业现代化的完成理解为二元结构的一元化转变，即农业部门特别是其收益率与发达的非农产业部门的趋同，此时，这样一种结果更难以设想。在本节给定的分析框架内，中国农业发展的最理想前景，充其量不过是黄宗智所描述的与非农部门存在较大差距的劳动密集又低技术水准的小规模家庭农场。[①]

四、中国农业发展前景：内生人力资本积累的估计

（一）人力资本积累与选择性转移的真实关系

前文的分析结果未必是中国农业发展的必然归宿[②]，因为该结果赖以形成的基本前提假设之一——农村居民家庭的人力资本积累率外生于劳动力选择性转移过程并且维持不变——非真。

农民是理性的。[③]面对非农产业显著高于农业的工资率，当劳动力市场开放且当转移收益大于等于转移成本时，他们就可能在跨部门“套利”动机的驱使下转向非农就业；当教育等人力资本投资有利于提高转移概率、非农工资率进而增进转移收益，并有利于降低转移成本时，农民就会调整支出结构增加有助于提高转移能力的人力资本投资；当人力资本回报率在工业化、城市化进程中呈现不断提升之势，且大于其他投资的收益率时，农民就会加速这种投资，实现人力资本积累的动态增长。一句话，人力资本及其积累率是劳动力选择性转移过程的内生变量。

可以从多个角度观察劳动力选择性转移过程中农民及其家庭人力资本投资的诱致性增长。首先，农民家庭对子女教育的重视程度前所未有。为了让子女能够分享城镇的优质教育资源，并期望他们能够争得更多的高层次受教育机会，许多农民带领其子女进入城镇就学，农村学校的生源因此大幅度减少。其次，农村居民家庭的人口生产偏好显著转变。根据贝克尔[④]的新家庭经济理论，对子

① 黄宗智：《中国农业面临的历史性契机》，《读书》2006年第10期，第118—129页；黄宗智、彭玉生：《三大历史性变迁的交汇与中国小规模农业的前景》，《中国社会科学》2007年第4期，第74—88页。

② 那样就等于说中国农业不可能实现现代化。

③ 早在20世纪60年代，农民的理性就被舒尔茨所论及。即使在非市场化的传统农业领域，这种理性亦得到了充分体现。西奥多·W. 舒尔茨：《改造传统农业》，梁小民译，北京：商务印书馆，1987年。

④ 参见［美］加里·斯坦利·贝克尔：《家庭论》，王献生、王宇译，北京：商务印书馆，2005年。

女的人力资本投资与生育率呈负相关。即在工业化、城市化所显现的人力资本收益率不断增长，以及与此同时生育子女的时间价值和相对价格逐渐提高的背景下，家庭的人口生产偏好就会转向质量方面。至 20 世纪 90 年代末，农村妇女的总和生育率已开始降到更替水平以下，其后，一直维持在低生育水平。①这表明，伴随着大规模的劳动力转移，中国农村居民的人口生产已由过去的数量偏好转向了质量偏好。最后，农村劳动力的受教育程度在选择性转移过程中不断提升。图 14-2 显示，1990—2008 年，农村非农从业者比重由 20.7% 提高至 40%，19 年间增长了近 20 个百分点；同期，农村高中及其以上文化程度劳动者的比重也由 7.6% 上升为 15.8%，提高 8.2 个百分点。计量经济学的因果关系检验可以证明，非农从业人员比重的增加是农村居民家庭高中及以上文化程度劳动力比例提高的格兰杰原因。②

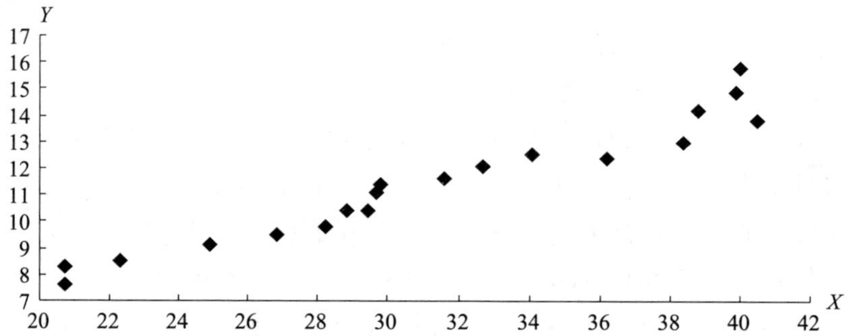

图 14-2　1990—2008 年中国农村非农劳动力比重与高中及以上文化程度劳动力比重的关系③

这种内生的人力资本积累率究竟在多大程度上对选择性转移过程作出反应，并不完全取决于农民的人力资本投资动机，同时，它决定于农民的人力资本投资能力和对农民人力资本投资机会（主要是受教育机会）的供给。应当承认，目前农民的实际人力资本积累是不足的，它还不是农民对选择性转移所显现的

① 中国农村妇女生育率的下降，早期主要是计划生育工作的效果。随着工业化、城市化和市场化进程的推进，低生育率已成为农民的自选择行为。我们对西北农村调查中所获取的经验事实，支持了这一判断。

② 郭剑雄、刘叶：《选择性迁移与农村劳动力的人力资本深化》,《人文杂志》2008 年第 4 期，第 72—77 页；李志俊、郭剑雄：《选择性转移与人力资本深化：理论及实证》,《思想战线》2010 年第 4 期，第 112—117 页。

③ 非农劳动力比重来自中华人民共和国农业部：《2009 中国农业发展报告》，北京：中国农业出版社，2009 年；1990—2007 年农村高中及以上文化程度劳动力比重来自国家统计局农村社会经济调查司：《2008 中国农村住户调查年鉴》，北京：中国统计出版社，2008 年；2008 年农村高中及以上文化程度劳动力比重来自国家统计局农村社会经济调查司：《2009 中国农村统计年鉴》，北京：中国统计出版社，2009 年。

机会的充分反映。① 造成这一局面的主要原因，是面向农民的人力资本投资机会的供给尚存在较大缺口，同时，也受到农民人力资本投资能力不足的约束。

（二）人力资本内生积累与农业劳动力素质变化

假设不存在投资机会供给短缺和投资能力不足的约束，那么农业从业者的素质将如何变化?

设农业劳动力和非农劳动力的平均人力资本存量分别为 H_a 和 H_i（$H_a < H_i$），进一步设农业劳动力和非农劳动力的平均人力资本积累率分别是 H'_a 和 H'_i。

在图 14-3 中，（a）图表示与非农劳动力平均人力资本积累率 H'_i 相比较的三种不同的内生于选择性转移的农业劳动力平均人力资本积累率 H'_{a1}、H'_{a2} 和 H'_{a3}。其中，$H'_{a1} < H'_i$，$H'_{a2}=H'_i$，$H'_{a3} > H'_i$。（b）图刻画了在三种不同的人力资本积累率下，农业劳动力平均人力资本存量变化与非农劳动力平均人力资本存量水平之间的关系。其中，M 点和 N 点分别代表非农部门和农业部门初始的劳均人力资本存量水平；H_{a1}、H_{a2} 和 H_{a3} 三条实线为参照线，表示若无劳动力转移时的农业劳动力平均人力资本变动趋势；$[H_{a1}]$、$[H_{a2}]$ 和 $[H_{a3}]$ 三条虚线则反映有劳动力转移时的农业劳动力平均人力资本的变化情况。

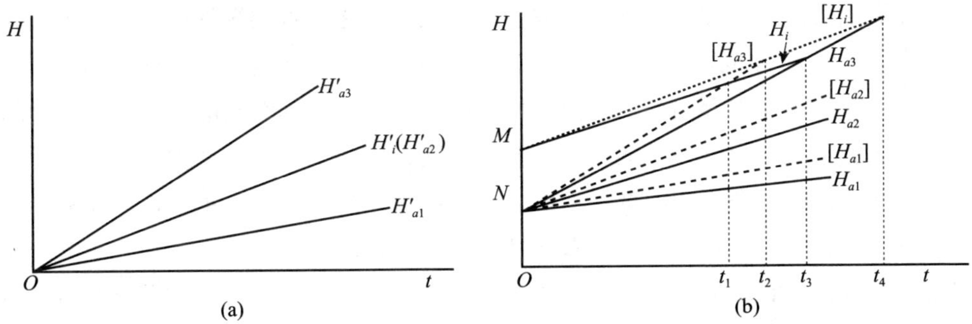

图 14-3　不同人力资本积累率下农业劳动力素质的变化

在人力资本积累率为内生变量时，决定农业劳动力素质变化的关键性因素不是劳动力的转移及其数量②，而是与非农部门相比较的农业部门人力资本积累率的高低。在图 14-3 中，若实际发生的农村劳动力的人力资本积累率较低，如 $H'_{a1} < H'_i$，随时间的延伸，农业和非农劳动力的平均人力资本存量的差距会增

① 持这一判断的基本依据是，城乡居民的人力资本存量和积累率还存在明显差距，并且尚无收敛变化趋势。参见本章图 14-4。

② 此时，劳动力的转移及其数量也会影响农业劳动力素质的变化，但与人力资本积累率相比，作用居于其次。

大；非农转移有助于弱化两者的差距，但难以改变两部门劳均人力资本存量的发散态势。若农民的人力资本积累率提高到 $H'_{a2}=H'_i$，当非农部门人力资本积累率不变时，两部门平均人力资本存量差距将因非农转移而收敛，即 H_i 与 $[H_{a2}]$ 经一段时间后会相交。如果农民有条件实现人力资本积累率的较快增长，出现 $H'_{a3}>H'_i$，假设非农部门人力资本积累率不变（非农部门的人力资本曲线为 H_i），无劳动力转移时，两部门人力资本会在 t_3 时刻趋同；有劳动力非农转移时，两部门人力资本趋同的时间会由 t_3 前移到 t_1；若非农人力资本积累率也增加（即 $H'_i>0$），但仍未改变 $H'_{a3}>H'_i$，无劳动力非农转移，在 t_4 时可实现两部门劳动力平均人力资本的趋同；有劳动力非农转移，实现农业劳动力与非农劳动力平均人力资本水平趋同的时间将由 t_4 提前至 t_2。可见，只要有 $H'_a \geqslant H'_i$，劳动力的非农转移非但不会弱化农业劳动力的素质，反而能够加速两部门劳动力平均人力资本存量水平的均衡。①

（三）两部门人力资本趋同下的中国农业发展前景

当人力资本积累率内生且有 $H'_a \geqslant H'_i$ 时，将出现一系列有利于农业部门发展的积极变化。第一，劳动力选择性转移的“极化”效应终将消失。此时，劳动力转移在短期可能还会将发展资源在农业和非农部门之间作出选择性配置，但在长期，将逐渐弥合两部门间业已存在的在劳动力素质、技术类别和发展动力等方面的差距。第二，非农部门就业的技术性“门槛”将因劳动者技能的提高而相对降低，农业剩余劳动力的转移能力和非农生存能力增强，农业劳动力有望成为稀缺性资源而商品化，在农业内部实现按边际产出决定劳动报酬。第三，农业劳动力的充分转移有利于从根本上改善农业部门紧张的人地比例关系，实现农业的规模化生产经营，使农业生产由产量最大化目标转向利润最大化目标，使农业组织由自足性的生产生活一体化单位转变为现代性质的企业。第四，农业部门可望打破低劳动力素质和非技能偏态技术互补依存的低效率均衡。基于劳动力的稀缺性转变和人均土地装备率的改善，节约劳动和提高劳动效率的技术进步将提上日程，技能偏态技术取代非技能偏态技术将成为农业技术进步的主要类型，由此实现农业技术水平的升级。第五，农业劳动力素质的改善、农业技术的升级以及农业组

① 如果我们把人力资本积累等同于受教育程度的增加，那么，$H'_a \geqslant H'_i$就意味着，从现在开始，每一代农民子女的受教育程度不低于甚至高于非农居民子女的受教育程度。考虑到劳动力的代际更替，农业劳动力素质与非农劳动力素质的趋同将需要一个相当长的历史过程。

织的企业化等一系变化，将导向一个共同的结果，农业和非农产业投资收益率的趋同，其中，最具意义的是两部门劳动生产率的趋同。

内生人力资本积累分析具有重要的理论意义，它可以消除人力资本外生化处理而产生的劳动力异质化问题，使异质性重新回归到同质性。此时对农业现代化问题的分析，又可以复归到刘易斯—费景汉—拉尼斯模型的既有框架内进行。或者说，在人力资本积累率内生时，刘易斯—费景汉—拉尼斯模型仍然是分析劳动力选择性转移条件下农业发展的有效理论工具。对应的实践含义是，中国农业的现代化如果不打折扣，其道路不可能偏离刘易斯—费景汉—拉尼斯模型所描述的依托于工业化、城市化的农业剩余劳动力的充分转移，其目标也必然是该模型所揭示的二元结构的一元化，亦即不同产业部门比较劳动生产率的一般均衡或一般均衡趋向。黄宗智“蓝图”可能仅仅是这一农业现代化过程中的一个低级阶段目标。

五、人力资本积累与两种农业发展前景的抉择

基于前文的分析，相对于非农部门的农村居民实际人力资本积累率的高低，成为劳动力择优性转移背景下决定中国农业发展两种不同前景的关键。如果企图第二种可能前景成为现实，那么一项极其紧迫且不可替代并在今后需长期持续的工作要实行，即通过适当的制度安排，大幅度提高农民的人力资本积累率，进而实现农民与非农劳动者平均人力资本存量的大体均衡。

无疑，这将是一项艰巨的工作。从人力资本存量水平来看，目前，农民和非农产业劳动者之间的差距相当显著。据《中国劳动统计年鉴》，2008 年，农、林、牧、渔业就业人员的平均受教育程度是 7.38 年，建筑业、制造业就业人员的平均受教育程度分别为 9.07 年和 9.64 年，而金融业、公共管理和社会组织两个行业就业者的该项数值分别达到 13.47 年和 13.29 年。[①]也就是说，当前农、林、牧、渔业劳动者的平均受教育程度大约分别是建筑业和制造业劳动者平均受教育程度的 81.4% 和 76.6%，仅及金融业、公共管理和社会组织劳动者平均受教育水平的 54.8% 和 55.5%。

① 国家统计局人口和就业统计司、人力资源和社会保障部规划财务司：《中国劳动统计年鉴2009》，北京：中国统计出版社，2009 年。受教育年限的计算办法同前，但大专以上劳动者的受教育程度分别进行了计算，其中，大专以 15 年计，大学本科以 16 年计，研究生以 19 年计。

从人力资本积累率来看，农民和非农劳动者之间的差距同样存在，且未出现收敛变化趋势。与 2003 年比较，2008 年农林牧渔业就业人员的平均受教育年限的增长率，要高于同期建筑业、制造业、金融业及公共管理和社会组织等非农行业就业者平均受教育程度的增长率。①但更长期和包括更多非农行业的数据不支持农民的人力资本积累率高于非农劳动者人力资本积累率这一结论。1995 年、2000 年、2005 年和 2010 年，城镇居民教育文教娱乐服务支出②占其人均消费支出的比重分别是 9.4%、13.4%、13.9% 和 12.8%，同期同项指标，农村居民分别为 7.8%、11.2%、11.6% 和 8.4%。③相比 1995 年，2010 年城镇居民提高 3.4 个百分点，农村居民只提高 0.6 个百分点。取 51—60 岁、41—50 岁、31—40 岁和 21—30 岁 4 个年龄组的农村从业人员，相应地取 55—59 岁、45—49 岁、35—39 岁、25—29 岁④4 个年龄组的全国就业人员，可以发现，在由高到低的不同年龄组别中，全国就业者的平均受教育年限分别高于农村劳动者平均受教育年限 0.06 年、0.86 年、0.93 年和 1.16 年（图 14-4）。也就是说，比较代际劳动力的人力资本积累率，农村远远落后于非农部门。

不难设想，如果没有鼓励和支持农业部门人力资本积累的针对性政策的外部冲击，农村居民高于城镇居民人力资本积累率的结果难以出现，农业劳动力与非农劳动力平均人力资本存量的趋同也将遥遥无期。那样，中国农业的发展前景只能如前外生人力资本积累假设的估计。

支持农业部门人力资本积累政策的首要内容，是大幅度增加面向农村居民的教育及培训机会的供给。鉴于农民和城镇居民教育状况的差距主要体现在高层次教育阶段，因此，应当特别地增加面向农民的高中及高中以上教育机会的供给。也可以说，对农村地区教育扶持的重点，应由目前的义务教育阶段进一步提升到非义务教育阶段。这一支持性教育政策应包括如下几个方面的主要内容：（1）借助某种社会扶持方案，大规模实施面向成年农民的短期职业技能培训。（2）大幅度增加职业技术教育机会，并将该机会的供给向农村子女倾斜。

---

① 2008年与2003年相比，农、林、牧、渔业就业人员的平均受教育年限提高了4.77%，而建筑业、制造业、金融业、公共管理和社会组织4个行业就业人员的平均受教育年限的增长率分别为0.84%、0.97%、3.67%、0.49%。

② 在中国公开的统计资料中，未见到居民单独的教育经费支出数据。此处以教育文化娱乐服务支出作为替代指标。

③ 根据中国国家统计局1996年、2001年、2006年和2011年《中国统计年鉴》（北京：中国统计出版社）相关数据计算得出。

④ 这样分组是限于数据的可得性。

（3）在大专及其以上教育机会的分配中，可适当提高来自农村考生的比重。

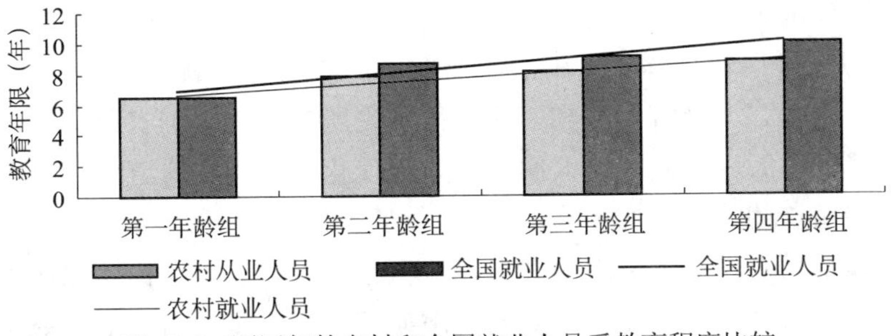

图 14-4　不同年龄农村和全国就业人员受教育程度比较

资料来源：国务院第二次全国农业普查领导小组办公室、国家统计局：《中国第二次全国农业普查资料汇编（农民卷）》，北京：中国统计出版社，2009 年；国家统计局人口和就业统计司：《中国人口和就业统计年鉴 2008》，北京：中国统计出版社，2008 年

注：第一年龄组：农村 51—60 岁，全国 55—59 岁；第二年龄组：农村 41—50 岁，全国 45—49 岁；第三年龄组：农村 31—40 岁，全国 35—39 岁；第四年龄组：农村 21—30 岁，全国 25—29 岁

增加的教育和培训的机会能否为农民实际获得，同时取决于农民对教育和培训需求的支付能力。我们知道，农村居民的人均收入水平远低于城镇居民。2010 年，城镇居民的人均可支配收入 19 109.4 元，农村居民的人均纯收入 5 919.0元，后者仅及前者的31%[①]；在农村地区又存在着较大规模的贫困人口[②]，2008 年，贫困人口的人均纯收入仅有 988.8 元，不到农村居民人均纯收入的 21%，只占城镇居民的人均可支配收入的 6.27%。[③] 这说明支持农业部门人力资本积累的政策，同时应当关注农民对教育和培训的实际支付能力，特别是应当实施对农村低收入群体教育和培训支付能力的社会救助。

六、本章结论

劳动力转移，是刘易斯—费景汉—拉尼斯模型所揭示的农业发展的必由之路。劳动力转移的选择性现象，不仅对刘易斯—费景汉—拉尼斯的经典农业发展理论提出挑战，很大程度上，它也影响着人们基于该模型以及新古典经济学

① 国家统计局：《中国统计年鉴 2013》，北京：中国统计出版社，2011 年，第 378 页。

② 根据对全国31个省（自治区、直辖市）6.8万农村住户的抽样调查，2008年末农村贫困人口为4007万人，贫困发生率为 4.2%。国家统计局农村社会经济调查司：《中国农村贫困监测报告 2009》，北京：中国统计出版社，2009 年，第 9 页。

③ 国家统计局农村社会经济调查司：《中国农村贫困监测报告2009》，北京：中国统计出版社，2009 年，第 12 页。

一般均衡理论对中国农业发展前景所作出的预期。

若忽略或未识别选择性转移过程中农民人力资本积累率的适应性改变，那么对劳动力选择性转移背景下中国农业发展前景的判断就会是悲观的，或者，就难以认可依据二元经济模型和一般均衡理论所推演的中国农业现代化前景及其演化路径的有效性。此时，人们对农业现代化前景和发展道路会更多地赋予“中国特色”的解析。

如果观察到农村居民家庭的人力资本积累率是劳动力选择性转移过程的内生变量，并且有某种社会支持方案的实施能够保障农民人力资本投资需求的实现，劳动力的异质化问题将因此最终会回归到同质化。遵循人力资本内生积累假设，刘易斯—费景汉—拉尼斯模型仍然可以作为分析劳动力选择性转移下农业发展的有效工具；中国农业的现代化，仍然是刘易斯—费景汉—拉尼斯模型所揭示的二元结构的一元化转变。关于中国农业发展的前景，现代化本质决定论的推断可能比国情决定论更接近于事实。

新时期中国农业发展政策的要旨，应是保护和支持面对选择性转移而激发的农民人力资本投资的旺盛需求。其重点是增加面向农村居民的教育和培训机会的供给；同时，对农村低收入群体人力资本投资能力给予资助。所谓农业发展方式的转变，可以理解为将农业发展的基本驱动力由资本、技术等客体性要素转向劳动者素质的提高方面。

参考文献

一、中文部分

[美]阿瑟·刘易斯：《二元经济论》，施炜等译，北京：北京经济学院出版社，1989年.

[英]安格斯·麦迪森：《世界经济二百年回顾》，李德伟、盖建玲译，北京：改革出版社，1997年.

蔡昉、王德文：《经济增长成分变化与农民收入源泉》，《管理世界》2005年第5期.

蔡昉、杨涛：《城乡收入差距的政治经济学》，《中国社会科学》2000年第4期.

蔡昉：《“工业反哺农业、城市支持农村”的经济学分析》，《中国农村经济》2006年第1期.

蔡继明：《中国城乡比较生产力和相对收入差距》，《经济研究》1998年第1期.

曹景椿：《农村经济改革与计划生育》，《人口与经济》1986年第4期.

曹协和：《农业经济增长与农村金融发展关系分析》，《农业经济问题》2008年第11期.

曹阳、李庆华：《我国农户劳动力配置决策模型及其应用》，《华中师范大学学报》（人文社会科学版）2005年第1期.

[美]查尔斯·I.琼斯：《经济增长导论》，舒元译，北京：北京大学出版社，2002年.

陈灿煌：《农业外商直接投资与农民收入增长的动态关系》，《经济评论》2007年第5期.

陈凤兰、徐延辉：《社会排斥与农业从业人员女性化——以福建省东宅村为个案》，《河海大学学报》（哲学社会科学版）2008年第1期.

陈卫、吴丽丽：《中国人口迁移与生育率关系研究》，《人口研究》2006年第1期.

陈奕平：《人口变迁与当代美国社会》，北京：世界知识出版社，2006年.

[美]大卫·桑普斯福特、泽弗里斯·桑纳托斯：《劳动力市场经济学》，王询译，北京：中国税务出版社，2005年.

邓志强、李文艳：《社会流动机制的转变对农村生育率的影响》，《西北人口》2007年第2期.

丁月牙：《家庭教育资源分配的性别差异问题——来自三都水族村寨的个案调查》，《民族教育研究》2004年第2期.

杜鹏：《新世纪的中国人口》，北京：中国人民大学出版社，2011年.

杜鹰：《现阶段中国农村劳动力流动的基本特征与宏观背景分析》，蔡昉、白南生：《中国转轨时期劳动力流动》，北京：社会科学文献出版社，2006年.

范柏乃、段忠贤：《财政农业支出与农业经济发展的关系》，《理论探索》2011年第1期.

[美]菲利普·阿吉翁、彼得·霍依特：《内生增长理论》，陶然等译，北京：北京大学出版社，2004年.

[美]费景汉、古斯塔夫·拉尼斯：《劳力剩余经济的发展》，王月、甘杏娣、吴立范译，北京：华夏出版社，1989年.

[美]费景汉、古斯塔夫·拉尼斯：《增长和发展：演进的观点》，洪银兴等译，北京：商务印书馆，2004年.

[美]弗兰克·艾利思：《农民经济学——农民家庭农业和农业发展》，胡景北译，上海：上海人民出版社，2006年.

傅崇辉、向炜：《深圳流动育龄妇女生育子女数的影响因素分析》，《南方人口》2005年第3期.

高梦滔、毕岚岚：《家庭人口学特征与农户消费增长——基于八省微观面板数据的实证分析》，《中国人口科学》2010年第6期.

高梦滔、姚洋：《农户收入差距的微观基础：物质资本还是人力资本？》，《经济研究》2006年第6期.
高小贤：《当代中国农村劳动力转移及农业女性化趋势》，《社会学研究》1994年第2期.
龚继红、钟涨宝：《农村家庭子女性别结构对家庭教育投资行为的影响——湖北省随州市农村家庭的调查》，《青年研究》2005年第3期.
顾宝昌、王丰：《八百万人的实现——来自二孩生育政策地区的调研报告》，北京：社会科学文献出版社，2009年.
郭继强：《中国城市次级劳动力市场中民工劳动供给分析——兼论向右下方倾斜的劳动供给曲线》，《中国社会科学》2005年第5期.
郭剑雄、李志俊：《劳动力选择性转移条件下的农业发展机制》，《经济研究》2009年第5期.
郭剑雄、李志俊：《劳动力选择性转移下的农业产出增长——非技能偏态技术进步与质量过剩劳动力假说及其检验》，《吉林大学社会科学学报》2011年第6期.
郭剑雄、李志俊：《劳动力选择性转移下的农业发展》，北京：中国社会科学出版社，2012年.
郭剑雄、李志俊：《人口偏好逆转、家庭分工演进与农民收入增长——基于中国农户经验的分析》，《南开学报》（哲学社会科学版）2010年第6期.
郭剑雄、李志俊：《人力资本、生育率与内生农业发展》，北京：人民出版社，2010年.
郭剑雄、刘叶：《选择性迁移与农村劳动力的人力资本深化》，《人文杂志》2008年第4期.
郭剑雄、鲁永刚：《人力资本门槛与农业增长的多重均衡：理论与中国的经验证据》，《清华大学学报》（哲学社会科学版）2011年第6期.
郭剑雄：《人力资本、生育率与城乡收入差距的收敛》，《中国社会科学》2005年第3期.
郭剑雄：《人力资本的稳态转变与农业发展》，《西北大学学报》（哲学社会科学版）2005年第1期.
郭玉清：《中国财政农业投入最优规模实证分析》，《财经问题研究》2006年第5期.
郭志仪、常晔：《农户人力资本投资与农民收入增长》，《经济科学》2007年第7期.
国务院人口普查办公室、国家统计人口和社会科技统计司：《转型期的中国人口》，北京：中国统计出版社，2005年.
何蒲明、黎东升：《我国农村公共物品供给对农民收入影响的实证分析》，《消费经济》2008年第5期.
洪银兴：《工业和城市反哺农业、农村的路径研究——长三角地区实践的理论思考》，《经济研究》2007年第8期.
侯风云、徐慧：《城乡发展差距的人力资本解释》，《理论学刊》2004年第2期.
侯风云、张凤兵：《从人力资本看中国二元经济中的城乡差距问题》，《山东大学学报》（哲学社会科学版）2006年第4期.
侯风云、张凤兵：《农村人力资本投资及外溢与城乡差距实证研究》，《财经研究》2007年第8期.
侯风云、邹融冰：《中国城乡人力资本投资收益非对称性特征及其后果》，《四川大学学报》（哲学社会科学版）2005年第4期.
侯风云：《中国人力资本投资于城乡就业相关性研究》，上海：上海三联书店，上海人民出版社，2007年.
侯石安：《中国财政农业投入政策研究》，武汉：华中农业大学博士学位论文，2004年.
胡鞍钢、门洪华：《中美日俄印有形战略资源比较——兼论旨在“富国强民”的中国大战略》，《战略与管理》2002年第2期.
胡初枝：《农户土地经营规模对农业生产绩效的影响分析——基于江苏省铜山县的分析》，《农业技术经济》2007年第6期.
黄莹茜：《关于免除农业税费的探究》，《四川大学学报》（哲学社会科学版）2004年第4期.
黄宗智、彭玉生：《三大历史性变迁的交汇与中国小规模农业的前景》，《中国社会科学》2007年第4期.
黄宗智：《制度化了的“半工半耕”过密型农业》（上），《读书》2006年第2期
黄宗智：《制度化了的“半工半耕”过密型农业》（下），《读书》2006年第3期.
黄宗智：《中国农业面临的历史性契机》，《读书》2006年第10期.
[美]加里·斯坦利·贝克尔：《家庭经济分析》，彭松建译，北京；华夏出版社，1987年.
[美]加里·斯坦利·贝克尔：《家庭经济学和宏观行为》，《现代外国哲学社会科学文摘》1994年第12期.

[美]加里·斯坦利·贝克尔：《家庭经济学和宏观行为》，《现代外国哲学社会科学文摘》1995年第1期.
[美]加里·斯坦利·贝克尔：《家庭论》，王献生、王宇译，北京：商务印书馆，2005年.
[美]加里·斯坦利·贝克尔：《人类行为的经济分析》，王业宇、陈琪译，上海：生活·读书·新知三联书店、上海人民出版社，1995年.
李国祥：《完善农业支持制度，平衡稳定农产品价格》，《中国经贸导刊》2010年第3期.
李恒：《外出务工促进农民增收的实证研究——基于河南省49个自然村的调查分析》，《农业经济问题》2006年第7期.
李建民：《生育理性和生育决策与我国低生育水平稳定机制的转变》，《人口研究》2004年第11期.
李建民：《生育率下降与经济发展内生要素的形成》，《人口研究》1999年第2期.
李菁、林毅夫、姚洋：《信贷约束、土地和不发达地区农户子女教育投资》，《中国人口科学》2002年第6期.
李录堂、张藕香：《农村人力资本投资收益错位效应对农村经济的影响及对策》，《农业现代化研究》2006年第4期.
李旻、赵连阁：《农业劳动力"老龄化"现象及其对农业生产的影响——基于辽宁省的实证分析》，《农业经济问题》2009年第10期.
李旻、赵连阁：《农业劳动力"女性化"现象及其对农业生产的影响——基于辽宁省的实证分析》，《中国农村经济》2009年第5期.
李琴、宋月萍：《劳动力流动对农村老年人农业劳动时间的影响以及地区差异》，《中国农村经济》2009年第5期.
李琴、熊启泉、李大胜：《中国财政农业投入的结构分析》，《中国农村经济》2006年第8期.
李瑞：《废除农业税费制度的法制思考》，《武汉大学学报》（哲学社会科学版）2005年第2期.
李实、赵人伟：《中国居民收入分配再研究》，《经济研究》1999年第4期.
李实：《中国农村女劳动力流动行为的经验分析》，《上海经济研究》2001年第1期.
李卫东、李文琴：《经济因素与生育率关系新探——来自西安市长安区农村的实地调查》，《西北人口》2008年第3期.
李新然、方子节：《试论农业女性化对农业和农村发展的影响》，《农业现代化研究》1999年第2期.
李勋来、李国平、李福柱：《农村人力资本陷阱：对中国农村的验证与分析》，《中国农村观察》2005年第5期.
李志俊、郭剑雄：《选择性转移与人力资本深化：理论及实证》，《思想战线》2010年第4期.
李仲生：《中国的人口与经济发展》，北京：北京大学出版社，2004年.
林光彬：《等级制度、市场经济与城乡收入差距扩大》，《管理世界》2004第4期.
林文芳：《区域性偏好与城乡居民消费差异》，《统计研究》2009年第11期.
林毅夫、蔡昉、李周：《中国的奇迹：发展战略与经济改革》，上海：生活·读书·新知三联书店、上海人民出版社，1999年.
林毅夫、陈昕：《制度、技术与中国农业发展》，上海：格致出版社、生活·读书·新知三联书店，上海人民出版社，2005年.
林毅夫、刘明兴：《中国的经济增长收敛与收入分配》，《世界经济》2003年第8期.
林毅夫：《我国城市发展和农村现代化的几点意见》，《决策咨询（安徽）》2001年第8期.
林毅夫：《有关当前农村政策的基点意见》，《华中师范大学学报》（人文社会科学版）2004年第6期.
刘书明：《统一城乡税制与调整分配政策：减轻农民负担新论》，《经济研究》2001年第2期.
刘文：《农村劳动力流动过程中的人力资本效应研究》，《农业现代化研究》2004年第3期.
刘晓昀等：《中国农村劳动力非农就业的性别差异》，《经济学》（季刊）2003年第3期.
刘秀梅、田维明：《我国农村劳动力转移对经济增长的贡献分析》，《管理世界》2005年第1期.
刘元梁、肖卫东：《中国城镇化发展与农民收入增长关系的动态计量经济分析》，《数量经济技术经济研究》2005年第9期.
刘铮：《取消农业税——一项还富于民的制度安排》，《经济纵横》2004年第12期.
刘志澄：《农业现代化建设若干问题之思考》，见：蒋建平、陈希煌：《中国现代农业之发展——海峡两岸现代农业发展学术讨论会论文集》，北京：中国农业出版社，1996年.

刘忠群、黄金、梁彭勇：《金融发展对农民收入增长的影响》，《财贸经济》2008年第6期.
龙翠红：《教育、配置效应与农户收入增长》，《中国农村经济》2008年第9期.
陆慧：《人力资本与农民收入增长》，北京：中国农业出版社，2004年.
路遇：《新中国人口五十年（上）》，北京：中国人口出版社，2004年.
[美]罗伯特·J.巴罗、哈维尔·萨拉伊马丁：《经济增长》，何晖、刘明兴译，北京：中国社会科学出版社，2000年.
罗凯：《子女的出生顺序结构对其受教育程度的影响》，第八届中国青年经济学者论坛，厦门.
[英]马尔萨斯：《人口论》，郭大力译，北京：北京大学出版社，2008年.
[英]马尔萨斯：《人口原理》，朱泱、胡企林、朱和中译，北京：商务印书馆，1992年.
[英]马克·布劳格：《现代百名著名经济学家》，毕吉耀译，北京：经济科学出版社，1989年.
马晓河、蓝海涛、黄汉权：《工业反哺农业的国际经验及我国的政策调整思路》，《管理世界》2005年第7期.
[美]迈克尔·P.托达罗、斯蒂芬·C.史密斯：《发展经济学》（第9版），余向华、陈雪娟译，北京：机械工业出版社，2010年.
牛若峰等：《中国的“三农”问题：回顾与展望》，北京：中国社会科学出版社，2004年.
农业投入总课题组：《农业保护：现状、依据和政策建议》，《中国社会科学》1996年第1期.
庞丽华、Scott Rozelle、Alande Brauw：《中国农村老人的劳动供给研究》，《经济学》（季刊）2003年第2卷第3期.
[美]钱纳里等：《发展的型式：1950—1970》，李新华等译，北京：经济科学出版社，1988年.
[美]钱纳里等：《工业化和经济增长的比较研究》，吴奇等译，上海：生活·读书·新知三联书店，上海人民出版社，1995年.
钱忠好：《非农就业是否必然导致农地流转——基于家庭内部分工的理论分析及其对中国农户兼业化的解释》，《中国农村经济》2008年第10期.
申培轩：《农村劳动力转移及其对高等教育的需求》，《武汉大学学报》（人文科学版）2004年第5期.
沈坤荣、张璟：《中国农村公共支出及其绩效分析》，《管理世界》2007年第1期.
孙敬水、董亚娟：《人力资本与农业经济增长:基于中国农村的Panel data模型分析》，《农业经济问题》2006年第12期.
孙志军：《中国农村家庭教育决策的实证分析》，CEAC/第三届入选论文，2003年.
谭深：《农村劳动力流动的性别差异》，《社会学研究》1997年第1期.
唐朱昌、吕彬彬：《财政支农政策与农民收入增长：总量与结构分析》，《江淮论坛》2007年第2期.
田雪原：《中国人口政策60年》，北京：社会科学文献出版社，2009年.
[美]托达罗：《经济发展与第三世界》，印金强等译，北京：中国经济出版社，1992年.
万广华、张茵：《中国沿海与内地贫困差异之解析：基于回归的分解方法》，《经济研究》2008年第12期.
王广慧、张世伟：《教育对农村劳动力流动和收入的影响》，《中国农村经济》2008年第9期.
王虎、范从来：《金融发展与农民收入影响机制的研究——来自中国1980—2004年的经验证据》，《经济科学》2006年第6期.
王俭贵：《劳动与资本双重过剩下的经济发展》，北京、上海：生活·读书·新知三联书店，上海人民出版社，2002年.
王敏、潘勇辉：《财政农业投入与农民纯收入关系研究》，《农业经济问题》2007年第5期.
王素银：《在中国人口学会调研酒泉地区人口生育政策座谈会上的发言》，《西北人口》2000年增刊.
王兆萍：《迁移与我国农村区域贫困人口的人力资本积累》，《干旱区资源与环境》2007年第3期.
卫新、胡豹、徐萍：《浙江省农户生产经营行为特征与差异分析》，《中国农村经济》2005年第10期.
温涛、冉光和、熊德平：《中国金融发展与农民收入增长》，《经济研究》2005年第9期.
邬沧萍、钟声：《社会经济发展和计划生育工作的完善是我国农村生育率下降的前提和必要条件——苏南农村人口转变的启示》，《人口研究》1992年第5期.
吴群：《我国农村土地制度改革面临的主要问题及发展方向》，《求是学刊》2002年第4期.
伍海霞等：《城镇外来农村流动人口的生育观念与行为分析——来自深圳调查的发现》，《人口研究》2006年第1期.
[美]西奥多· W.舒尔茨：《报酬递增的源泉》，姚志勇、刘群艺译，北京：北京大学出版社，2001年.
[美]西奥多· W.舒尔茨：《改造传统农业》，梁小民译，北京：商务印书馆，2006年.
[美]西奥多· W.舒尔茨：《经济增长与农业》，郭熙保、周开生译，北京：北京经济学院出版社，1992年.
[美]西奥多· W.舒尔茨：《论人力资本投资》，吴珠华等译，北京：北京经济学院出版社，1990年.
[美]小罗伯特· E.卢卡斯：《经济发展讲座》，罗汉、应洪基译，南京：江苏人民出版社，2003年.
[英]亚当· 斯密：《国民财富的性质和原因的研究》，郭大力、王亚楠译，北京：商务印书馆，2009年.
闫俊强、李大胜：《我国广义农业经济增长的要素贡献研究——基于面板数据模型的实证分析》，《经济问题》2009年第3期.
阳晓昀：《我国财政支农支出问题研究》，大连：东北财经大学硕士学位论文，2007年.
杨春华：《农村家庭教育策略中的性别差异："保男顾女"的资源分配原则》，《教育教学论坛》2012年第2期.
杨万江、徐星明：《农业现代化测评》，北京：社会科学文献出版社，2001年.
杨小凯、黄有光：《专业化与经济组织：一个新兴古典微观经济学框架》，北京：经济科学出版社，2000年.
杨小凯、张永生：《新兴古典经济学与超边际分析》（修订版），北京：社会科学文献出版社，2003年.
杨小凯：《发展经济学——超边际与边际分析》，北京：社会科学文献出版社，2003年.
杨小凯：《经济学：新兴古典与新古典框架》，北京：社会科学文献出版社，2003年.
姚先国、赖普清：《中国劳资关系的城乡户籍差异》，《经济研究》2004年第7期.
叶华、吴晓刚：《生育率下降与中国男女教育的平等化趋势》，《社会学研究》2011年第5期.
尤丹珍、郑真真：《农村外出妇女的生育意愿分析——安徽、四川的实证研究》，《社会学研究》2002年第6期.
[美]约翰· 梅勒：《农业经济发展学》，北京：农村读物出版社，1988年.
张存生：《发达国家农业特点及启示》，《农村农业农民》2005年第10期.
张浩、陈昭：《中国农业经济增长的要素贡献度研究——基于分省非稳定面板的实证分析》，《南方经济》2008年第1期.
张进选：《家庭经营制:农业生产制度长期的必然选择》，《农业经济问题》2003年第5期.
张利萍：《教育与劳动力流动》，武汉：华中师范大学博士学位论文，2006年.
张藕香、李录堂：《我国农村人力资本投资收益非均衡性分析》，《电子科技大学学报》（社科版）2006年第6期.
张秀生、柳芳、王军民：《农民收入增长：基于农村公共产品供给视角的分析》，《经济评论》2007年第3期.
张元红：《论中国农业税制改革》，《中国农村经济》1997年第12期.
赵耀辉：《中国农村劳动力流动及教育在其中的作用——以四川省为基础的研究》，《经济研究》1997年第2期.
郑安云、靳连冬：《贫困地区女童就学障碍的社会性别分析及对策研究》，《西北大学学报》(哲学社会科学版)2004年第5期.
郑真真、连鹏灵：《中国人口受教育状况的性别差异》，《妇女研究论丛》2004年第5期.
中国社会科学院社会学所"农民外出务工女性"课题组：《农民流动与性别》，郑州：中原农民出版社，2000年.
周叔莲等：《中国的工业化与城市化》，北京：经济管理出版社，2008年.
周晓、朱农：《论人力资本对中国农村经济增长的作用》，《中国人口科学》2003年第6期.
朱晶：《农业公共投资、竞争力与粮食安全《经济研究》2003年第1期.
朱乐尧、周淑景：《回归农业——中国经济超越工业化发展模式的现实选择（上）》，北京：中央编译出版社，2005年.
朱农：《论农村非农业活动对收入分布的作用》，《世界经济文汇》2002年第2期.
朱农：《贫困、不平等和农村非农产业的发展》，《经济学》（季刊）2005年第5卷第1期.

二、英文部分

Anastasi A. Intelligence and Family Size. Psychological Bulletin, 1956, Vol 53, pp.187-209.
Arid J S. Coercion in Family Planning: Causes, Methods, and Consequences, In U. S. Congress.1986. Joint Economic

Committee.China's Economy Looks Toward the year 2000,Vol.1, The Four Modernizations (Washington, DC: Government Printing Office).

Arrow K J. The Economic Implications of Learning by Doing. Review of Economic Studies, 1962 No.6, pp.155-173.

Atkinson, A B, Stiglitz J E. A New View of Technological Change.Economic Journal, 1969, Vol.79,No.315, pp.573-578.

Banister J. China's Changing Population.Stanford: Stanford University Press,1987.

Barro R J, Lee J W. A New Data set of Educational Attainment in the World, 1950-2010. Journal of Development Economics, 2013,No.104.

Barro R. Economic Growth in A Cross Section of Countries. Quarterly Journal of Economics, 1991, Vol .106, 2 (May) , pp. 407-433.

Basu S. Weil D N. Appropriate Technology and Growth. Quarterly Journal of Economics, 1998, Vol.113,No.4, pp.1025-1054.

Bates R. Markets and States in Tropical Africa.Berkeley: University of California Press,1981.

Becker G S, Barro R J. A Reformulation of the Economic Theory of Fertility. Quarterly Journal of Economics, 1988, Vol.103, pp.1-25.

Becker G S, Lewis H. On the Interraction between the Quantity and Quality of Children. Journal of Political Economy,1973, No.81,pp.S279-S288.

Becker G S, Murphy K M, Tamura M M. Human Capital, Fertility, and economic growth. Journal of Political Economy, 1990, Vol.98,No. 5, pp.734-754.

Becker G S, Tomes N. Child endowments, and the quantity of children.Journal of Political Economy, 1976, Vol.84, No.4, part 2, pp.143-162.

Becker G S, Tomes N. Human capital and the rise and fall of families. Joumal of Labor Economics , 1986, 4, No.3, Part 2(July), pp.S1-S39.

Becker G S. Family Economics and Macro Behavior.American Economic Review, 1988, Vol.78, pp.1-13.

Becker G S. Human Capital for the National Bureau of Economic Research. New York : Columbia University Press, 1964.

Becker G S. Human Capital: A Theoretical and Empirical Analysis, with Special Reference to Education. Chicago: University of Chicago Press,1964.

Beine M F, Rapoport H D. Brain Drain and Economic Growth: Theory and Evidence. Journal of Development Economics, 2001, Vol.64,No.1, pp. 275-289.

Bhagwati J. Rodriguez C. Welfare Theoretical Analysis of the Brain Drain.Journal of Development Economics, 1975, No.2, pp.195-221.

Blake J. Family Size and Achievement.Berkeley.CA: University of California Press, 1989.

Blake J.Family Size and the Quality of Children. Demography, 1981, No.18, pp.421-442.

Blau P M, Duncan O D. The American Occupational Structure.New York: Wiley, 1967.

Blossfeld H P, Shavit Y. Persisting Barriers: Changes in Educational Opportunities in Thirteen Countries. In Y. Shavit, H. P. Blossfeld (eds.), Persistent Inequality: Changing Educational Attainment in Thirteen Countries. Boulder, Colo.: Westview Press, 1993.

Borjas G J Bronars S G, Trejo S J. Self-selection and the Earnings of Immigrants: Reply.The American Economic Review, 1990, Vol.80, pp.305-308.

Borjas G J, Bronars S G, Trejo S J. Self-selection and Internal Migration in the United States. Journal of Urban Economics, 1992, Vol.32, No.2, pp.159-185.

Brockeroff M , Yang X S. Impact of Migration on Fertility in Sub-Saharan Africa.Social Biology, 1994, Vol.41,No.1–2, pp.19-43.

Cai Y. China's Below-replacement Fertility: Government Policy or Socio-economic Development ? Population and Development Review, 2010,Vol. 36,No.3, pp.419-440.

Chavas J P. Structural Change in Agricultural Production: Economics, Technology and Policy.Handbook of Agricultural Economics, 2001, 1A.

Chiquiar D, Hanson G H. International Migration, Self-selection, and the Distribution of Wages: Evidence from Mexico and the United States.Journal of Political Economy, 2005, Vol.113, No.2, pp.239-281.

Cochrane S H. Fertility and Education. Baltimore: Johns Hopkins University Press, 1979.

Dang H A, Rogers F H. The Decision to Invest in Child Quality Over Quantity: has Declining Fertility Increased Household Investment in Education in Vietnam? PAA 2009 Annual Meeting, 2009, May.

Davis K. The Urbanization of the Human Population, in Scientific American (Editors), CITIES, New York: Alfred A. Knopf, Inc., 1966, pp.3-24.

De Tray D. Child Quality and the Demand for Children. Journal of Political Economy, 1973, Vol.81, pp.S70-S95.

Downey D B. When Bigger is not better: Family Size, Parental Resources, and Children's Educational Performance. American Sociological Review, 1995, Vol.60, pp.746-761.

Engel Brecht H J. International R&D Spillovers, Human Capital and Productivity in OECD Economies: An Empirical Investigation. European Economic Review,1997,Vol.41, pp.1479-1488.

Evans J. Men in the Lives of Children, Coordinator's Notebook No.16, Consultative Group on Early Childhood Care and Development , 1995, available from http://www. ecdgroup.com.

Featherman D L, Hauser R M. Opportunity and Change. New York: Academic Press, 1978.

Feeney G, Wang F. Parity Progression and Birth Intervals in China: the Influence of Policy in Hastening Fertility Decline. Population and Development Review, 1993, Vol.19, pp.61-101.

Ferrari G, Dalla-Zuanna G. Siblings and Human Capital: A Comparison Between Italy and France.Demographic Research, 2010, Vol.23, pp.587-614.

Galor O, Weil D N. Population, Technology, and Growth: From Malthusian Stagnation to the Demographic Transition and Beyond.The American Economic Review, 2000,Vol.90, No.4, pp.806-828.

Gertler P , Glewwe P. The Willingness to Pay for Education for Daughters in Contrast to Sons: Evidence from Rural Peru. World Bank Econ, 1992, Vol. 6,No.1, pp.171-188.

Grabill W H, Kiser C V , Whelpton P K. The Fertility of American Women. New York: John Wiley & Sons, Inc.,1958, pp.16-19.

Greenhalgh S. Socialism and Fertility in China. Annals of the American Academy of Political and Social Science,World Population: Approaching the Year 2000, 1990,pp.73-86.

Hannum E, et al. Family Sources of Educational Gender Inequality in Rural China: A Critical Assessment, International Journal of Educational Development, 2009, No.5, pp.474-486.

Hannum E. Educational Stratification by Ethnicity in China: Enrollment and Attainment in the Early Reform Years. Demography, 2002, Vol.39,No.1, pp.95-117.

Harding S. Social Mobility and Self-reported Limiting Long-term Illness among West Indian and South Asian Migrants Living in England and Wales. Social Science & Medicine, 2003, Vol.56,pp. 355-361.

Hermalin A I, et al. Transitions in the Effect of Family Size on Female Educational Attainment: The Case of Taiwan. Comparative Education Review, 1982, Vol.26,2 (Jun), pp.254-270.

Hesketh T, Lu L, Xing Z W. The Effect of China's One-child Family Policy after 25 years. New England Journal of Medicine, 2005, Vol.353,No.11, pp.1171-1176.

Jamison D T, Lau L J. Farmer Education and Farm Efficiency. Baltimore: Johns Hopkins University Press, 1982.

Jr Poston D L, Gu B. Socio-economic Development, Family Planning and Fertility in China.Demography, 1987, Vol.24, pp.531-551.

Kanbur R, Rapoport H. Migration Selectivity and the Evolution of Spatial inequality.Journal of Economic Geography,2005, Vol.5,No.1 pp.43-57.

Kliewer E V. Influence of Migrantson Regional Variations of Stomach and Colon Cancer Mortality In the Western United

States. International Journal of Epidemiology, 1992, Vol.21,No.3, pp.442-449.

Krueger A M S, Valdes A. The Political Economy of Agricultural Pricing Policy, Baltimore, Maryland: The Johns Hopkins University Press, 1991, Vol.5.

Lau L J, Jamison D T, Liu Shu-cheang. Education and Economic Growth: Some Cross-Sectional Evidence from Brazil. Journal of Development Economics,1993, Vol.41,No.1.

Lee J M. Sibling Size and Investment in Children's Education: An Asian Instrument. Journal of Population Economics, 2007, Vol.21, No.4, pp.855-875.

Leung C Y S, Li-Tsang C W P. Quality of life of parents who have children with disabilities, Hong Kong Journal of Occupational Therapy, 2003, Vol.13, pp.19-34.

Lipton M. Why Poor People Stay Poor: Urban Bias in Word Development.Cambridge, MA: Harvard University Press. 1977.

Lu Y, Treiman D J. The Effect of Sibship Size on Educational Attainment in China: Period Variations. American Sociological Review, 2008, Vol.73,No.5, pp.813-834.

Lucas R E. On the Mechanics of Economic Development. Journal of Monetary Economics, 1988, Vol.22, pp. 3-42.

Mankiw G N, Romer D, Weil D N, A Contribution to the Empirics of Economic Growth. Quarterly Journal of Economics, 1992,Vol.107, pp. 407-437.

Mare R D, Chen M. Further Evidence on Sibship Size and Educational Stratification.American Sociological Review, 1986, Vol.51, pp.403-412.

Marteleto L. Family Size, Adolescents' schooling and the Demographic Transition: Evidence from Brazil.Demographic Research, 2010, Vol.23, pp.421-444.

McElroy M, Tao Y D. Carrots and Sticks: Fertility Effects of China's Population Policies.The American Economic Review, 2000,Vol. 90,No.2,pp. 389-392.

Menard S. Fertility, Development, and Family Planning,1970-1980:An Analysis of Cases Weighted by Population. Studies in Comparative International Development,1987,Vol.22,No.3,Fall, pp.103-127.

Mountford A. Can a Brain Drain be Good for Growth in the Source Economy? Journal of Development Economics,1997, Vol.53,pp.287-303.

Narayan P K, Peng X J. An Econometric Analysis of the Determinants of Fertility for China, 1952-2000.Journal of Chinese Economic and Business Studies, 2006, Vol.4,No.2, pp.165-183.

Nelson R, Phelps E. Investment in Humans, Technological Diffusion, and Economic Growth. American Economic Review, 1966, Vol.61, pp.69-75.

Olson M. The Exploitation and Subsidization of Agriculture in the Developing and Developed Countries, Paper Presented to the 19th Conference of International Association of Agricultural Economists, Malaga, Spain,1985.

Parish W L, Willis R J. Daughters, Education, and Family Budgets: Taiwan Experiences.Journal of Human Resources, 1993, Vol.28, pp.863-898.

Penrose P. Affording the Unaffordable: Planning and Financing Education Systems in Sub-Saharan Africa, Occasional Papers on Education 7. London: Overseas Development Administration, 1993.

Reimers M, Stephan K. Revisiting the Role of Education for Agricultural Productivity. American Journal. of Agricultural Economics , 2013,Vol.95, No.1.

Romer P M. Endogenous Technological Change. Journal of Political Economy, 1990, Vol.98, No.5, part 2, pp .71-102.

Romer P M. Increasing Returns and Long-run Growth. Journal of Political Economy, 1986, Vol.94, pp.1002-1037.

Rosenstein-Rodan P N. Problems of Industrialization of Eastern and South-Eastern Europe. The Economic Journal, 1943, Vol.53, pp.6-9.

Schultz T. Reflections on Investment in Man. Journal of Political Economy, 1962, Vol.70, pp.1-8.

Shi X Z, Sicular T, Zhao Y H. Analyzing Urban-Rural Income Inequality in China. Paper Presented at the International Symposium on Equity and Justice in Transitional China, Beijing, 2002, July, pp.11-12.

Shi X Z. Empirical Research on Urban-rural Income Differentials: The Case of China. Unpublished Manuscript, CCER, Peking University, 2002.

Solow R. A Contribution to the Theory of Economic Growth.Quarterly Journal of Economics, 1956, Vol.70, pp.65-94.

Stark O C H, Prskawetz A. Human Capital Depletion, Human Capital Formationand Migration: A Blessing or a Curse? Economics Letters, 1998, Vol.60, pp.363-367.

Stark O, Wang Y. Inducing Human Capital Formation: Migration as a Substitute for Subsidies.Journal of Public Economics, 2002, Vol.86, pp.29-46.

Stark O. The Migration of Labor. Cambridge, MA: Blackwell, 1990.

Steelman L C , Powell B. Parental Willingness to Pay for Higher Education.American Journal of Sociology, 1991, Vol.96,No.6, pp.1505-1529.

Tan J P, Mingat A.Education in Asia: A Comparative Study of Cost and Financing, Washington, D. C.: World Bank, 1992.

Temple J. The New Growth Evidence. Journal of Economic Literature, 1999, Vol. 37,No.1, pp.112-156.

Tien H Y. Induced Fertility Transition: Impact of Population Planning and Socioeconomic Change in the People’s Republic of China.Population Studies, 1984, Vol.38,No.3, pp.385-400.

Vidal J. The Effect of Emigration on Human Capital Formation.Journal of Population Economics, 1998, No.11, pp.589-600.

Welch F. Education in Production, Journal of Political Economy, 1970. January/ February , pp.35-59.

White T. Two Kinds of Production: the Evolution of China’s Family Planning Policy in the 1980s, Population and Development Review, 1994, Vol.20.

Wozniak G. Joint Information Acquisition and New Technology Adoption: Later Versus Early Adoption. Review of Economics and Statistics, 1993, Vol.75,No.3.

Xie R P, Sun F L. Reduction in Agricultural Tax and the Income Growth of Rural Residents: an Empirical Study. Computer and Computing Technologies In Agriculture, 2008.

You Helen Xiuhong, Jr Poston D L. Are Floating Migrants in China “Childbearing Guerillas”: An Analysis of Floating Migration and Fertility. Asia and Pacific migration Journal, 2004, Vol.13, No.4.

Yujiro Ha, Ruttan V W. Agricultural Development: An International Perspective. Baltimore, London: The John Hopkins University Press, 1980.

后　记

本书是我主持的教育部人文社会科学重点研究基地重大项目“人口生产偏好转变与内生农业发展”（10JJD790034）的最终研究成果。在书稿完成之际，衷心感谢基金提供单位对本项目研究提供的经费支持。同时，也感谢陕西师范大学学术著作出版基金为本书出版提供的资助。

我指导的2009级和2011级两位博士研究生先后参与了本项目的部分研究工作。其中，李志俊参与了第三章、第九章、第十章、第十一章和第十四章初稿的撰写，刘琦参与了第二章、第四章和第八章初稿的写作。正是由于他们的参与，才使本项目的研究能够大体如期完成。当然，对于研究中存在的疏漏、不足，应当由我完全负责。

郭剑雄

2014年12月3日